国家重点档案保护与开发项目

徽州历史档案与文化丛书

徽州家族文化

胡中生◎著
黄山市档案局（馆）编

北京时代华文书局

总　序

党的十九大指出，“文化自信是一个国家、一个民族发展中更基本、更深沉、更持久的力量”。习近平总书记多次就文化发展发表重要讲话，将中华优秀传统文化升华为“中华民族的基因”“民族文化血脉”和“中华民族的精神命脉”，提到前所未有的战略高度。徽州文化作为中华优秀传统文化的活态传承，如何加强保护传承、使其在新时代舞台上再放异彩，是我们面临的重要课题。

徽学与藏学、敦煌学并称为我国三大国际性显学。在黄山大地，处处可见徽州文化的烙印和风采，这里被誉为“东南邹鲁”“文物之海”“文献之乡”。物质文化遗产方面，有文物保护单位600多处，不可移动文物8000多处，博物馆50多家，馆藏文物15万余件，珍贵文物近7000件。非物质文化遗产方面，有新安医学、新安画派、徽派建筑技艺等14大类1300多个项目，种类和数量均居全省第一。与这些地面文物和非遗项目同样无法估价的，还有1000多种徽州宗谱族谱、3000多种徽州典籍文献和50多万件徽州民间契约文书。这些文献文书上至南宋、下至民国，种类繁多、数量巨大、内容丰富、保存齐全、历时久远，反映了徽州近千年历史长河中不同时期的政治、经济、文化等社会实践活动，堪称徽州文化的一笔宝贵财富。

近年来，市委、市政府高度重视徽州历史档案保护，在国家和省有关方面关心支持下，抢救和保护包括文献文书在内的古徽州历史档案3.5万余卷（件），其中“明代徽州土地产权变动和管理文书”入选首批《中国档案文献遗产名录》，“明代徽州江氏分家阄书”入选第二批《中国档案文献遗产名录》。这次将国家重点档案保护与开发项目——徽州家族文化研究、钦泉记《商贾便览》研究、徽州茶商研究、徽州文书研究等4个档案文化课题成果，以“徽州历史档案与文化丛书”形式编辑出版，这是我市档案部门利用馆藏历史档案推动学术研究、服务文化建设的有益尝试，也是徽州文化创造性转化、创新性发展的重要实践，对于深化徽学研究、弘扬徽州文化、更好地发挥以文化人作用具有重要意义。

走进新时代、踏上新征程，坚持社会主义核心价值体系成为新时代坚持和发展中国特色社会主义的基本方略之一。坚定文化自信、弘扬中华优秀传统文化，是坚持社会主义核心价值体系的重要内容。站在新的历史方位上，我们应在发掘徽州文化时代价值上大胆探索、推陈出新，不断创造出符合新时代特征的文化产品，更好地服务于经济社会发展大局。期待更多有识之士参与进来，全方位、立体化开展徽州历史档案保护与开发工作，不驰于空想、不骛于虚声，续写无愧于先贤、无愧于时代、无愧于后世的文化新篇，为决胜全面建成小康社会、建设更美丽更富裕更文明的现代化新黄山作出应有贡献！

是为序。

周民伟

前　言

文化是一个民族的灵魂，五千多年文明发展中孕育的中华文化源远流长、灿烂辉煌，中华民族的伟大复兴，与之伴随的一定是中华优秀传统文化的伟大复兴。因此，2017年初，中共中央办公厅、国务院办公厅印发了《关于实施中华优秀传统文化传承发展工程的意见》，将优秀传统文化的传承发展提高到战略高度。而宋元明清时期的徽州地区，则是中华灿烂文化的一个典型代表。

每一个走进古徽州地域的人，无不为灿烂辉煌的徽州文化所惊叹，其中最具特色的就是家族文化。宋元明清以来，家族组织遍布徽州的每一个村落，绝大多数徽州人都生活在家族组织之中。家族对于徽州人来说，不仅是现实的、物质的，更是人们的精神家园。

当我们翻开一部部古老厚重的家谱，阅读着世家大族关于自身世系和历史的记载；当我们走进一座座精美宏伟的祠堂，感受着神圣庄严的祖先崇拜和无与伦比的建造艺术，我们仿佛回到了一千年前，经历了千年的风风雨雨，家族已经融进了文化血脉之中，成为我们的集体记忆。

这样的记忆是不该被遗忘的。中华文化中被广泛接受和践行的孝、悌、忠、信、礼、义、廉、耻，也是家族组织所尊崇并被践行的核心价值观。正是由于有了家族组织的广泛发展，中华优秀传统文化由精英阶层向基层社会、由核心区向非核心区的传播、传承与发展得到了提速，中华民族的文化认同得到加强，走过了内忧外患的近现代，凤凰涅槃，浴火重生。

安徽大学徽学研究中心作为教育部人文社会科学重点研究基地，自成立以来，徽州家族就是主要的研究方向之一。我于2003年进入徽学研究中心工作后，在安徽大学开设了人文素质教育公共课程“中国家族文化”。令我非常高兴的是，选修此课程的本科生对于延续数千年的中国家族文化非常感兴趣。这意味着，家族作为一种组织，虽然已经离开半个多世纪，但并未走远，未来也可能会以一种与时俱进的新形式重返民众生活。总而言之，家族文化仍然具有时代价值。

正是基于这种认识，也是出于对徽学和徽文化的热爱，我与黄山市档案部门协力合作，调阅大量馆藏家谱资料，撰写“徽州历史档案与文化丛书”中的《徽州家族文化》，共同推进徽州文化的保护与传承。

由于项目周期短，撰写书稿的时间相对较为紧张，书稿也还存在不足之处。书中列的10个专题，虽然不足以完全阐述清楚徽州家族文化，但大体上可以对徽州家族文化有一个初步的认识。徽州家族历史悠久，文化底蕴深厚，留下了非常丰富的文献资料和文化遗存，这些构成了徽州家族的基础。通过持续不断地编纂对于家族具有重要意义的家谱，将其功能多样化。徽州家族遵循儒家传统道德，极为重视礼仪，通过各种形式普及、践行礼仪。徽州家族的管理比较完善和规范，有各种形式的家法族规。徽州家族重视与国家的关系，家中有国，国中有家，家族与国家具有同构相济的特性。家族对女性的规范也比较严密，家族配合国家政策，对女性进行表彰或惩罚，实行性别控制。家族极为重视血缘继承，面对异姓继承普遍存在的现实，儒家精英更不希望由于继承而导致伦理道德方面出现问题。在近代社会变迁的大背景下，徽州家族的命运与国家的命运有着紧密的关联。祭祀对于家族来说有着异乎寻常的重要性，祠堂祭祖主要是祭祀神主，徽州祠堂中对于进主、迁主和理主有着一套完整的制度安排。徽州有着数量庞大的仆人群体，家族对于佃仆等群体有着比较严格的管理，主仆关系被纳入徽州家族整体的管理之中。

本书取名为《徽州家族文化》是在新时代背景下，征询多方意见后形成的共识。书稿完成后，王世华教授进行了审稿，提出了很多中肯的建议；在编撰书本的过程中，我得到了黄山市档案局局长田玉峰、黄山天籁文化传播有限公司董事长孙梅森等诸位先生的大力支持，在此一并表示感谢！

胡中生

2017年12月25日

于安徽大学徽学研究中心

目录

一　名族累累的徽州宗族

中国传统社会是一个家族本位的社会，血浓于水的血缘意识、血缘文化深根于民族文化之中。1985年4月29日，美国“挑战者”号航天飞机载着5位科学家升空，其中一位物理学家就是第一位进入太空的华人，他就是美籍华人王赣骏博士。经美国航空航天局批准，王赣骏将一面中华人民共和国国旗和一面台北王氏宗亲会的“三槐堂”锦旗带上太空。事后，他将这面中华人民共和国国旗赠给中国政府，而把那面锦旗回赠给王氏宗亲会。国旗代表着国家，而这面锦旗所象征的就是中国家族。由此可见，华人对家族的认同感是非常强烈的。

先秦时期，宗法制度就已经确立，并与分封制相结合，成为政治统治的根基。

虽然秦朝商鞅变法打击了贵族宗法势力，但到汉代，世家大族仍然是朝野的一股重要力量，世家大族几乎毫无节制地发展成为魏晋时期享有种种特权的门阀士族。也正因为如此，门阀士族成为社会矛盾的焦点，自然也成为阶级矛盾引发的战争和社会动乱所重点打击的对象。自此以后，宗法势力开始逐渐走下坡路。

唐代官方三次大规模组织兴修名族档案，唐太宗时期修纂《氏族志》，唐高宗与武则天时期修纂《姓氏录》，唐中宗与唐玄宗时期修纂《姓族系录》，判定名族的标准不再单凭其古老悠久的历史地位，而是越来越注重其现实官品，因此每一次都是对旧士族势力的一次打击，每一次也是新兴官僚阶层势力的一次提升。宗法与政治的结合逐渐松散，宗族组织逐渐向基层社会扩散。

到了宋代，因为战争的原因，旧士族势力基本消失，以大宗为核心的宗法制度基本名存实亡，官方也不再组织编纂名族档案，官员们在此情况下，各自以自己的直系祖先为核心，开始了私家修谱时代，欧阳修的《欧阳氏谱图》和苏洵的《苏氏族谱》所开创的欧苏谱例，成为后世修谱的主要标准。

中国是一个高度重视集体和血缘的社会，家族既是一种集体组织，也是一种血缘组织，家族的存在及其繁衍是华人社会最显著的特征。著名学者陈寅恪早在1919年就指出："中国家族伦理之道德制度，发达最早。"

正因为家族对中国传统社会和传统文化的深刻影响，著名行为科学家、美国人类学会主席、华人学者许烺光在《宗族·种姓·俱乐部》一书中，比较了中、印、美三国文化的异同，把家族作为中国人生活方式的主要特征，以区别于印度的种族和美国的俱乐部。

徽州就是这样一个家族社会，徽州宗族就是宋元宗族发展下来的典型代表，以名族与世家为代表的家族文化是徽州文化的核心。

（一）徽州姓氏的历史与宗族社会的形成

1. 迁徽原因

从家谱文献看，徽州家族几乎都是外来的，有做官留居的，有爱慕山水的，更多的则是战乱导致的移民。

由于山多地少，交通闭塞，徽州一直是战乱时期人们心中非常理想的避乱之地。中国历史上几次战乱频发时期，如汉晋、唐末、两宋，都是徽州家族大规模迁入时期。也由于山水秀美，风景宜人，也是人们心中理想的居住地、养老地。这种情况历朝历代均有，延续不断。

徽州不少家族就是由于其祖上在徽州做过官，因爱慕山水之秀美，有计划地在当地置办田地屋宇，卸职后定居于此，从而发展壮大成世家大族。徽州很多世家大族如汪、程、方、黄、胡等历史都比较悠久，如程姓始祖程元谭，在永嘉之乱中帮助琅琊王司马睿建都建业（今南京），被封为新安太守，“有善政，民请留之，赐第于郡西之黄墩，遂世居焉”[1]。

汪姓在徽州的历史可以追溯到汉代，汪文和破黄巾军有功，任会稽令，遂家于歙，为新安汪姓始迁祖。隋唐之际，汪华割据一方，保护地方，后归顺唐朝，总管六州军事，封越国公，成为徽州汪姓的精神共主。

徽州朱姓，唐末时朱师古公由姑苏迁歙之黄墩。

徽州戴姓，唐末时为避黄巢之乱，迁歙之黄墩。

徽州家族的始祖、始迁祖、先祖等形象被家族文献进行有意识地建构，以成为名门望族而获得在地方上更多的竞争优势。任职地方且官声卓著往往是其祖先建构的一个重要方面，绩溪县冯氏家族就是一个典型。黄山市档案馆所藏绩溪《东关冯氏家谱》中收录了一些旧序，其中有一篇记载：

[1] （明）曹嗣轩编撰，胡中生、王夔点校：《休宁名族志》，黄山书社，2007年，第69页。

冯氏之茂族甚远，爰考著姓之祖，始于周文王众子毕公高之后，因封国冯城，以地为氏。厥后五十世祖子华公仕唐为歙尹，考终于官，因家于歙。季子讳定者，生二子，长延普过绩之白沙街，见其山环水秀，乃卜居焉。绩之冯肇基于此。[1]

冯氏家族居住徽州，就是因为冯藥官歙州刺史，这是第一代。第三代冯延普因路过绩溪，见其山环水秀而卜居。

当然，地方官能够留居地方，没有足够的声望很难，这就要求官员积极作为，造福地方。据绩溪一些冯氏族谱和地方文献记载，徽州冯氏第一代冯藥就是这样的一位官员。冯藥，字子华，祖居山东青州，父母去世后，在坟墓旁搭棚守孝，为孝心所感，有灵芝、白兔出现，当时人称为“孝冯家”。三十八岁时，冯藥“明经登第，出任新安古城，职授歙州（徽州）刺史”，携儿上任，在职九载，清正民安，深得民心，时有歌谣歌颂其功绩：“五风十雨，三耕九蓄，田丰五谷，麦穗两坡，出则友恭，入则笃信”。任满返京，民众不忍其离去，请求让其继续留任，后复任歙州刺史又达二十多年之久，直至寿终。其间，他除弊布新，恪尽职守，“正刑驭法，赏罚维清，厚俗劝农，生民被泽”。冯藥以自己的种种努力，使歙州出现了经济发展、社会平稳、贪腐惧敛、百姓安宁的百废俱兴局面。

像冯藥这样，由家族建构出来的祖先形象并不一定完全是真实的，肯定虚构的部分很大。因为，在道光《徽州府志》上找不到冯藥刺歙的记载，但是却有其儿子冯宿任歙州刺史的记载，时间也很短。

[1] 光绪绩溪《东关冯氏家谱》卷首王训撰《正统修谱序》。

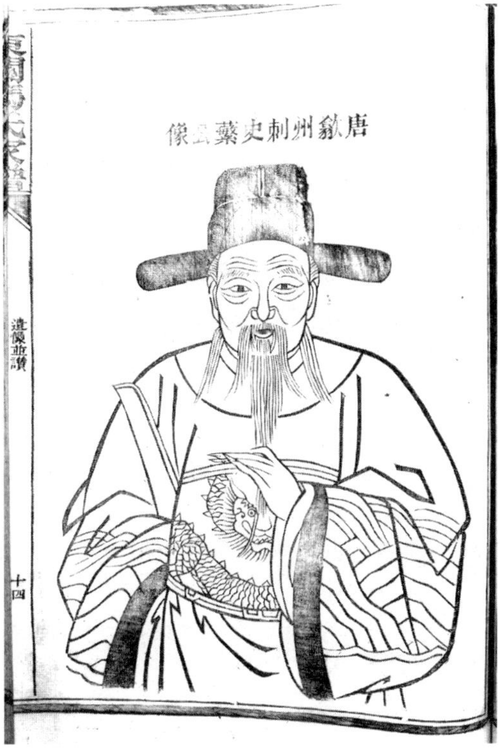

徽州冯氏一世祖冯蘩画像

（黄山市档案馆藏《东关冯氏家谱》卷首上《遗像》）

2．家族来源及迁徽时间

徽州家族主要来自二大区域：中原地区和周边地区。

中原地区是徽州早期家族主要来源地，尤其是黄河流域的河南、山东等地区。徽州地区世家大族的始迁祖大多数都号称是中原衣冠，中原地区长期是中国的政治、经济和文化中心，同时也是历次战乱受害最为严重的地区。每当天下大乱，中原地区的人口都会大量向南迁徙，促进了中国南部地区的逐渐开发，从而导致中国的经济、文化和政治中心也有一个逐渐南移的趋势。

汪氏始迁祖汪文和，世居平阳（今山东省邹城市境内），因战功官至将军，建安二年也因中原大乱而南渡，定居于歙，成为徽州汪氏始迁之祖。

徽州方氏始祖方纮，为汉司马长史，世望河南，为了逃避王莽政权，不断迁徙直至歙之东乡，其后裔不断发展散居徽州各地，方氏于是成为徽州一个著姓。

徽州周边地区也是徽州人口的来源地。徽州周边主要是浙江、江苏、江西等地，传统意义上的江南地区就在这一带。徽州和江南的关系非同一般，人员往来极为密切，商品上互通有无，江南地区由于是文化和经济的中心，为徽州人所向往，是徽州知识精英主要的任职地，也是徽商主要的经营地。

但是，来自徽州周围地区的大姓，其始祖也多来自北方，到徽州已是第二次或第三次徙居。

外来居民迁徽时间集中在三个阶段。

第一阶段是两晋之际，当时北方遭“永嘉之乱”，形成北方人口南迁的第一次高潮，迁到徽州定居的有程、鲍、俞、余、黄、谢、詹、胡、郑等姓氏。

第二阶段是唐代，因为“安史之乱”与唐末农民战争，导致了北方人口南迁的第二次高潮。这一阶段迁居徽州的有陆、陈、叶、孙、洪、罗、舒、姚、赵、戴、康、施、冯、夏、李、朱、潘、刘、曹、毕、王、江、许、廖等20多个姓氏。

第三阶段是两宋之际，迁居徽州的有柯、宋、张、周、阮、杨、蒋、刘、饶、马、滕、孔、徐、吕、韩等姓氏。

3．家族社会形成

应该说，徽州家族社会形成于宋代，成熟于明代。

宋代理学家们鼓吹慎终追远、礼以义起，作为理学集大成者的朱熹，尤其重视家族伦理，撰修《家礼》等书，制定了一整套宗法伦理的繁礼缛节，用以维系与巩固家族制度，并编纂有《婺源茶院朱氏世谱》。

朱熹一般被视为徽州人，其思想对徽州有着巨大的影响，《家礼》也成为徽州家族建设的指导思想。

这样，在理学家们的倡导和朝廷的支持下，一种区别于夏商及魏唐世家大族式制度的新的家族制开始形成，它以尊祖、敬宗、收族为宗旨，根据理学的伦理纲常制定礼仪规范、宗规家法，约束族众。

徽州大姓基本都由北方迁入，谱系、祖墓保存完好，祠堂得到建设。随着人口的发展，徽州家族不断扩张，在开发徽州的同时，也形成了聚族而居的血缘村落。

这方面绩溪冯氏有代表性，自从50世冯蘗因官留居，其孙52世冯延普“筑室而家”绩溪后，人口不断发展。宋仁宗时，由于人地矛盾凸显，冯氏55世大十公生有三子，地窄人稠，冯姓子孙开始另寻他出，往外围拓展生存空间，长子仍居白沙，次子迁居上村，三子徙于龙桥。自此，冯氏分为知、仁、勇三大支。

（一）知字支

62世允谐、允大、允犹公，兄弟迁居无为州。

65世继祖公，迁居太平陈村巷。

65世辰乙公，迁居药库。

66世显孙公虽居白沙街，遭元兵火，居址被毁，迁至上冯村。

（二）仁字支

居上村，即今外冯村。

62世倖公，迁黄池。

64世庆公，字子敬，迁濠州。

65世住公，迁绩城。

65世至公、和公，出继县北隅胡大使为嗣。

66世来公，讳福和，字梦礼，充徽州民兵。洪武二十四年始调贵州普定卫军，因居焉。

（三）勇字支

居龙桥。

63世可宗公，迁旌德。

66世观国公，迁朱家村。

67世嘉智公，迁七都大勘上。

67世第公，迁曹溪。

70世阴德公，迁东潭。[1]

总体上看，至62世时，冯姓子孙出现了较远距离的迁徙，但大部分还是聚集在徽州境内，迁往徽州境外的，主要集中于浙江、江西、江苏、河南等省份。

徽州家族经济比较发达，除了族田外，家族经商也有着悠久的传统，徽商在宋代就已经形成相当的规模，为家族发展奠定了雄厚的物质基础。

家族礼仪与家族经济造就了宋代徽州家族社会。

明代是徽州家族的成熟时期。

随着朝廷礼制的改革，庶民也可以祭祀始祖和始迁祖。与之相适应，徽州祠堂得到大规模的建设，祠堂不断被注入新的社会功能，家族在普及化的同时也开始了世俗化和平民化。

明代中后期是徽州家族大规模建设时期。家族支派越分越多，祠堂

[1] 光绪绩溪《东关冯氏家谱》卷首上《述冯氏宗派》。

越建越多，家谱也越修越多，族田所占比重也越来越大。同时，徽商尤其是盐商也利用专卖制度，积累了巨大资本，并向其他行业发展，所获利润也大量回流到徽州本土，徽商逐渐成为徽州家族建设主力军，为徽州家族社会的发展注入了强大的动力。

徽州家族社会的形成与成熟，及其大规模普及与平民化，与徽商的经济支持是密不可分的。

（二）名族志编纂与名族文化

1. 特殊文献“名族志”

徽州谱牒文献很多，但绝大多数都是私家所修的宗谱、家谱等。除此之外，宋以后的徽州，还产生了几部由地方精英仿照唐代所兴修的名族档案，如《新安大族志》《新安名族志》《休宁名族志》等。

《新安大族志》为元代徽州大儒陈栎所作，因为没有完成，所以也没有刊行，元明时期的徽州流传着一些抄本，后人如郑佐、洪垣、戴廷明等在其基础之上不断补充增加，刊印而成《新安名族志》，直至程尚宽在此基础上又再次进行了增补，最终刊行《新安名族志》。

名族志编纂在徽州宗族中间和精英士大夫中间产生了非常大的影响，地方上原先没有录入的名族也纷纷要求补录进去，导致了《新安名族志》多次增补刻印，有的宗族对原本不利于自己宗族的文字进行了删改，这些导致了现存的版本比较多，而且在文字上会稍有不同，最全的是国家图书馆和上海图书馆所藏的8册本。

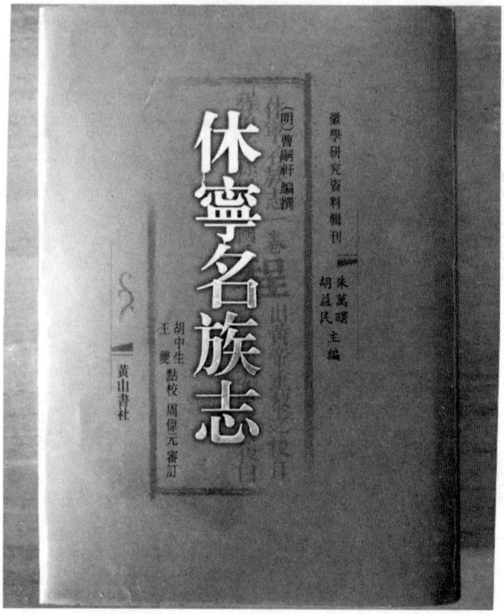

徽州区域独特的宗族历史档案——名族志

《新安名族志》的主要编纂者戴廷明是休宁人，他对休宁县的资料采集工作耗费了大量心血，休宁县的采集工作应该做得还是比较好的。这给《休宁名族志》的产生奠定了基础。

嘉靖三十年，戴廷明等编纂的《新安名族志》完成，作为编纂总裁的洪垣似乎还不满意。万历七年己卯（1579年），洪垣拜访曹诰——曹嗣轩的父亲，临走时，将《新安名族志》赠送给曹诰，并提出续编的希望："此予未了事，今以授子，续此笔者，非子而谁！"

从中可以看到洪垣的遗憾和期待。洪垣确实是把编纂之事当做自己的事业，"未了事"则表明此事在洪垣眼中没有完全成功，也许是觉得还有疏漏。最早为《新安名族志》作序的郑佐，在嘉靖二十八年己酉（1549年）的序中表扬了戴廷明，因为在所有的编纂人员中，唯独戴廷明始终不懈，其他人如汪孟沚、方德卿、程子璿、王克和、吴信夫都没有坚持下来。大量编纂人员中途退出，导致编纂工作草草收工，是完全可能的。

因此，洪垣才要求曹诰完备它。曹诰受洪垣所托，但是因为朝命在身，未能够完成。但曹诰还是做了一些工作，如就《新安名族志》的序与李维桢相商，并邀请李维桢作序。据李维桢说："几已脱稿矣，而君即世。"[1]似乎曹诰未及序言完成就去世了，现在也确实没有见到曹诰的序。作为儿子，曹嗣轩完成了请李维桢写序的任务，这就是《新安名族志总序》。但曹嗣轩认为自己没有能力完成编纂的任务。后来，他的朋友拿刊刻的程文祖等人所编的《名族集》给他看，他深受震动，终于意识到自己的错误，愧疚之下，他反复研读《名族集》三遍，认为《名族集》的不足在于"备于簪笏而略于氏族"，于是他开始了编纂行动，并于天启乙丑年（1625年）向徽州府六县发布了《刻名族志通知帖》。至此，距洪垣将编纂任务托付其父亲的万历七年已经过去了46年。

看起来，曹嗣轩本来有个更大的编纂计划，也就是分县编纂《新安名族志》，这从《休宁名族志》卷首就可以看出来，卷首除了《休宁名族志序》《休宁县》《休宁姓氏乡里目录》《隅都》《休宁名族志人物纲目》之外，其他都与《新安名族志》有关。

与《新安名族志》相关的内容有：李维桢的《新安名族志总序》，陈栎的《新安大族志序》，郑佐、洪垣、胡晓、邵龄、王讽、程光显分别撰写的《新安名族志序》，曹诰、程尚宽分别撰写的《新安名族志引》，曹嗣轩的《刻名族志通知帖》，《名族志凡例》，《新安名族姓氏目录》，《新安名族志总目》等。

《新安名族志总目》可以让我们了解宏大计划的内容。该计划以县

[1]（明）曹嗣轩编撰，胡中生、王蘷点校：《休宁名族志》，黄山书社，2007年，第3页。

为纲，六县名族志的具体内容分别为：《序》《县元纂略》《姓氏乡里目录》《隅都地名目录》《名族志人物纲目》《各氏姓元暨各支族志》六个部分。

汪煇在《休宁名族志序》中也说，曹嗣轩"有志不朽，行且合五邑之族而志之，以付杀青"。该序作于天启丙寅年（1626年），上一年曹嗣轩已经向六县发布了《刻名族志通知帖》,《新安名族志总序》的作者李维桢署名"南京礼部尚书"说明该序也作于天启年间，这些都表明，曹嗣轩的宏大编纂计划已经获得了认同，并在积极推进之中。

但是，这个计划似乎未能够最终完成，曹嗣轩只完成了《休宁名族志》。在《新安名族志总目》中，只有休宁县汪煇所作的序明确为《休宁太史汪柱河名族志序》,其他五县名族志都没有注明序的作者。这说明，其他五县名族志没有编纂成功。

其他五县名族志未能编纂成功，因此，在各县基础上合成的《新安名族志》自然就没有编成。也就是说，现今所存的戴廷明、程尚宽等编撰的《新安名族志》为旧名族志，是以姓分类，姓下再按县分类；而计划新修的《新安名族志》应该是先分六县，县下再按姓分类。"旧志六邑同姓者合为一章，惟分六邑次第，以今视之，似未便于观览。兹分为六邑，每邑各为一秩，以便稽考。其六邑及乡里次第仍照旧例，不敢紊乱。"[1]

为了更方便地收集各宗族的资料，曹嗣轩分别发出了《刻名族志通知帖》,述说自己编纂的过程、动机；同时，他又在《凡例》中指出了编纂的意义："是刻有类野史，以今视之若无益于世也，或修国史必稽郡邑志，修郡邑志必藉野史，此岂无补于世教哉！达观君子幸毋忽诸。"虽

[1] （明）曹嗣轩编撰，胡中生、王夔点校：《休宁名族志》,黄山书社，2007年，第23页。

然名族志类似于野史，但是修国史要参考地方志，修志要参考野史，因此，编撰名族志当然有价值，不能忽视。曹嗣轩用带有“威胁”的口气申明：编撰名族志是为了彰显家声，不是为了谋利，如果有自恃门第不屑提供宗族世系者、不熟悉宗族文献典籍视为无益者、不愿参加甘于自外者，导致本支遗漏，都属于自弃自误，与编撰者无关[1]。这样一来，各宗族为了自己的“家声”也必须得参与进去，否则有损本族声誉。

大量名族的参与，也产生了不同类型的名族志。有本家名族志，如由潭黄氏，“曰一宾，编葺本家名族志，率而入梓，厥功懋哉。”（《休宁名族志》卷1）有某地某姓某派名族志，如东门邵氏，“以上据龙源名族志及邑志。”（《休宁名族志》卷2）而龙源邵氏，则“以上详东门邵名族志。”（《休宁名族志》卷2）这里东门邵氏和龙源邵氏似乎都曾编有自己的名族志，而且在各自的叙述中，彼此引用对方的名族志作为互证。从这一点可以看出，在徽州民间的某个时期，修名族志可能已经成为一种集体性的行为。也许如同编修府志一样，需要各个县、村镇先行提供本地的资料，从而有了编修各种县志和乡镇志的机会。

有某个姓氏的名族志，如汪氏，“梅林汪氏原为五大房，自宋迄今相传二十五世，文武联芳，簪缨世美，详载邑志及名族旧志、《汪氏足征录》、《汪氏实录》等书，兹止述其实，略馀不叙，以俟后之作者。”（卷2“梅林汪氏”）在这里，《汪氏足征录》和《汪氏实录》似乎也相当于名族志之类的著作，不过其局限于汪姓。

不过，尽管曹嗣轩态度如此恳切，又如此加以强调，有些被他列入目录的宗族却没有提供给他资料。如邵氏，目录列有务东（总）、西门、里仁街、里仁巷、东门、龙源、万安、黎阳8地，但正文内少万安、黎

[1] （明）曹嗣轩编撰，胡中生、王蘷点校：《休宁名族志》，黄山书社，2007年，第23页。

阳两地。但有的姓氏却有增加，如谢氏，目录仅仅列安歧、汊口、土埇、前源四地，但正文内却增加了邑前、北街、查村、西门、凤湖、凌霄六地和外籍。

总的说来，曹嗣轩在前人收集的基础上独立完成《休宁名族志》的编纂工作还是令人佩服的，它所补充的新资料也很丰富。但该书显然和《新安名族志》的水平有差异。后者由戴廷明、程尚宽等人垂十年之功才完成，并且收录了徽州各县的姓氏宗族情况，而曹嗣轩大概是受《新安名族志》编辑体例的启发，借着《新安名族志》的影响，靠着《刻名族志通知贴》征集材料，因而得以在很短的时间内完成编纂工作，有些宗族的文字后面就署名是该族后裔撰写的，如演口胡氏即署名“朝议大夫裔下乡评玄孙文哲仲孝谨续”，厚街胡氏署名为“裔孙皇辅谨志”。

2. “名族”文化

较之《新安名族志》，曹嗣轩在编纂此书时，似乎有着更强的“文化意识”。该书的刊本在书眉上多出了很多提示，如“宦业”“义夫”“节孝”“苦节”“贞节”“死节”“守节”“孝子”“孝友”“笃行”“忠臣”“风雅”“儒林”“学林”“乡善”“期寿”“隐逸”“材武”，等等。在编辑体例上，除了世系以外，也往往按照上述类别予以介绍，这使人能够看到一个宗族或家族文化的形成和特点。

这种文化意识实际上也是儒家伦理道德从上层向民间基层社会渗透的一种体现。宗族伦理的核心就是儒家伦理，尤其是名族，更是贯彻和维护儒家伦理的重要的基层组织。徽州地域的宗族组织形态的普及和儒家文化的普及也是同步的。尤其自明代以来，朝廷提倡以孝治天下，其重要的政策实行就是在民间推广宗族组织，然后再利用宗族组织“化民成俗”。《休宁名族志》中的人物纲目典型地反映了这一趋势。从这个意义上说，《休宁名族志》也是对优秀传统文化如孝道、忠义等的提倡，对宗族建设的方向具有指导性意义。

为什么徽州地区如此热衷于编修名族志呢？

首先，徽州地区没有经历过大的战乱，各个宗族繁衍保存得很好，经过长期的发展，很多已经成为名门望族，他们有显耀自己家族历史的冲动，即所谓“彰家声”。

其次，徽州地区有一批热衷于编修名族志的作者队伍，在《新安名族志》编修之前，已经有作者在从事这方面的工作，并已经有了草稿。例如：“翁以所撰《新安名族志》视予曰：此属草创，未了事也，公同志者，幸为我卒之。”[1]“翁”即是草创《新安名族志》的洪觉山。而在此之前更有陈栎的《新安大族志》（有时也称为《新安名族志》）。

第三，不同种类的名族志，其内容也有很大不同，体现出不同的社会功能。“陈氏《大族志》仅书地名迁祖，其人物俱无可考。而旧刻《名族志》亦仅书其履历纲领，有类仕籍。兹尔广采郡邑志及各姓谱牒传述，有关风教者悉采录之，以彰文献之足征也。”[2]

显然，名族志最为主要的功能就是“化民成俗”和彰显家声，因为其编修的一个原则就是：“各族实迹，其忠孝、节义、勋业、文章，有关世教者，不拘隐显存殁，悉在所录。”（《休宁名族志》卷首《名族志凡例》）

这种族志，在唐以后就极为罕见，它的编纂，继承和丰富了中国传统文化中的文献体裁。由此，我们也可以毫不夸张地说，明清时期的徽州地区是宗族社会，是传统中国社会的一个典型地区，也是中国传统文化的一个缩影。

---

[1] （明）曹嗣轩编撰，胡中生、王夔点校：《休宁名族志》，黄山书社，2007 年，第 18 页。
[2] （明）曹嗣轩编撰，胡中生、王夔点校：《休宁名族志》，黄山书社，2007 年，第 23 页。

（三）徽州名族的特征

徽州家族有哪些典型特征呢？

徽州家族具有中国传统社会最为典型的家族组织形态。

1．徽州家族融合了大、小宗法

徽州是一个典型的家族社会，典型的表现就是徽州家族既不是大宗法，也不是小宗法，而是大、小宗法的融合。徽州家族的主流不是早期历史上的大宗法，也不是纯粹的小宗法，而是大宗法与小宗法的结合。所谓“封建废而大宗之法不行”，即是指大宗之法是建立在分封制度的基础之上的。秦代开始，分封制度已经不是政治制度的主流，所以，秦以后的宗法制度开始了逐渐远离权力核心的历程。

徽州家族在修谱时都强调是因为宗法制度废弃了才编纂家谱，这里的宗法制度就是大宗之法。正是因为大宗的没落，才导致了家族制度的转型。影响后世家谱的《欧阳氏谱图》和《苏氏族谱》都出现在宋代，说明宋代是家族制度转向小宗之法的关键时代。宋以后，嫡长子所在的大宗虽然仍然受到重视，受到尊敬，但随着时代的变迁，已经无可避免地走向衰落。

人口的增加，导致了众多支派的建立，他们或迁居异地，或重建祠堂，重修家谱、族谱，始迁祖成为与始祖并重的祖先。

随着众多家族支派的建立，在现实的环境压力和文人士大夫的鼓吹之下，徽州社会在明清时期又形成一股联宗与统宗的趋势。宗下有族，族下有派，始祖之下有始迁祖，宗子与族长并列，族长之下有房长、分长，形成大宗与小宗、母族与支派的复杂的血缘网络。因此，可以说，这是大宗法与小宗法的结合。

2．徽州家族组织结构非常完善

大宗法时代，宗子是核心。到了小宗法时代，族长取代了宗子的地位，宗子只具有象征性意义，更多是出现在宗族祭祀场合。大宗法时代，主持祀典是宗子权力、身份的体现。宗子的这种职能一直保留下来，但宗子其他方面的权力则逐渐移交给了以族长为核心的宗族管理层。

徽州家族是由众多小家庭组成，家族的中层组织有房、支、门、派等。还有跨地域的联宗宗族，包括始居地宗族、移徙地宗族。

家族的最高首领是族长、宗子，他们主持家族祭祀大典，统管家族事务，包括修建祠堂、编纂家谱、掌管家族财务、实施族规家法等，处理内外纠纷。宗族负责人的选择一般是公议推举，挑选标准是辈分高、年龄长、品德优、威信重。

一些专门的管理者也被选拔出来，协助族长管理宗族其他方面的专门事务，如分管经济事务的总理、庄正、庄副等，挑选标准是品德好、家庭比较富有、有经济头脑、廉洁；分管家法和处理纠纷的有约正、约副等，挑选标准一般是身份高、办事公正。

3．徽州的家谱非常多

徽州家谱约在2000种以上。这样庞大的家谱数量说明了徽州家族制度的发达和家族活动的频繁。自宋代欧阳修与苏洵各自编修本家族谱后，影响深远，其内容与体例得到后人广泛认可，被并称为“欧苏谱例”。

徽州家谱也不例外，大体上遵从“欧苏谱例”。同时在徽州的家谱中，也处处可见朱熹的影响，《家礼》成为徽州家谱的一种精神内核，婚、冠、丧、祭四礼多见于徽州家谱。有些徽州宗族为了彰显自己的名族身份与地位，请著名人物为家谱作序，有的谱序甚至可以远追宋代。

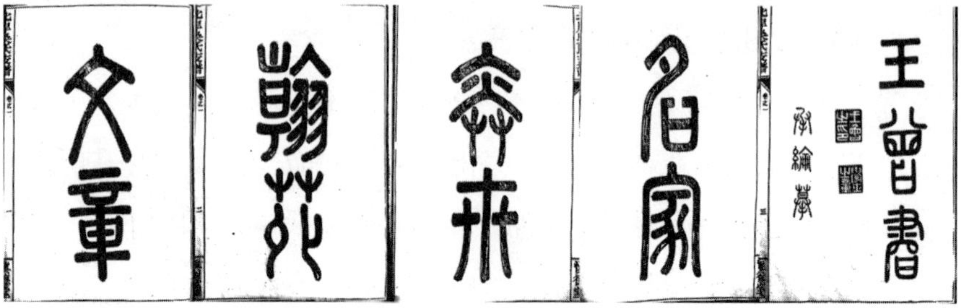

黄山市档案馆藏《北岸吴慎德堂族谱》中的王曾题词
（王曾，山东青州人，北宋仁宗时名相）

4．徽州祠堂非常多

常言曰："皇族有太庙，百姓有祠堂"，"崇本枝，萃涣散，莫大于建祠"。祠堂是族人的精神家园，家族组织得以维系的有力保障，也是家族文化的缩影。

气势恢宏的徽州祠堂，是山区古村落中最为显眼气派的大型建筑、精致建筑。无论在建筑风格抑或是人文精神上，徽州祠堂无处不彰显出极强的文化个性，释放出鲜明的艺术特征。

古徽州百姓聚族而居，出于敬宗收族的需要，每个姓氏都建有规模不一的祠堂。祠堂成为宗族祭祀、聚会、训诫子弟、执行家法族规和讨论宗族事务的主要场所。它在宗族中具有极其重要的地位，因而受到宋儒的高度重视，他们极力宣扬古制："君子将营宫室，宗庙为先，居室为后。"徽州人将祠堂视为"栖祖宗之神"的场所，对祠堂建设和祠祭活动的重视程度可见一斑。

祠堂的首要功能是祭祀祖先，因为祖先牌位存放在祠堂里，定时享受后代祭祀，这就是祠祭，如同墓祭一样，是家族最主要的祭祀之一。始祖、始迁祖等主要祖先要被世世祭祀。一些对家族有特殊贡献的祖先也被永远供奉在祠堂里。其他的祖先，往往遵循着"五世则迁"的原则。所谓五世即五代，从自己开始，依次是父、祖、曾祖、高祖，高祖以上已经超出五代，其牌位就被移走。

其他涉及家族公共利益的活动如教育、奖惩等活动也在祠堂举行。很多家族都有专门的祠规，规范祠堂的管理与运作。放入祠堂的祖先牌位，一般要收取费用，这是祠堂管理经费的主要来源之一。另外一种主要收入，是来自族田的田租。

祠堂形式多样，层次结构分明，最高的为统宗祠、宗祠，其下有支祠、分祠等。修建祠堂成为凝聚族人的非常重要的手段，宗族无论大小，一般都要花费很大的财力、物力与人力来修建祠堂。除了以男性为主的祠堂外，还有专门的女祠。

祠堂有专门的管理人员，如能干、司值等。所谓的能干，从其词义看，应该是比较能干事的，也就是对宗族的祠堂有特殊贡献的族人。黄山市档案馆所藏《洪川修谱议事杂录》中，详细记载了6类能干：（1）启建宗祠总理能干，共7人；（2）启建宗祠分任能干，共24人；（3）装整宗祠总理能干，共9人；（4）装整宗祠分任能干，共42人；（5）修理宗祠总理能干，共11人；（6）修理宗祠分任能干，共48人。如果分类统计，能干又分总理能干和分任能干，（1）（3）（5）总理能干一共有27人，（2）（4）（6）分任能干一共有114人。

从上面能干名目和人数之多，可以看出，祠堂的建造、装整、修理是非常繁重的事务。

有些祠堂就由祖先居住的老屋改建而成。绩溪东关冯氏祠堂本始于东关始迁祖达宗公所居之屋“厚伦堂”，明万历年间，“我祖先世德公同族裔照原形改建支祠，供奉先人木主，以为岁时祭拜之。”冯氏祠堂建造过程中，多有“捐钱、捐租息、捐木料者”，但因建祠所费浩大，置办木石砖瓦以及购买基地等，“不下数千余金”，此次修祠用去十九年时间，直至道光时，仍只将上下堂修葺大概，墙壁尚未完工，故再发修祠启，道光十七年修葺完毕，宗祠焕然一新。

绩溪洪川程氏家族的祠堂在太平天国战乱中被毁，后来重建，但效果并不如意。1921年阴历二月，篁墩程氏统祠轮到洪川派司年。清明节后，洪川派裔都集中到统祠，当时有了修谱的想法，赞同者过半。统祠事情完毕，回到洪川，聚集在祠堂中商议修谱，纷纷响应。再次聚集派裔讨论的时候，决议将修谱和修祠合并举行。所以，洪川程氏从1921年开始，在修谱的同时，还进行了修祠和理主活动。既然修理祠堂，祠堂是供奉祖先神主的场所，自然要同时进行理主。这次修谱、修祠、理主，耗费巨大，共进行了3年时间才完成。

徽州像洪川程氏这样，同时进行修谱、修祠和理主活动的家族，并不在少数。

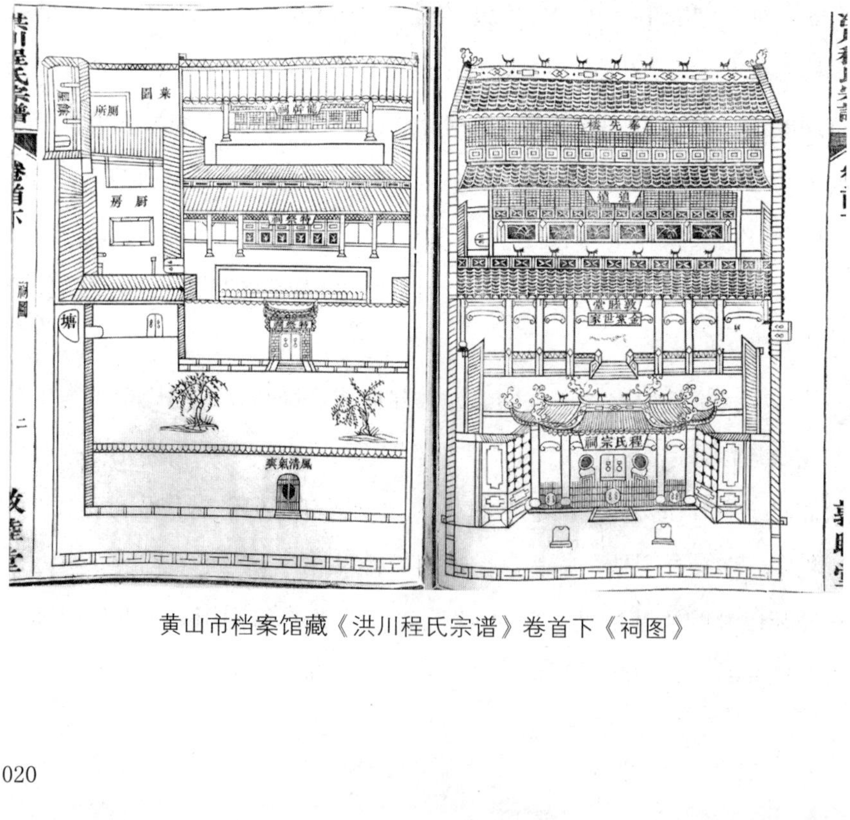

黄山市档案馆藏《洪川程氏宗谱》卷首下《祠图》

5. 徽州家族管理规范

徽州家族一般都有着完备而严密的族规家法。清代，徽州家族制度已经非常完备，族规家法的制定就是为了巩固家族制度、强化家族统治。这些族规家法大多收录在家谱中，以示代代遵守。

从家谱上看，祖训、家训、家礼、家政、家规与祠规等都是对家法的补充，更是从道德层面上对家法的宣讲。从这个意义上，家训、家礼、家政、家规与祠规都是广义上的家法的一部分。

家法制定后，要经常宣讲，并结合家训、家礼、家政、家规与祠规，形成一整套教化网络。在执法上，坚持行家法而不能僭国法，行家法而不可反坏家法。在这个原则下，家法的执行要：以尊治卑，不得以卑治尊；治轻不治重，济国法之所不及。家法的特点是“立法严而行法恕”，家法要与国法维持着一种平衡和互补的关系。

6. 徽州家族的公有经济非常发达

徽州是一种典型的“小家庭—大家族”的社会组织结构，这样的结构就注定了在家庭私有经济之外还存在着一个比较发达的家族公有经济。

家族经济的来源一是祖先遗留，二是个人捐献，三是按比例抽取，四是族产本身的经营。

公有经济的类型比较多，如祭田、墓田、义田、学田、义庄等许多类型，还有其他的事业经营等。

公有经济发达的原因，一是徽州有着非常发达的家族制度，家族组织就是血缘性集体组织，需要有强有力的经济基础，徽州家族的集体活动尤其是最能凝聚族人的祭祀礼仪，需要有相当雄厚的集体经济来保证。可以说，祭祀是需要公有经济的最为正当性的理由。

二是与徽州商人群体的大规模兴起有着密切的关系。徽商的利润回流到徽州社会，并利用种种的儒行回报徽州社会，这些都促进了徽州社会的发展，促进了家族制度的发达。

7．徽州家族的社会功能非常多

对内而言，主要是收族，包括家族救济、教育、经济、祭祀、建祠、修谱等方面；对外而言，就是在强宗大族林立的徽州社会，既要与其他家族和睦相处，又要维护自己这个血缘团体的利益不受其他家族的侵犯，还要利用家族的力量与官方进行互动。

徽州多聚族而居，祖先的坟墓非常多，因为侵犯祖先坟墓而进行诉讼的事例非常多，因此需要联合集体的力量，甚至因此兴起联宗运动。徽州人在赋税及差役方面，也利用家族对抗来自官方的侵犯。同时家族也利用官府，强化家族对族人的领导地位，并与其他家族争取有利于自己的资源。

家族的普及与发达，强化了徽州人的家族意识，也强化了徽州家族的功能。家族成为一种自治的地方力量，既维护家族内部的秩序，也要联合其他家族及官府，维护乡族社会的秩序。

清初人赵吉士曾记述道："新安各姓，聚族而居，绝无一杂姓搀入者。其风最为近古。出入齿让，姓各有宗祠统之。岁时伏腊，一姓村中千丁皆集。祭用文公家礼，彬彬合度。父老尝谓，新安有数种风俗胜于他邑：千年之冢，不动一抔；千丁之族，未常散处；千载之谱系，丝毫不紊。主仆之严，虽数十世不改，而宵小不敢肆焉。"这番话，道出明清时期徽州家族组织的典型特征。

总之，宋代以来直至明清，徽州社会建立了大量的家族组织。这些家族组织有一些共同的要素：血缘方面，有共同的男性祖先，长幼有序；地缘方面，有共同生活的环境，聚族而居；结构方面，有统一的领导者与组织机构，如家长、族长、房长、祠堂等。

徽州家族数量庞大，几乎每村每姓都有，延续时间长，有的甚至长达上千年，组织化建设和管理制度完善，功能强大，在很多方面实际上控制着徽州社会，也相对独立于官府。

徽州家族通过一系列的伦理说教、礼仪感化、民生保障和强制规约，形成了一套不同层次、不同形式和内容的比较完整有效的教化体系，和乡村其他权力网络一起发挥作用，对地方乡族社会进行良好的治理，从而维持着比较稳定的秩序。

（四）宗族的扩张

宗族向外扩张的主要动力是在宗族内部。宋代时主要是人口的增加，尤其是儒宦的数量膨胀；明代中后期开始的新一轮扩张则是国家政策的刺激，以及宗族内部商人和儒宦的结合。

1. 宗族扩张的动力

《新安第一家谱》中记载，程氏家族第36世祖大圭公的第二子子瑜和第五子子玘居住在歙县槐塘，这两房最盛，“共9子18孙，多以文章发身，超擢显爵，遂开基筑室，分旧、正、上、下四府居之”。

人口的大量增加，而且又是显爵，所以有充分的条件来扩张，扩张的具体行动就是“开基筑室”，连同新房和旧房共有四处：上府、下府、正府和旧府，大圭公的这十几个曾孙就分成四府居住。

在此基础上进行了分家，后来在此基础上继续在本土进行着扩张。上府中又分成前派和后派，下府分成前派、继派和新宅，正府分成上门和下门，旧府分成前派和后派，以及槐荫堂、敦余堂、孝友堂、世恩堂、乐善堂，共在本地成立了14个分派，它们构成了宗族内的分支。

这些派、门、堂等都是在四府的基础上扩张后形成的，大约形成于宋元之际。可以肯定，宋代时徽州的开发已经进入成熟阶段，各种土地资源的瓜分基本上已经完成，已出现人稠地狭问题。

在宗族抢占资源，基本格局形成之后，宗族的发展仍在继续。在传宗接代的思想观念和生育功能的支配下，宗族人口的持续增长仍使宗族处于扩张的惯性之中。而在当地的扩张显然已难以为继，于是他们扩张的目的地更多地转向了邻邑和徽州以外的地区。商人和儒宦已成为后期向外迁徙的主要群体。

人口的增加迫使宗族寻找生存资源以养活数量越来越多的族人，而儒宦者的数量则是他们能否寻求到足够多的生存资源的保证。程大圭的孙子和曾孙多以文章发身，才使他们奠定了宗族扩张的坚实基础。

明代中期以来，意识形态和政策发生转变。随着嘉靖朝大礼议之争的结束，朝廷推恩允许臣民祭祀始祖，以孝治天下的主流思想得到进一步的强化。徽州的宗族建设也进入了一个新的阶段，以祠堂、族谱和族产等为核心的宗族组织日益普及，同族联合进一步扩大，宗族在区域社会中的扩张进一步加剧。

庶民地主经济地位的上升和大量地进入文人仕宦阶层，宗族又经历了一次普及化的大发展。如绩溪遵义胡氏，在18世时分化成松、柏、楫、格4支。据宗谱卷7《故处士节菴胡公行状》记载，胡松和胡柏作为兄弟本来一起习儒，而且两人都比较聪颖。胡松中进士后，弟弟胡柏的职业可能受到了外力的干预，也许是他的父亲胡淳，也许是他的哥哥胡松。

胡柏就说："吾父母以吾二人为之子，伯氏出而事君矣，吾尚可以违吾亲乎？菽水之欢谁则承之？""吾固有职也。"[1]于是绝意仕进，专心于家事。

胡柏的家事主要有以下几点：

一是朝夕竭力侍奉父母。他的父亲好游山水，每到一处，胡柏就建一别墅让父亲休息。他的父亲召集林泉会，参加的都是致仕归老林泉的乡里的士大夫，胡柏准备酒席，还用轿子把每个人接过来。

二是扩大家业。胡柏在家掌管家务，"构荣隐堂，力巨而事殷"；"公，邑巨族，世多田业，每春秋之交，乡人待以耕获者，不啻百余家，公以时往周之，不少倦吝，积而能散，盖若其性然者……然愈散愈积，从容干济，仅三十年而家之饶益倍于其先。"购置田屋既是家业兴隆的标志，也是家族人口迅速增加的基础。他们积极在当地购买田地，已经成为当地的大地主。

三是操办家人的婚丧嫁娶等，这其中最重要的是要在两房之间维持公平，避免产生矛盾，"百口共爨，家事鞅掌，绝口不言，人尤以为难"。

一人在朝为官，一人在家治业，这是最为理想的宗族扩张模式。由于胡松在明代正德年间考中进士，并在朝为官30多年，他和他的弟弟胡柏这两支的男性人口得到了迅速的发展。到25世时，胡松的男性后代已经达到104人。从18世到25世，松、柏两支的男性人口共有696人，其中约有110人为儒宦；而楫和格两支只有350人，儒宦只有30人左右。这些说明宗族的扩张不仅在宗族外部，也在内部进行着。正是内部的扩张导致了向外的扩张和迁徙，就像休宁县的程氏、汪氏、吴氏等大姓的扩张

[1] 《遵义胡氏宗谱》卷9。

一样。

遵义胡氏在扩张的过程中体现出了商人、儒宦和土地结合的显著特点。宗谱《凡例》中规定：有因经商迁居他处而成家立业者，在各始迁祖名下书“迁居某处某处”。但是在9世时有一个迁繁昌，按《凡例》规定极有可能是商人，但这个迁徙的商人就无考；12世时有一个迁歙县白羊，也同样无考。早先的事例说明了，商人因迁居而无考者是非常正常的。而该族人口中存在着大量的无考者。从族谱记载看，儒宦者约为男性人口的13%多，无考待考者约为男性人口的26%。虽然在无考待考者当中有很多不是商人，但是其中商人数量必然不少。

商人与儒宦的结合在清代表现得更为明显。太平天国之乱后生存的困境，使绩溪遵义胡氏产生了众多的商人。经商的族人主要集中在粮食方面，兼及木材、茶叶、药材等，还出了几个商界的领袖，如胡位乾为建平（今郎溪）同乡商人所推重，胡德生在民国年间为郎溪盐业公会主席，执商界牛耳。

儒贾结合已经成为徽州宗族发展的普遍模式。明代中后期，竦塘黄氏宗族中的人口，也有着明显的儒贾分工，把宦学优游者除外，“次则待贾而足者居五，又次则待耕而足者居五之三，其余则否”[1]。在这里，儒业的地位最高，商贾的人数最多。

商人有着雄厚的物质基础，在清代后期，商人有致力于宗族建设的需求，当时儒士已经普遍的贫困，无力进行宗族建设，而商人因为常年离家在外，反而有一种认同宗族和孝道的心理需求。商人在家族建设中作用的确是越来越重要。经商成功的商人如果能够带领亲族共同致富，将被视为一种美德，该族也会因此而受到人们的另眼相看。有些商人是

[1] 汪道昆：《太函集》卷 72《竦塘黄氏义规记》。

举家参与，经过祖孙几代人不间断的世代相传，造成了徽州很多的商业世家。

商人在宗族建设上实际已经取代了儒士的地位，从族谱的传记看，商人已成为宗族建设和正常运转的主力，并在清末民初再次兴起修统宗谱的活动。遵义胡氏族谱中关于商人的记载完全印证了沈尧所谓“为士者转益纤啬，为商者转敦古谊”的世风转向。商人的孝友思想、儒行和丰厚的资金为宗族的建设及正常运转提供了物质基础和伦理规范。

2．宗族扩张使徽州社会从稳定走向内向

伴随着宗族的扩张，明清以来的徽州社会已经是一个典型的宗族社会，宗族已经全方位地渗入徽州社会，影响着徽州社会的发展方向。

首先，在宗族社会中，社会保持着长期的稳定。在徽州的乡土社会中，宗族的影响力无处不在。聚族而居几乎成为徽州稳定的代名词。无论是官府性的里甲和保甲，还是超血缘的会社，都离不开宗族这个血缘组织。宗族之间的扩张必然要引起纷争，但徽州宗族往往以纷争为契机，重新整合和强化宗族组织。

以柳山方氏为例。方氏从唐末时开始迁徙到歙县，南宋时又开始了一个迁徙的高潮，南宋以后仍接连不断地迁居徽州，在徽州境内建立了众多的支派。歙县柳山方氏在扩张中，不断与周围的宗族产生冲突，并在冲突中促进了歙县境内散居的各支派的结合。徽州像这样的纠纷不少。宗族间的纠纷也是宗族本身的一次整合，是对宗族组织的强化。

随着宗族的自身建设和不断扩张，田归宗族成为徽州土地买卖的一大特色，宗族的公有土地成为宗族发挥作用的物质基础。中国的社会保障体系主要还是依赖于血缘组织，所谓养而后教。正如冯尔康、常建华在《中国宗族社会》指出的，“宗族以互助团体帮助成员解决物质生活问题”，“明清时期的宗族组织为了更好地收族，越来越认识到保证族人生活及对族人普及教育的重要性”。

对于宗族制非常发达的徽州来说，宗族的作用尤其显著。尤其是自明中后期以来，族田越来越被要求强化“急公”、“惠下”的功能，因此不断有扩大祀产的呼声。

土地向宗族集中的趋势，使人们尤其是青壮年男性人口更容易感受到宗族扩张所带来的压力。这些青壮年男性人口只好被迫出去经商，而青壮年人口和商业人口正好又是社会的不稳定因素。这样，徽州人口中的不稳定因素离开了徽州，而人口中的稳定因素——老年人口则大量回流到了徽州。

徽州人口虽然外流的很多，但是很多人在年老时又回归到了徽州，因为徽州是一个特别适合老年人居住的地方。徽州的宗族组织就成为老年人发挥作用的场所。徽州青壮年男性人口大量在外，而徽州本土所留下的是妇女、儿童、老年人口以及在土地和山场上劳作的贱民和半贱民。徽州社会也需要老人维持着传统的纲常礼教，而老年人口向本土和宗族的回归正好顺应了这一需要。明清以来，江南各地素有“生在扬州，玩在苏州，死在徽州”的俗谚，孝治和宗族的结合使得徽州成为一个非常适合于养老的社会。老人的权威、宗族的规约是徽州稳定的最大保证。

年轻人口的外出经商，老年人口的回归土地和宗族，优秀人才的外流，这些对徽州社会有着深远的影响。老年社会的最大特点就是稳定和保守。归老之人总是充满了对土地和宗族的热情，这体现在他们对购买土地和建设宗族的热心上。明代官僚，歙人方弘静就认为：“郡之久安也，非徒以险阻足恃也。由内之纪纲不驰足以维之耳。纪纲之系于治乱，非世所习言乎？”[1]徽州社会在老人、宗族和土地的结合下，保持了长期的稳定。

其次，徽州社会逐渐走向保守和内向。宗族是理学在徽州实践的基地，也是儒家伦理存在和发展的沃土。徽州地区在哲学上的建树是非常高的，从程朱理学到戴震的新义理再到凌廷堪的以礼代理，由宋儒的心即理、性即理，到戴震的训诂明理，再到凌廷堪的实践明礼，是有一个从主观到客观，从臆想到行动的过程的。但这种过程有一个共同点，就是儒家从个人到家族、从思想到行动都转向内向化。

从宋儒开始中国儒家已将“修齐治平”的重点转向修身，转向克己，开始了内向化的转变，到明代形成空谈的一种思潮，并走向了一个极端。以入世为理想的儒士必然要从修身转向齐家，日益向基层社会渗透，因为社会的基本单位就是家和族，家族建设就是这种转变的主要反映。

在家族建设的强化下，社会的内向化进一步加剧。而到了清代中后期，戴震对宋儒理学的反对，也并不意味着徽州社会也有了反理学的实际行动，这种反理学的思潮主要是在学术界，但戴震新义理对人欲的肯定则无疑是对宋儒理学在徽州趋于僵化的一种调整。后来程瑶田、凌廷堪等徽州大儒对礼的强调，则继续了这种调整，因为礼主要是一种制度和实践，所以对礼的强调巩固了徽州社会所固有的宗族制度和身份社会，使徽州社会在稳定发展中继续趋于内向化。

[1] （明）方弘静：《素园存稿》卷17《郡语》下。

二　持续共襄的家谱编纂

（一）修谱理念与修谱活动

“乱世藏黄金，盛世修家谱。”盛世不仅会修国史，盛世也同样会让一个个家族有时间、精力和金钱纂修家史。谱牒对于中华文明，承载了远远超出血缘范围的文化内涵。家族随着人口的增长而分散于各地，是正常现象，如果没有一个有效的组织化管理，这些散处的族人可能彼此不认识，相见如路人，这会冲击传统伦理关系，尤其是有悖于孝悌等中华文化核心价值。百善孝为先，中国人自古即强调尊祖敬宗，光宗耀祖，慎终追远，后人需对祖先顶礼膜拜，代代相传，永不中断。

中国与西方国家的本位观并不一样，西方国家重视宗教与神学，中国传统文化重视血缘，强调理性，维护集体。家族文化深深地扎根于传统社会之中。正如常建华先生在其《中国族谱学的若干思考》一文中所说的那样，谱系之学传承着文化，形成了所谓的国有国史，家有家史，这是中国家国同构的社会文化的体现，宗族的祖先认同归结到姓氏认同、民族认同，就是对于中华共祖的认同，概括起来就是炎黄子孙的华夏认同。

1. 家国一体的修谱理念

为什么要修家谱？怎么修家谱？家谱对于家族、对于国家意味着什么？不少家谱中都有谱论、谱辩、谱说，等等，宋代儒家如程颐、程颢、苏洵、欧阳修、朱熹等，都从历史兴衰中看到了宗法和谱牒的正面意义，他们强调宗法废弃对风俗人心的负面影响，这些也常常被引用到家谱中。如同很多家谱一样，《北岸吴氏支谱》（黄山市图书馆藏）列有《先儒谱说》，摘引几条如下：

程子曰："管摄天下人心，收宗族，厚风俗，使人不忘本，须是明谱系、立宗子法也。"又曰："宗子法废，后世谱牒尚有遗风；谱牒废，人家不知来处。世无百代之家，骨肉无统，虽至亲，恩亦薄也。"

老泉苏氏曰："太上立德，其次立功，其次立言。谱牒者亦立言之一端也。"又曰："人家三世不修谱，则同小人矣。"

欧阳氏曰："族之为言簇也，尚夫聚而有别；姓之为言生也，本其所自生；氏之为言示也，示其所自分。自姓统氏分之制变，而支派日已紊矣；大宗小宗之法废，而族属日已疏矣。于是一姓不变者累千百年，而其子孙动且万计，赐者、别者、更者、冒者，纷复交错于其间，愈益难明。而后谱牒之辩殷焉。自周之小史定世系，辨昭穆，晋魏而下至于有唐，氏录举于国朝，家史明于里曲，然而犹有讹误，渐不知所由来，古圣人之所定制，吁嗟乎！其终不可复矣！"

朱子曰："人之祖宗莫不欲其子孙之盛大而昌炽，为子若孙亦莫不欲其克承先志为务。然天运靡常，兴衰继踵，有莫之为而为者，有莫之致而致者，天与命与。故谱系者，所以承其天而委其命也”。

这些先儒先贤对于家谱、宗法的认识，从某种程度上就是家族的修谱理念，尊祖、敬宗、收族是家族修谱的内在动力。如何保持这种内在动力呢？就要持续不断地修谱。

徽州宗族修谱理念主要有如下几点：

一、谱史论。犹如史书记载一个国家一个民族的历史一样，谱牒记载的是一个家族的历史，所谓“家之有谱犹如国之有史，家之有谱犹如人之有身”。在这种理念的支撑下，修谱才会成为一种持续的不间断的行为。有些家谱体例甚至模仿史志，如明代万历年间程一枝纂修的休宁泰塘程氏宗族家谱《程典》，体例有表4卷、世家2卷、列传6卷、志9卷、图4卷、录3卷及其附录等，在编纂的过程中也引用了大量文献，其中家谱41部、录书13部、志书24部、经书2部、史书20部、子书5部、集书5部和杂书3部等共113部各类典籍。

二、睦族论。家谱收集保存家族文献和人口信息，只是最为初始的功能设计。让后人从家谱中看到祖先的荣耀和血缘亲情，增强凝聚力，从尊祖到敬宗，最终达到收族、睦族之功效，是家谱更深一层的功能设计。修谱意在尊祖敬宗收族，宗法寓于其间。“人道亲亲也，亲亲故尊祖，尊祖故敬宗，敬宗故收族，夫族何以收，收之于谱牒也。”儒家强调，生活在宗族里面的人，要把和宗睦族作为人生大事。然而如何和宗睦族呢？修谱是最好的途径。谱不修则宗族之亲疏莫辨，同气连枝的族人如同陌生人，互不相识，这对家族的伤害是巨大的。所以朱熹说，人家三代不修谱则为不孝。

三、劝惩论。家谱传承家族文献，宣传祖先荣耀，惩恶扬善，并为此制定相应的修谱凡例和书写法则；而且，家谱一经登录，很有可能成为官方修志、国家修史的基本资料来源，族人的事迹极有可能从局限于家族内部到影响更大的地方乃至全国。这些已经超出家谱的本来意义，家谱从纯粹的资料文献，逐渐跨越到成为实施道德教化的工具。正因为如此，后世的家谱在记载祖先时，对于恶的一面更加隐晦，而对于好的一面，往往赞美有加，甚至浮夸虚美，其目的都是为了让自己的族人以此为荣，以此为榜样，贯彻儒家的道德教化，达到劝惩的目的。

2．频繁普遍的修谱活动

在唯恐“不孝”的舆论压力之下，徽州家族的修谱活动非常频繁，定期续修的意识非常强。徽州宗族制度发达，宗族之间竞争非常激烈，修谱也成为宗族之间的一种竞争。从很多家谱的谱序上看，很多宗族修谱的频率相当高。

为了保证修谱理念能够付诸行动，徽州宗族一般都强调要定期修谱，并遵循谱牒三世一修的传统；有的是60年一大修，30年一小修。乾隆《新安徐氏宗谱》规定，每到甲子年就要修成新谱，保证60年一修。修谱要提前二年在族内发通知，让有志者分工合作，到甲子年告成。

宣统绩溪《仙石周氏宗谱》规定，宗谱30年接页，为小修；60年重编，为大修。逾期不修即为不肖子孙。

徽州多世家大族，丁繁派多，一般在修谱之前先取得一定的共识，要有发起人。然后要传单联络各派，取得共识。修统宗谱难，修支谱容易。有些支派由于种种原因，不能参加统宗谱的会修，他们就另修支谱。

修谱倡议取得共识后，要向各支派和族人发出修谱通知，说明修谱对宗族本身建设和延续的重要性。

黄山市档案馆收藏有一部修谱文献《洪川修谱议事杂录》，收录了绩溪洪川程氏家族关于编撰家谱方面的通知、广告等议事决议。

程氏自从43世迁到绩溪洪川，数百年来，祠堂不断地进行续修扩建，但是宗谱一直没有续修，在三世不修谱就视为不孝的徽州，这是全族最引以为憾的事情。1921年，绩溪洪川程氏敦睦堂开始倡议续修宗谱。

首先，这次修谱活动是程氏敦睦堂管理层倡议发起的。祠堂管理者与各派负责人共同商议，组成了一个修谱团队，有总理、协理、纂修、倡修、赞修、协修、襄赞、校对、调查、经催。同时，向全族发了一个《修谱公启》：

> 迳启者。缘我宗祠族谱失修已久，诚恐年湮代远，难以考订。爰集本祠司事，暨各派人等公议决修，费用支绌，先行议定。普通捐每丁每口各认捐大洋三元，现先着各派自将世系所有各名目查开明白，迅寄来祠，以便汇综编修。自本年旧历五月起至壬戌八月止，确定一律理清，预备付梓排印，定期迫促，务祈各派诸君，迅即查开世系，并将各认丁口捐洋一并寄带来祠。事关族谱，切勿自误，不胜盼望之至。
>
> 此启。
>
> 时民国十年五月　日

这个《修谱公启》就是修谱通知，修谱事项已经决定了，修谱队伍已经搭建完毕，族内各派要执行这个决定。修谱经费从全族摊派，每丁每口大洋3元，族内各派要负责提供本派的历代人口信息。人口信息和丁口捐洋要迅速汇总到祠堂，以便顺利快速开展编修工作。

几乎所有的家族修统宗谱、宗谱时都要凝聚全族的力量，要有专人负责和人员分工。修统宗谱、宗谱都是一件艰巨的任务，贵在得人，一般要确定一个总负责人员，其他人则各有分工。修谱人员要尽责尽职，不可半途而废；各支派要积极参加，负责提供本支派的资料，然后共同协商，修谱人员中的分修与协修人员一般都是各派分工之人。对参与修谱人员， 般在谱上登名以示鼓励，激励后人积极参与修谱。也有请族外名人修谱的情况。整体上看，修谱者有着较高的社会地位，有的还有家学渊源。

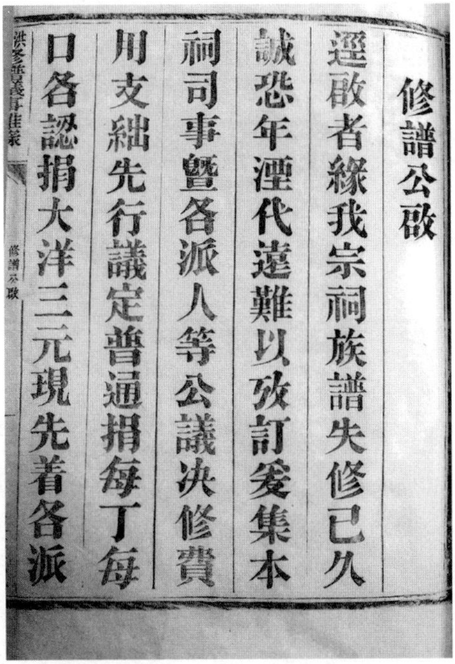
修譜公啟
逕啟者緣我宗祠族譜失修已久
誠恐年湮代遠難以攷訂爰集本
祠司事暨各派人等公議決修費
川支絀先行議定普遍捐每丁每
口各認捐大洋三元現先着各派
洪川修譜議事雜錄 修譜公啟

黄山市档案馆藏绩溪《洪川修谱议事杂录》中的《修谱公启》

第二步，发布《修谱广告》，继续扩大宣传，让每个族人都知道。这个广告发布与前述《公启》同月，发布范围应该超出本族，很有可能是在报纸上刊登的。

修譜廣告

吾族自明處士應鱗公遷居績南洪川是爲遷居洪川始祖綿延迄今歷世逾二十繩匕繼繼派別支分洪楊亂後其散處四方者亦所在皆有惟宗族愈盛統系岐年代

黄山市档案馆藏绩溪《洪川修谱议事杂录》中的《修谱广告》

程氏自从迁居洪川，已经过了20代，支分派别，而且自从太平天国战乱，宗族人口逃散四方。这次修谱是一件举族共襄的盛事，所以要不惜金钱，用广告的方式，期望更多的族人能看到，并积极参与进来，提供更多信息。

> 凡我同宗见广告，请将先代及本身之名号、官阶、职业、迁居始末、生殁日月、嫁娶氏族及寿文、墓志、著述、笔志等著作例可入谱者，均请录寄。其有珍藏之旧谱、家乘，无论断

简、残编，并请检寄来祠，以资参考。就近调查必周必详，期无挂漏，水源木本，谅有同情，凡我族人幸垂鉴焉。

第三步，各派代表会议通过《修谱议决案》。1921年6月24日，各派代表共40多人赴祠堂参加会议，讨论修谱事项，通过了如下决议：

一、丁口捐公议：每丁每口各捐大洋三元，分三年归缴；

二、特别捐：由殷实派裔踊跃捐助；

三、纂修：公推派丁：兰；

四、总理：公推派丁：礼恭；

五、协理：公推派丁：宗晪、昭安、宗俊、宗铭、宗光、宗清、宗安；

六、调查：公推派丁：礼垣、礼铎、宗荣；

七、经催：公推派丁：礼燮、宗鉴、礼敦、必达、宗涛、昭灿、宗立、士辉、士海、宗谦；

八、校对：公推派丁：聚、礼诚；

九、定谱：公议每谱纸价大洋八元，定时一律缴清；

十、时期：公议以三年竣事。

决议除了推选修谱各责任人之外，就是将修谱经费的缴费年限与修谱完成时间保持一致。修谱期限是3年，丁口捐3元也分3年归缴。特别捐不是强制性的，族人自愿捐助。对家谱也实行了定价，每部谱大洋8元，定谱时一次性缴清。

第四步，制定了《修谱订议简章》。这个简章是对前面《修谱决议案》的细化，并对筹集修谱经费事宜进一步细化。

首先确定了修谱机构“绩溪洪川程氏宗祠修谱事务所”，修谱事务所暂时设置在大中公祠。修谱为全族之大事，一般要在比较稳定的环境下进行，要有固定的场所，要设立专门的机构。为了以示重视，修谱场所多在祠堂。有的家族大，人口多，房派多，各派先设分局，把本派的资料查核详明，誊写清楚。

在摊派经费筹措来不及的情况下，程氏敦睦堂祠堂管理者要修理祠堂，但丁口捐一时难以收齐，只好由族内富人先垫款，并为此发布垫款通知。同时，确定了主要纂修人员的劳务津贴。第二年，发布募捐通知，并给予募捐者特殊的表彰和激励，最终完成了募捐事项。

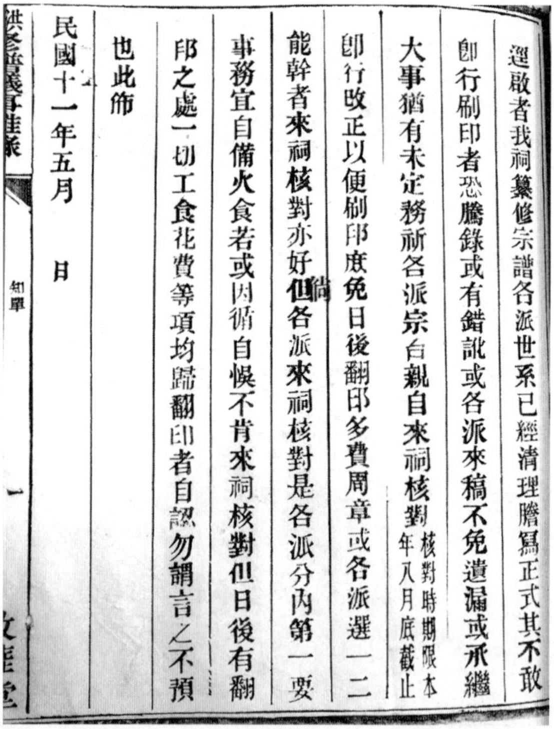
逕啟者我祠纂修宗譜各派世系已經清理謄寫正式其不敢即行刷印者恐謄錄或有錯訛或各派來稿不免遺漏或承繼大事猶有未定務祈各派宗台親自來祠核對（核對時期限本年八月底截止）即行改正以便刷印庶免日後翻印多費周章或各派選一二能幹者來祠核對亦好但各派來祠核對是各派分內第一要事務宜自備火食者或因循自悞不肯來祠核對但日後有翻印之處一切工食花費等項均歸翻印者自認勿謂言之不預也此佈

民國十一年五月　日

洪川修譜議事雜录　知單　敦睦堂

黄山市档案馆藏绩溪《洪川修谱议事杂录》中的《知单》

徽州家族修谱，一般要先列出预算。经费来自族产和个人捐助，不足部分鼓励族人捐助。族人要积极参与，出钱出力，不可借故阻挠。经费要由精明谨慎之人掌管；账目要明白、清楚，并定期核算。

第五步，核对各派历代人口信息。这是在修谱进行近一年时进行的。

程氏敦睦堂修谱事务所于1922年5月发布的通知指出，各派人口信息已经清理完毕，但不敢马上就付印，原因有三：一是誊录有错误，二是担心各派来稿有遗漏，三是有些家庭的承继大事还悬而未决。通知要求各派宗台亲自来祠堂核对，或者派一二个能干来祠堂核对。核对各派即将登录宗谱的人口信息，是各派分内第一要事，若不来核对，一切后果自负，“勿谓言之不预也”。

第六步，定谱、印谱。在随后的一系列通知中，主要的就是催捐、定谱、印谱、祧主等通知。在确定开印前，要确定印刷数量，否则一旦开工，后面增印就比较麻烦。当然，也对那些不认捐，而希望私自印刷的族人，提出警告。

第七步，领谱。领谱也有比较严格的规定，正常情况下，专人领谱对应专门字号，一个字号对应一位领谱人。这样一旦以后有家谱损坏、丢失或买卖的情况发生，就能追究领谱者及其后裔保管不力的责任。

家谱是一个家族极为重要的档案文献，所有的家族都极为重视纂修、保管家谱。前述各个程序，是徽州家族纂修家谱的普遍程序。光绪绩溪《梁安高氏宗谱》中有一份《修谱知单》，向全族发出倡议：“祠堂固宜整饬，宗谱趁此纂修。经费或派或捐，各宜勉力。董事有终有始，无不和衷。使祖宗之灵爽有所凭依，何必捐修寺观，俾子孙贤愚皆知源本，胜如刊布经文。”为了祖宗，为了后代，修谱比刊印经书更有用。

为了达成共识，团结族人积极参与，有的宗族内各支派还要订立合约。光绪绩溪《华阳邵氏宗谱》中有一份《修谱条议》，具体条议有以下几条：

一、修谱一事至繁至重，应公举总理一人，统一管理协调。

二、谱牒垂示百世，内容重要且繁多，应公举纂修、协修、分修各数人，进行分工。

三、男女丁口登记，全族立一个总簿，各房立分簿，先令各房分开登记本房丁口，然后汇列总簿，以便按丁口数摊派经费，这样既不遗漏又公平。家谱中的世系最为重要，应由各派各自进行，然后汇总到谱局，以便绘图接续。这些事由每房选派两个勤快谨慎的人负责催办监督。

四、凡一切事务必须由集体讨论通过后，才可举行，倘有故意违误，要进行惩罚。

五、古人云三世不修谱为不孝，此次修谱是为了维系祖宗一脉，全族要抱着孝敬之心去对待修谱，同襄盛举。倘有故意作梗或中途甩手不干的，是忘了祖宗，即以不孝论，应将其人本身以下从谱中除名，以示全族与其断绝关系。事关重大，惩罚不得不严。

六、任职人员事情派定后，必须立即焚香告祖，每人都要签订承诺书，任事者每月到祠堂会商一次，以便随时议办一切事务。

总之，修谱时需要全族团结一心，始终不变，时时以祖宗为念，把谱事作为自己分内最重要的事务，众志成城，这样什么事情会办不成呢！

（二）修谱的体例与内容

1. 家谱体例

一般来说，唐以前的谱牒多为官修，宋以后的谱牒则基本为私修谱牒，现存影响最大的是欧阳修和苏洵所修的私谱。所以，民间有“作谱始于欧、苏”的说法。所以欧谱和苏谱所创造的体例，即欧苏谱例，也为后世修谱所遵循。“苏谱人经事纬，如司马迁《史记》之《年表》。欧谱系联瓜属，如朱文公《家礼》之宗图。”

家谱体例主要是针对家谱的主体部分——世系图传而言。清代徽州家谱体例已经发展到相当完善的程度了，为了统宗的需要，在遵循欧、苏谱体一图一传的图传体基础上，体例不断完善，融合了史书上的年表体例和朱熹的宗图体例。

因为朱熹《家礼》对徽州宗族建设有着巨大的影响，因而有学者认为，宋代欧阳修、苏洵创立的五世图式体例，构成徽州家谱的基本框架，可谓之徽州家谱之体；南宋朱熹的理学思想，成为徽州家谱的精神支柱，可谓之徽州家谱之魂。

2．家谱内容

家谱的内容也很多，不同的家谱内容的侧重点也不一样，总体看，徽州家谱的内容比较全面和丰富。

题名，一般是来自非常重要的人物，多是朝廷高官。如黄山市档案馆《北岸吴慎德堂族谱》谱首就有宋代名相寇准和王曾的题词。虽然难以判断其真伪，但说明该家族在宋代也出了极为重要的人物。

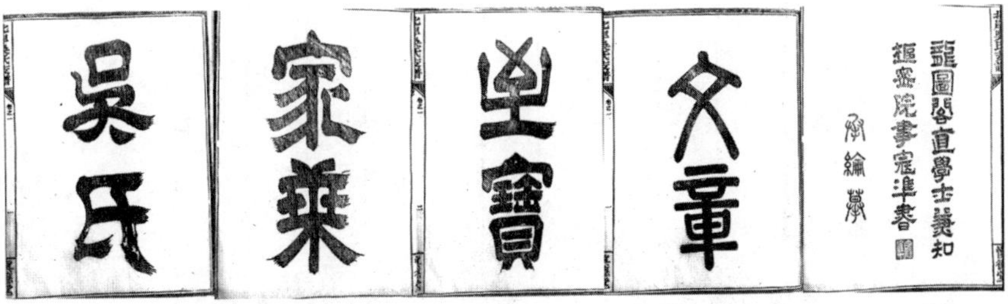

黄山市档案馆藏《北岸吴慎德堂族谱》中的寇准题词

凡例，主要是关于修谱的一些原则性和大纲性的条条框框，多在卷首部分。

书法，主要是关于族人登谱的一些规范，与凡例差不多，有时二者合而为一，多在卷首部分。

序言，包括旧序和新序，一般新序放在前面，表明是新修之谱，旧序依年代先后排列，表明家谱纂修的历史，多在卷首部分。

科第、恩荣，这部分内容是有关该族荣耀，所以一般放在前面，尤其是皇帝诰命之类的恩荣，为了表示对皇帝的尊敬，必须是放在家谱内容之前。获得朝廷表彰或封赠的族人，一定会录入谱中。进入官僚体系，或与官方建立关系，这是家族成为名族的一个重要保证。

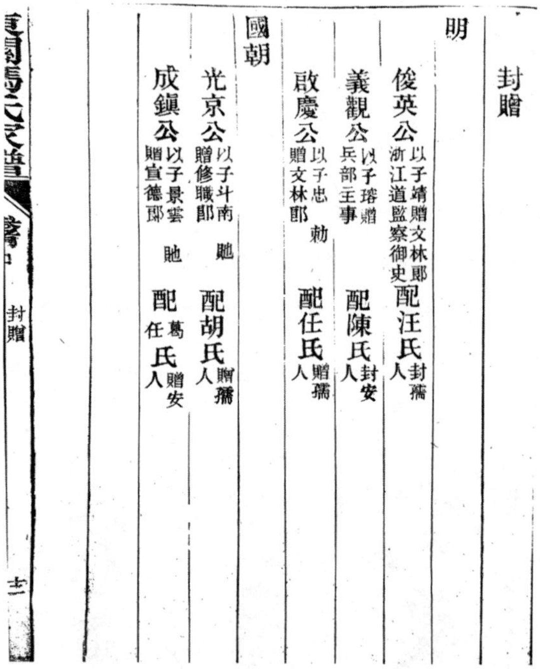
封贈

明

俊英公以子靖贈文林郎浙江道監察御史 配汪氏封孺人

義觀公以子瑢贈兵部主事 配陳氏封安人

啟慶公以子忠勅贈文林郎 配任氏贈孺人

國朝

光京公以子斗南貤贈修職郎 配胡氏貤贈孺人

成鎮公以子景雲貤贈宣德郎 配葛任氏贈安人

黄山市档案馆藏《东关冯氏家谱》卷首中《封赠》

祖先像赞、村居图，一般为了表示尊祖敬宗，放在卷首部分，使后世子孙开卷而怀思祖先，达到收族的效果。

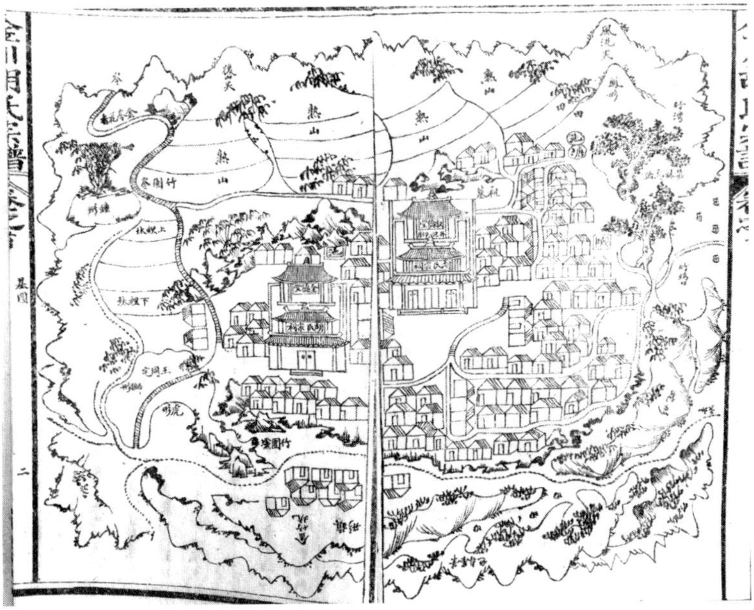

黄山市档案馆藏民国《金川胡氏宗谱》卷首《金川村基图》

也有不少家谱中有八景、八景诗，说明家族居住地的风景好、风水好。《潭川胡氏宗谱》中记载的村居八景是：竹尖乔脉、狮岩锁翠、清潭织月、鱼洲竹浪、高峰案云、虎踞幽溪、象石洄廊、印石松纹。美好的富有想象力的八景名称，让乡人、族人对家乡充满了情感。那些远离家乡的族人，也会对家乡充满了怀念。

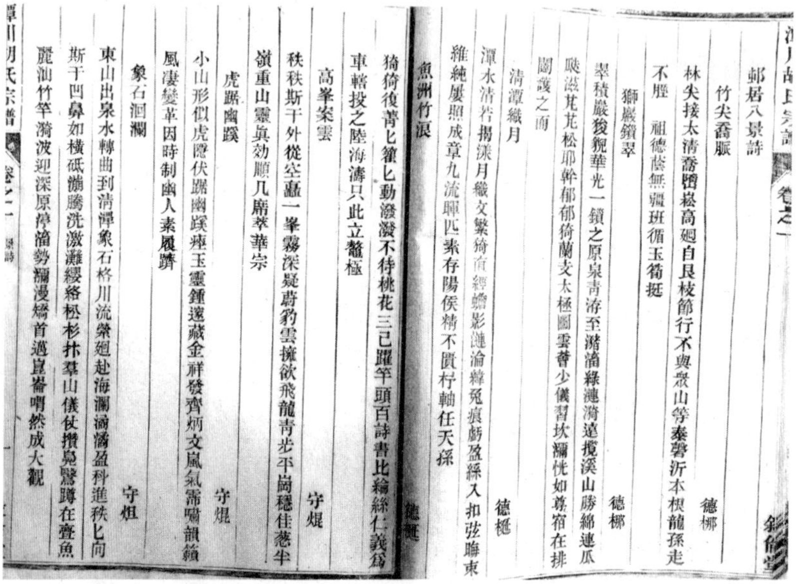
潭川胡氏宗譜 卷之一
邨居八景詩
竹尖喬賑 德梛
林尖接太清喬嶠崧高廻自艮枝節行不與衆山等泰嶺沂本根龍孫走
不歴 祖德蔭無疆班循玉筍挺
獅巖鎖翠 德梛
峯積巖狻猊華光一鎖之原泉清淬至潴蓄淥漣漪遠攬溪山勝綿連瓜
瓞滋芃芃松耶幹郁郁猗蘭支太極圖雲會少儀習坎瀾恍如尊宿在排
闥護之兩
清潭織月 德梃
潭水清若揭深月織文緊猗荷縐蟾影漣淪韡兔痕紡盈絲入扣弦疇東
維純屢照成章九流瞬匹素存陽侯精不貫杼軸任天孫
魚洲竹浪 德梃
猗猗復菁菁簾匕動潑潑不待桃花三巳躍竿頭百詩書比綸絲仁義爲
車轄投之陸海濤只此立鼇極
高峯案雲 守焜
秩秩斯干外從空矗一峯霧深凝蔚豹雲擁欲飛龍青步平崗穩佳蕊半
嶺重山靈真効順几席孝華宗
虎踞幽蹊 守焜
小山形似虎隱伏踞幽蹊瘞玉靈鍾邃藏金祥發齊炳文嵐氣需噏飆
風淒變革因時制幽人素履躋
象石洄瀾 守炟
東山出泉水轉曲到清潭象石格川流縈廻赴海瀾滴蓄盈科進秩匕向
斯干四鼻如横砥湍騰洗激灘縷絡松杉朴羣山儀仗攢梟鷺蹲在耷魚
麗汕竹竿漪波迎深原渟滀勢瀾漫矯首邁崑崙喟然成大觀
潭川胡氏宗譜 卷之一 景詩

黄山市档案馆藏《潭川胡氏宗谱》卷1《村居八景诗》

家训、家礼、家政、家法、祖训、族规、祠规等，这是族规家法部分，一般而言也是祖先遗命，合族之人必须遵守。

祠堂、祠产，祠堂是宗族的公共场所，所以一般都有专门的记载。

世系图表，即是对族人的登记和简单说明，也是家谱的主体部分。比较古老的世家，世系可能要分成古系、本系、统系、分系等，不同的部分来源不一样，在族人心中的地位也不一样。越古老的世系，其真实性可能也越存疑；越近的世系，真实性越高，与自己的关系越亲密，当然也倾注了更多的感情。

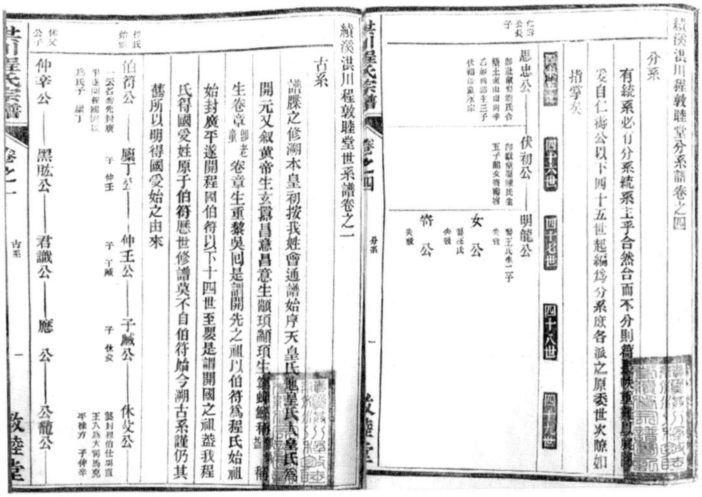

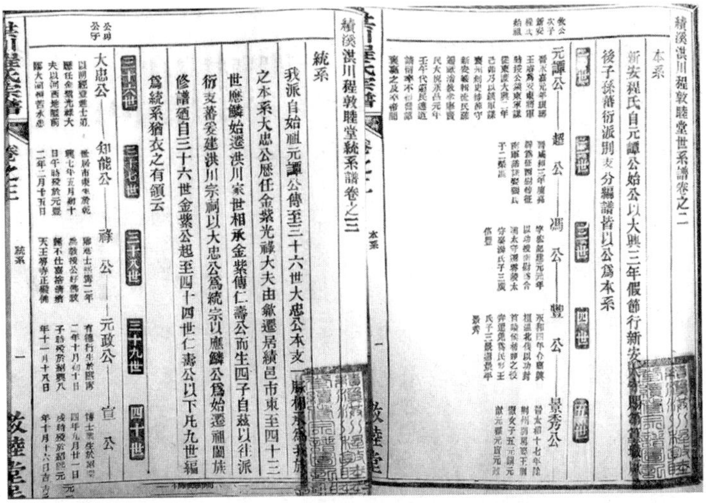

黄山市档案馆藏《洪川程氏宗谱》中的“古系”“本系”“统系”“分系”

世系部分所占篇幅一般都是最大的。各传名下一般注明他是某人几子，然后依次书写他的乳名、排行、字号、官职、科第、德业、生卒年月日时、葬地形向、婚姻配偶情况（娶、继娶、三娶，妾一般不登，如果登载，也不加地与父名，妇人有封典也要加以注明，她们的生、卒、葬的书法同其丈夫一样）、子女情况（儿子名下注明是哪一个妻妾所生，如果只有一个妻子就不加以注明；女儿有时不特别加以注明生母，但要注明她的配偶为某地某人）。

传记，一般为了彰显祖先的事迹，特别对某些重要的族人如始祖、始迁祖、富贵族人、名人和一些女性等生平事迹记载在谱。

文翰，即祖先留下来的诗文等文字方面的东西，有些宗族为了夸耀自己宗族的辉煌而特别搜集祖先的文翰登载入谱，有些宗族为了节省修谱费用，特别注明不登记祖先的文翰。

行字，即族人的辈分行字，多放在卷尾；领谱字号、跋、后记，这些一般都放在卷尾部分。

墓图，祖先坟墓一般为家族所共有的族产，也需要所有族人担负保护之责。但是因为战乱、迁徙等特殊的原因，一旦世远年湮，荒草丛生，就有可能被人当做无主之地占用，或故意侵占，或被人当做自己土地卖给别人，或将自己的祖先葬于此地。因为墓地而造成的纠纷，在徽州非常普遍。所以，为了防患于未然，徽州宗族一般将重要的祖先墓图记载在家谱上，这是普遍通用的做法。其好处是不论世事如何变迁，只要家谱还在，都能找到祖先坟墓所在。登录家谱就是一种证明，即使有人侵占、盗卖、盗葬，家谱上的墓图就是铁证，可以告到官府打赢官司收回族产。墓图旁边一般还有文字说明。如徽州程氏两个非常重要的祖先程元谭、程灵洗的墓，程氏宗谱上都有记载。

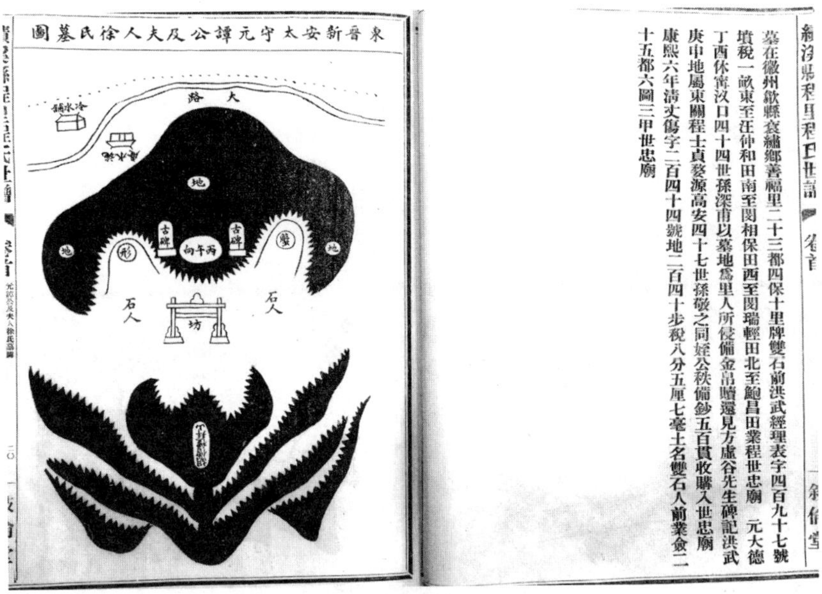

墓在徽州歙縣袞繡鄉善福里二十三都四保十里牌雙石前洪武經理表字四百九十七號墳稅一畝東至汪仲和田南至閔相保田西至閔瑞輕田北至鮑昌田業程世忠廟　元大德丁酉休甯汊口四十四世孫深甫以墓地爲里人所侵備金帛贖還見方虛谷先生碑記洪武庚申地屬東關程士貞婺源高安四十七世孫敬之同姪公秩備鈔五百貫收購入世忠廟康熙六年清丈傷字二百四十四號地二百四十步稅八分五厘七毫土名雙石人前業僉二十五都六圖三甲世忠廟

黄山市档案馆藏《绩溪县程里程氏世谱》卷首

程元谭及其夫人徐氏墓据黄山市档案馆藏《绩溪县程里程氏世谱》记载：

墓在徽州歙县衮绣乡善福里二十三都四保十里牌双石前，洪武经理表字497号，坟税1亩，东至汪仲和田，南至闵相保田，西至闵瑞轻田，北至鲍昌田，业程世忠庙。元大德丁酉休宁汊口44世孙深甫以墓地为里人所侵，备金帛赎还。见方虚谷先生碑记。洪武庚申，地属东关程士贞，婺源高安47世孙敬之同侄公秩备钞五百贯收购入世忠庙，康熙六年清丈，伤字244号，地240步，税8分5厘7毫，土名双石人前，业佥二十五都六图三甲世忠庙。

从记载看，程元谭的墓至少被侵占过2次，一次是里人，一次是程氏后裔程士贞。洪武年间清丈是1亩，康熙六年清丈是8分5厘7毫，如果不是丈量法则改变，程元谭的墓地就缩减了1分4厘多。

除了墓图，当然还有阳宅图、基宅图，就是族人住屋分布图。

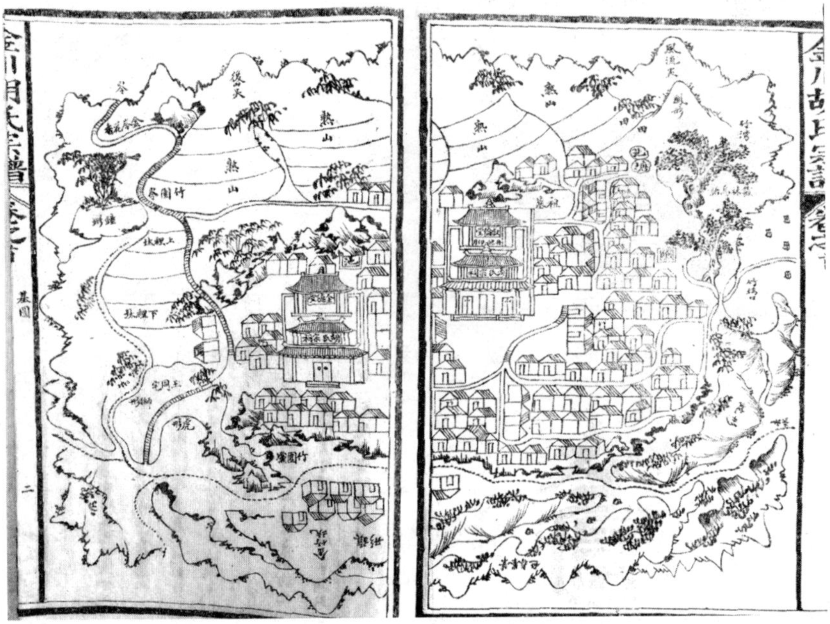

黄山市档案馆藏《沙堤叶氏》卷4《沙堤阳宅图》

杂志、补遗、存旧，等等，这是对家谱内容的补充部分，因为有的修谱时年代已经非常久远，关于祖先的生平有很多不确定的部分，如有姓名却不知道其父母是谁，有姓氏却不知道是何人的妻子，无法考证，为了慎重不得不放在谱尾部分，待后人考证明白后再收入家谱的正册。还有的是关于乡族的一些记载，或是老谱的一些保留，根据家谱体例无法归类，就统统归入到这里。

黄山市档案馆所藏的绩溪《东关冯氏家谱》卷末有《杂志》、《存旧》。《杂志》部分保留了一些修建祠堂和修谱的通知及相关规定，如《嘉庆己卯重建宗祠启》、《邀会议约》、《重建宗祠能干》、《光绪己卯重修宗祠启》、《光绪癸未祧主所议条规启》、《光绪己卯重修宗祠名目》、《乙未东关冯氏修谱启》、《附列修谱规议》、《领簿启》、《补牌并发谱启》等。

有的家谱还根据自身的特殊情况而编有独特的内容，如记载宗族过继情况的《清源录》，如《祖先考辨》等。不少家谱别开体例、充实内容，以使家谱真正如《史记》等正史和方志那样，形成与国史、郡志并列的体例完备之家族史志，如明代万历年间纂修的休宁泰塘程氏《程典》、休宁《茗洲吴氏家记》、《茗洲吴氏家典》等家谱，都是内容丰富、体例独特、形式灵活的徽州著名宗族家谱。家谱内容非常丰富，这里的介绍也不全面，随着体例的完善，家谱内容也在不断丰富着。

修谱时，旧谱是一个重要的参考，大多数的新谱就是在旧谱的基础上增修而成，有的则对旧谱内容尤其是世系部分进行修正，统修谱则可能参照多种不同支派的支谱来纂修。

总体上，人们把家谱看成家族的史书，所以非常重视，但是又明白地指出家谱与国史的不同之处：

“修国史者必知《春秋》之义，然后可以明王道、正国体。修家史者亦当知《春秋》之义，然后可以明人伦、正风俗。”但《春秋》善恶皆书，以达到劝善惩恶之功能。然而家谱不一样，家谱是有善必书，以表扬鼓励；有恶则用曲笔，必须为祖先亲人隐晦。虽然与《春秋》稍异，但劝惩之意寓于其间。

（三）家谱的保存与收藏

1．家谱的种类与数量

作为记录宗族活动的重要文献之一，徽州的家谱可谓汗牛充栋，浩若烟海，且内容丰富，类型较多。既有非血缘性地域望族汇谱，如陈栎的《新安大族志》、程尚宽的《新安名族志》和曹叔明的《休宁名族志》等，也有跨地区的具有血缘性质的某姓家谱，如《考川胡氏统宗谱》、《歙淳方氏柳山真应庙会宗统谱》和《汪氏统宗谱》等。不过，明清徽州家谱中数量最多的还是某地一宗一姓的单一姓氏家谱或支谱。徽州家谱的名称很多，有宗谱、族谱、房谱、支谱、家乘、家记、家典、世典，等等。"家谱"是其总称。

徽州家谱到底有多少呢？

根据中国古籍善本书目编辑委员会编的《中国古籍善本书目》及国家档案局、南开大学历史系、中国社科院历史所图书馆编纂的《中国家谱综合目录》和王鹤鸣主编的《上海图书馆馆藏家谱提要》，结合安徽大学徽学研究中心特藏室以及黄山学院徽州文化资料中心相关资料统计，海内外目前公藏机构收藏的徽州家谱文献应该在1500种以上。在这些家谱中，最早的刻本为元泰定年间刊刻的《新安旌城汪氏家录》七卷，近些年新修的家谱有些也进入了公藏机构。实际上，这也是一个粗略的估计，很多家谱由于残缺或内容不完整，尚待考证它们的出处。

2．家谱的保存

家谱数量多有几个原因：

一是因为修谱活动非常频繁，定期修谱成为徽州家族的共识，而且也有这方面的制度保障。

二是徽州人非常重视家谱，因为徽州家族多有非常悠久的历史渊源及相对连续的文化传承，所以在资料的收集上有相当便利的条件，而且通过修谱，可以在当地确立起相当高的社会地位，成为地方名族，获得一种无形的资源。

三是徽州家族形态非常发达，组织比较完善，支分派别很多，修谱可以达到联宗、敬宗、收族等效果。

四是徽州人对家谱的保护程度很高，有着一些独到的保护方法，所以遗留下来的很多。

徽州家谱怎样保存呢？徽州宗族非常重视家谱的保存。保存家谱的要点有：

第一，毁版。家谱印完即将版本毁掉，以严防滥印多印之谱因买卖、盗窃等方式流落到外人手中，产生冒认之弊。

第二，专人保管。家谱发放后，保管者要负起全责。因发放对象不同，家谱的保存方式也不一样。由全族共同保管的，要存放在祠堂内，多数由值年祠首每年轮流保管；族内各派领到的家谱，由派内决定是一家永远保管，还是各家轮流保管；而修谱人领到的家谱，则是由他们各自的子孙永远保管。

第三，定期会谱。有的宗族规定冬至日会谱。每当会谱时，各派、个人保管的家谱要拿到祠堂验收，检查宗谱是否完好，如果所领之宗谱损坏，保管人就要照祠例处分。如果领谱人不在，就由亲保代领。

第四，晒谱。有的宗族规定，家谱每年六、七月晒一次，这样不容易上霉导致损坏。

第五，要严密保藏。有的家谱列出了几点保藏方法：一、放置高处防潮湿，二、放置顽固处防屋漏及楼上污秽，三、放置深密处防贼盗，四、每年谨视晒霉防霉坏，五、检阅时随阅随收入椟，防猫溺鼠啮及小儿涂扯。

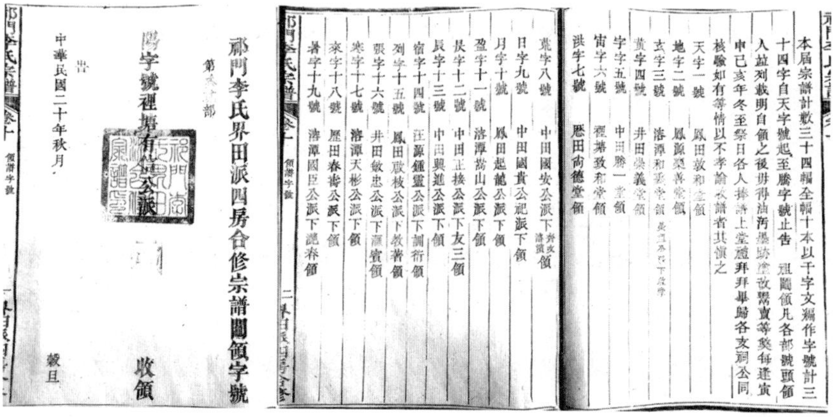
本屆宗譜計數三十四幅全幅十本以千字文編作字號計三十四字自天字號起至騰字號止告 祖闔領凡各部號頭領入益列載明自領之後毋得油污摄跡塗改鬻賣等弊每逢寅申巳亥年冬至祭日各人捧譜上堂禮拜拜畢歸各支祠公同核驗如有等情以不孝論衣譜者其慎之

天字一號 鳳田敦和堂領
地字二號 鳳源槑善堂領
玄字三號 洛潭和悉堂領
黃字四號 井田崇義堂領
宇字五號 中田勝一堂領
宙字六號 裡塘致和堂領
洪字七號 歷田尚德堂領
荒字八號 中田國安公派下齊友洛讃領
日字九號 中田國貴公祀派下領
月字十號 鳳田起龍公派下領
盈字十一號 洛潭嵩山公派下領
昃字十二號 中田正接公派下友三領
辰字十三號 中田興進公派下領
宿字十四號 汪源鍾靈公派下捆衍領
列字十五號 鳳田啟枝公派下教著領
張字十六號 井田敏忠公派下灝賓領
寒字十七號 洛潭天彬公派下領
來字十八號 歷田春壽公派下領
暑字十九號 洛潭國臣公派下澆春領

祁門李氏界田派四房合修宗譜圖領字號
第 部
陽字號裡塘有凡公派 收領
告
中華民國二十年秋月 穀旦

黄山市档案馆藏《祁门李氏宗谱》领谱字号

3．家谱的收藏

家谱的收藏单位，以图书馆为最多，目前已知保存徽州家谱最多的地方是上海图书馆，其他如安徽省图书馆、安徽省博物馆以及黄山市及古徽州各县的图书馆、博物馆都是徽州家谱收藏较多的机构。美国的犹他州谱牒中心、日本以及中国台湾地区都有不少数量的徽州家谱。民间人士的收藏，近些年来也有不少的发现。

随着徽州文化研究的进展，徽学日渐成为国际性的显学，新的徽州家谱也将继续在民间被有心人士发现，或从博物馆、图书馆里被整理出来。徽州存世家谱具有数量大、体例全、内容丰富、延续时期长等特点，其质量非常高，具有极为重要的资料价值。徽州被视为中国明清社会的一个缩影，而徽州家谱就是明清徽州社会百科全书式的资料。徽州家谱中有着大量的人口信息，尤其是女性人口和商业人口资料更是弥足珍贵，为人口史和经济史研究提供了很多微观案例。当然，其史料价值不仅仅只有这些，不同人文社会学科的研究者几乎都可以从中发现自己感兴趣的资料。

（四）修谱的经费困境及其解决

宋以后，民间兴起修谱，费用即是自家筹措。宋代族谱多系仕宦之家所修，篇幅也不多，修谱经费应该不成问题。明清以后，随着宗族的普及，建祠修谱也随之大盛。尤其是定期续修和追求统修的趋势，使得修谱经费成为一个越来越严重的问题，往往直接影响到修谱之议能否真正付诸行动。

1. 绩溪程氏敦睦堂修谱经费困境及解决办法

同大多数其他家族一样，绩溪程氏敦睦堂修谱时也遇到了很大的困境。1921年刚决定修谱时，就确立了经费来源的两种方式：丁口捐，也就是普通捐，实际上就是按照丁口进行的认捐，就是摊派；特别捐，就是鼓励有钱的族人量力捐助，有钱的多捐。

祠堂管理者在一开始的通知中要求各派迅速将认捐缴到祠堂。但是很显然，丁口捐3元对于个人、家庭来说也不是一个小数目，尤其是对于家境不好的族人，很难一时筹措完成。显然，后来为修谱召开的40多人的各派代表会议对此进行了弹性处理。《修谱议决案》决定3元的丁口捐可以分3年缴清。同时，确定了谱价8元，要求“定时一律缴清”，这样，定谱经费也可以先行解决修谱经费的燃眉之急。实际上，从后面定谱催捐通知看，定谱时有的缴清了，大多只缴了1元的定金。显然，这也导致修谱经费仍然没有得到解决。

在接下来对《修谱议决案》进行细化的《修谱订议简章》中，对经费增加了更加多样化的筹措办法。

首先，就是对特别捐进行细化：派丁中有捐大洋三百元以上者列入修谱“倡修”项下；有捐至二百元以上者列入修谱“赞修”项下；有捐至一百元以上者列入修谱“协修”项；不满百元者另给予相当奖励。

这种特别捐实际上就是增加一些修谱的名誉头衔，以换取族人的踊跃捐助。

其次，对于修谱人员给予劳务，对于催收捐助的人给予催收金额一定比例的奖励，“经催每人以收捐百分之五酬劳”。

即使如此，经费还是一时难以筹措，因为程氏敦睦堂这次是修谱、祧主和祠堂修理这三件事同时进行，费用浩大，大概预算是4000多大洋。事务所只好找“殷实派裔”垫款，以尽快启动修谱。这次垫款找了4位富裕族人，筹措200元。垫款于1923年归还。

可能特别捐没有获得更好响应，为激励捐助，1922年3月发布《公议特别捐章程》，对特别捐进行了升级奖励。

一议捐至三百元者，列入族谱“倡修”项下，并上配三代能干三配。

一议捐至二百元者，列入族谱“赞修”项下，并上配二代能干二配。

一议捐至一百元者，列入族谱“协修”项下，并上配一代能干一配。

一议捐至百元以下、五十元以上者，列入族谱“襄赞”项下，并给以相当之配享。

一议配享，普通捐仍遵旧例，分上、中、下三配。五十元为上配，三十元为中配，十元为下配。

一议特别配享等捐，以本年春季起，至癸亥春季止，此后非有重要祠事，不得开捐。

一议捐款，分本年六、十两月，癸亥三月，为三期交付。第一期交付九折；第二期交付九五折；第三期交付足数，无折。

一议捐至五百元以上者，另行公议，从优酌奖。

民国十一年三月　日

捐钱多的，可以为自己的祖上增加能干配位。同时，对捐款规定3个时间段，鼓励早捐，越早捐助打折越多。

在1922年6月发布的通知中，对丁口捐进行了说明，对妄图不认捐而想私自印刷宗谱的族人进行警告：

缘我祠产息薄微，毫无积蓄。每丁每口捐洋三元，实为每丁每口上及高、曾、祖、考，下及子、孙、曾、元，延万年不替之血脉，免日后失宗之可悯，岂容故意不出丁口捐者妄希刷印？若一概刷印，非特经手人无钱可赔，即出丁口捐者亦皆不服，不得不为出丁口捐者历历告之，知单到日，各宜踊跃归缴，毋贻后悔。

通知中强调指出，丁口捐不是简单的一家一户3元钱的事情，而是涉及高、曾、祖、考上4代和子、孙、曾、玄下4代的大事，“延万年不替之血脉，免日后失宗之可悯”。

同时，对不认捐族人“公议纪名示警，免致推诿”。

接下来的催捐通知，口气更为强硬，“若或故意观望，因循不交，刊印时只好将不出丁口捐者之世系名目停录不印。决毋宽假之可言。”采取的措施就是将不认捐族人的世系名目停止印刷。这是一个强烈的示警，也是一个接近于族规家法的举措。

1922年10月开印，11月的通知更加强硬，“若仍观望未缴者，宗谱上即将伊之世系名目停录不印，祧主时停主三代，毋许进主，决不宽待。”对不认捐者，除了不登录人口信息，还在祧主时停主三代。在血缘宗族社会，这就是非常严厉的宗规处罚了。

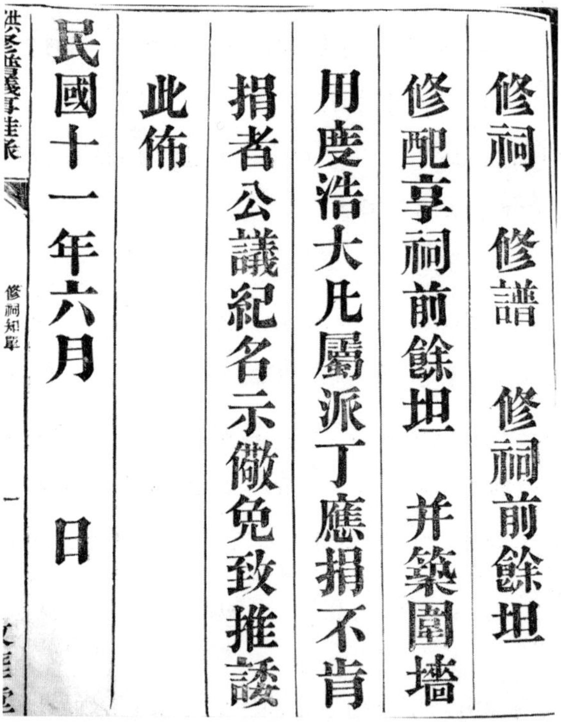
修祠　修譜　修祠前餘坦
修配享祠前餘坦　并築圍墻
用度浩大凡屬派丁應捐不肯
捐者公議紀名示儆免致推諉
此佈
民國十一年六月　日
修祠知單

黄山市档案馆藏绩溪《洪川修谱议事杂录》中的《修祠知单》

2．周氏家族立会筹措修谱经费

康熙《周氏统宗谱》有一篇《续修宗谱本末纪略》，族人道清介绍了

《周氏统宗谱》的编纂经过，非常有趣地记载了该族因修谱资金不足而筹建一会，利用会资修谱的情况。全文如下：

余自乙酉秋棘闱报罢归来，杜门无事，因取家乘阅之，见余曾祖以下尚未列名其间，不觉喟然太息曰：古人云，三十年不修谱为不孝，余族自前明万历间同宁绩两邑宗人修谱，至今凡百三十年有奇，而谱尚未续修，是余辈之罪也，因谋诸族人，皆言是事重大，不可轻举。余心益不安，惟族兄维宗与余同志，私相与议曰：为山九仞，托始一篑；修谱而有托始之基，何患不成。遂约族人好义者结会百金，共九股，首会畀众，余或一人两股，或数人一股，而首会之银交二会生息，以为次年填会之赀，及至三会以后复然。阅七年会将告竣，乃约吾邑族人修谱，而族人欣然乐从。适甲午夏，学使者莅旌阳，宁、绩两邑宗人来应试，又约之修谱，以继万历间故事，而两邑宗人亦乐从，遂于来年春二月设局剞劂。三邑子姓出自垚公者各醵金以为修谱之费，而吾族每丁出银八分，其间用度浩繁，有不足者将前会百金充费，又不足，则好义者量力乐输，且派系既多，居不一所，必多设能事者为首，以任催输，而高公子姓分迁尤夥，故为首催输者亦加多。今工已告竣，余因纪其事之本末，俾后之人得有所备考云。今将结会人名开列于左：

首会：谱众。二会：真公；三会：永靖公、岐山公、道兴、瀛阶、会企、继钧、大淑、万宁公、道涛、大琼、是、珂、贺。四会：道宁、道文、一枝、道清、道上、道洁、道中、继铎、大镗、廷滨。五会：昱安公、志本公、笃生公、俊、成德。六会：永靖公、鸿举、道学、德宣、道瑄、道域、道洛、大琼、万公、道涛、昱宗公。七会：岐山公、道南、道玑、大育、大录、大懋、鸿献、道蕡、道德、道雄。八会：道启、道湛、道平、道圻、道城、道垅、梦鹨、士弘、道坊、一致。九会：大衡、廷问、道涵、道泮、绍椅、道匡。[1]

从文中可以看到，民间修谱确实面临着经费上的困境，但是民间社会却往往会创造性地发展出新的解决机制。康熙四十四年，道清在阅览家谱的时候，看到距离上次万历年间修谱已有130多年，遂兴起续修之念，谋诸族人，而族人都对此持有异议，认为不可轻举。族人的异议，自然是由于经费原因。只有其族兄维宗与作者有同感，二人遂谋划筹措修谱经费。为此，他们邀约族人成立一会，筹得100两股本银，预作修谱经费。等钱会期满，原先的股本银转化为修谱经费，再次谋诸族人，而"族人欣然乐从"。正好在康熙五十三年时，绩溪宗人到旌德参加科举考试，遂商量两地族人合修统宗谱，获得认同。遂于康熙五十四年二月开设谱局，康熙五十五年谱成。

周氏此次为修谱而成立的钱会，共有九股，第一股就是"谱众"，这里的"谱众"实际上就是将来的修谱经费。其运作方式大致如此：第一次行会时由其他八股共凑集股本银100两（各股应出份额不清），由首会"谱众"获得使用，而"谱众"并非具体的个人，无法使用，所以交给二会各人使用，"谱众"向二会收取利息。在第二次行会时，首会"谱众"和其他七股同样凑集股本银（总数大概仍是100两）给二会。"谱众"就用向二会收取的息钱交纳自己所应出的份额，第一次行会时所获得的100两股本银并不动支，而是继续转交给三会使用，"谱众"同样向三会收取

[1] 康熙《周氏统宗谱》卷19《续修宗谱本末纪略》。

利息。这样，在第三次行会时，“谱众”再用向三会收取的息钱交纳自己所应出的份额。以此类推，首会“谱众”用最先获得的100两股本银生息去交纳每次行会的份额，于是七年之后，钱会已运行一周期满（解散），“谱众”的100两股本银保存了下来，顺势转化成为修谱之费。

在宗族规模越来越大，谱牒篇幅越来越多的情况下，谱牒的编纂经费越来越成为问题。周氏宗族有志于修谱者创造性地设立“会”来筹措修谱经费，准备编纂本邑族谱；继而因缘巧合，又联合宁、绩两县族人，成功合修统宗谱。

3．其他家族的修谱经费解决办法

明代徽州统宗修谱之风曾一度兴盛，但编纂统宗谱面临的经费问题更加严重。因为修谱经费分担不均而未修成统宗谱的例子也有：“岁在庚午，绣溪来议汇修宗谱，有格外勒出丁费意。我派坚辞不就，因商诸族众，另修湖溪宗谱。”[1]因为感觉经费分担不均，湖溪与绣溪两派之间不仅未修成统宗谱，反而双方心生嫌隙。

民间修谱能否启动并且获得成功的决定性因素就是修谱经费。周氏宗族此次能够启动修谱并最终联合宁、绩两县修成统宗谱，钱会在其中起到了关键性的作用。但是，钱会资金只是很小的一部分，大部分经费来源于按丁摊派和族人捐助。

摊派费用是许多宗族在修谱时的必然选择。婺源詹氏宗族为了修谱，征收丁费。《局规》规定：“丁费每生丁敛洋银壹圆，发红格后各派清查丁数，即缴一半以为起局经费，编次时如数缴讫，然后镌板。”“各派丁费必须亲自送局，由局给发骑缝收票，并盖经收人戳记以杜弊窦。”如果丁费不够，则要求各派分摊。“局费浩繁，如丁费不能接济，各派务

[1] 同治《湖溪孙氏宗谱》卷1《湖溪孙氏重修宗谱辨讹》。

随时敷用，候领谱抵算……局送信等件不取各派分文，各派着人来局者工资亦由各派自给。”[1]

绩溪邵氏宗族也有摊派丁银的规定。“男女丁口应由众立总簿，各房立分簿，先令各房分开丁口齐全，然后汇列总簿，以便按数酌派丁银，既无遗漏又昭公允。”[2]

南屏叶氏宗族规定了付给谱司的刻版费有公出和自认两种。

> 谱用聚珍字版，谱司系婺邑人，先立定议单：文献每盘元银二钱，世系每盘银一钱一分，墓图每盘银二钱。两图合一盘，加填字注，作世系一盘算。公镌至五代，余图俱各自认工价。村图、叙文计工扣算。或补换字，子孙本家自办梨木，另倩小木造成大小谱子字料以备临时补刻。所有镌工饭食等项俱谱司自认，外逢朔望及起、完工，本家各送神福一次[3]。

该族先和谱司议定，关于文献、世系和墓图的聚珍版刻版费用按版面计算，村图、序文不按版面而是按工计酬，这些费用都是宗族付给谱司，刻工费用由谱司负责。刻版费用族内分摊方案是，涉及前五代的文献、世系、墓图刻版费用由宗族公出，从第六代起则由各支自认；如果族人要补换字，则要自备相关材料。

某些篇幅只涉及某支族人的先祖，为了控制公出经费，采取由这支族人自认部分经费的办法。如民国《清华胡氏宗谱》篇幅太过庞大，因此规定削减关于部分先祖的赞语和墓图容像及相关事迹：“旧谱名下赞语

[1] 光绪《婺源詹氏宗谱》卷首《局规》。

[2] 光绪绩溪《华阳邵氏宗谱》卷首《修谱条议》。

[3] 嘉庆《黟县南屏叶氏族谱》卷8《附录修谱事宜》。

未敢删裁，兹卷帙浩繁，除经登入县志及学宪郡邑尊与凡有名人赠额应录外，名下概不用赞。如子孙不忍先人实行湮没无闻者，准其另刻墓图容像及诰敕行状文集序诸类，刻工纸价俱系自认。”[1]如果子孙不忍先人的事迹湮没无闻，就要自认刻工纸价。

4．鼓励族人捐助是普遍采用的办法

鼓励族人捐资赞助也是多数宗族筹措经费的办法。“谱牒失修愈久，则世系愈多，而搜辑亦愈难。况值兵燹，流离迁徙，生丁式微，丁费不足敷用，仍借各派量力捐输，捐数人名载明谱内，以志不朽。” 捐资人名载在谱内，实际上是一种精神激励。尤其是汇修统宗谱，因为派别众多，卷帙浩繁，更需要捐助。

《三田李氏宗谱》中就刊列了长长的捐输芳名清单及所捐款额。详见卷末《三田李氏重修宗谱各派捐输芳名列后》：

徽婺东乡五都理田派：绘恩堂相通公下捐输银壹佰两，永思堂思雄公房捐输银伍拾两。

池贵西乡恭浚徐川龙田派：深远公下捐输银壹佰两。

饶浮西乡下梅田都乌田派：文逊公下真一公房捐输银壹佰两。

饶浮南乡枫树下龙田派：仕通公下志一公房捐输银壹佰两。

徽黟西乡奕村派：英公下捐输银壹佰两。

池东舒村书田派：仁安公下捐输银伍拾两。

浙严遂安慈峰宏山派：永思堂天泽公下捐输银贰拾伍两，节孝坊春芬公下捐输银贰拾伍两，世宥公下仕隆公房捐输银拾

[1] 民国《清华胡氏宗谱》卷首《同治甲戌九修凡例十三条》。

陆两。

池州石台夏田派：茂达公下文经公房捐输银叁拾两。

婺邑新村柏树下：文逊公下绶公房捐输银肆拾两。

婺邑长皋派：文森公下捐输银拾贰两，行门祖玘公房捐输银肆两，源田廷荣公下捐输银拾伍两，下村德成公下捐输银玖两。

婺邑洙源派：士通公下廷佑公房捐输银五两，又尚樫已捐伍两。

婺邑伏阳派：庆寿公下捐输银拾两。

婺邑桃源派：士达公下捐输银拾两。

池建邑杨树桥丰田派：社富公下捐输银拾两。

九江彭邑双田派：希直公下敏公房捐输银拾两。

宁国太邑蓝湖彭田派：大公下七公房捐输银拾两。

宁国太邑社田外郎屋派：萌公下崇龙公房捐输银拾两。

宁国太邑车田洋湖派：均申公下捐输银玖两，七申公下元虎公房捐输银陆两。

婺邑金盘派：季庆公下捐输银捌两。

婺邑塘田迁小大鳙派：存信公下庭财公房捐输银陆两肆钱。

徽歙汉洞派：文逊公下周保公房捐输银伍两。

徽婺秋溪中村派：润公下捐输银伍两。

池贵东源韩田派：超然公下捐输银拾两。

池贵徐川龙田派：元建公下捐输银伍拾两。

饶乐邑茅塆派：思昂公下良祯公房捐输银壹两壹钱。

婺长皋丰洛派：伯寿公下捐输银壹拾伍两。

徽婺官源派：友三公下捐输银贰两。

严田派：

浙严遂安乘凤凤川派：荣四公下捐输银贰拾肆两。

饶德邑仙田派：师宁公下敬嫩公房捐输银陆两。

光绪乙酉年重修宗谱捐输芳名列后：

义和堂家瞵公下捐输洋银一佰元正。

5．加强经费管理

为了保证修谱的成功，有些宗族甚至在餐饮、薪水等方面限制支出。南屏叶氏控制伙食开支："修谱使用俱系各支轮输，并非动支公项，支丁到局司事者，公局不设伙食，惟备茶水，免致多费。"（嘉庆《黟县南屏叶氏族谱》卷8《附录修谱事宜》）华阳邵氏限制薪水支出："此时筹费极难，除常年坐局及理谱者，应酌给薪水外，其余一概不给。迨谱事造成，应将在事诸人刊入宗谱，以彰劳勚。"（光绪绩溪《华阳邵氏宗谱》卷首《修谱条议》）

修谱经费的管理非常重要。华阳邵氏采取开列总预算，账目要分房登记、专人保管和按时结总与稽核，公匣存放银钱并每月集众盘查一次等一套经费管理制度，相当具体而严格。"兴举大事必筹经费，应先将用款若干豫大数，然后酌量筹费，庶出入相准，不至亏空，致误正事。""修谱银钱取诸大众，应分立二簿，一曰本派，一曰外派。而每派账目又须分房登记，以便检查。至经手银钱最易招谤，所有收存款洋、出入账目必须多派精明妥慎之人分别管理，每月结一大总。另派公直者二人逐加稽核。倘有少数，由经手者赔偿，如无错误，即于结总处盖一图记以表无私而昭大信。""银钱汇存妥处，每封记明实数，当众加盖图记，存入公匣。另立出入账目大总簿置公匣内，每月应集众盘查一次，以示慎重公款，且杜挪移擅用之弊。"（光绪绩溪《华阳邵氏宗谱》卷首

《修谱条议》）

宋明以来，民间修谱越来越多，面临的经费困境也越来越严重。周道清创立钱会筹措修谱经费，才获得族人同意修谱。这是民间社会对经费困境的创造性解决办法。实际上，几乎每个宗族都在修谱时要综合运用种种方法，包括按丁摊派、宗族公出、族人自认与捐助；削减修谱人员的薪水和其他开支，控制谱牒的规模；为鼓励捐输和参与修谱，将捐助人和纂修人载名谱内，给予精神激励；在经费的管理上也厉行节约、加强管理。

需要强调的是，绝大多数宗族虽然都有族产或其他收入，但是因为修谱不属于宗族的经常性支出，而且所需浩大，所以很多宗族不动用公共经费修谱，而是采取临时性的摊派和鼓励族人捐助等措施。同时，由于族谱内容中不同房派所占比重不同，或者牵涉到某些族人的自身利益，所以，即使动用公款，也只负担关乎全族的部分，其他部分仍然分摊到个人或房派，或由族人自认某部分的支出。

徽州家谱确实很多，但是并不能说明修谱是一件很简单的事情。除了资金问题，修谱遇到的难题还有很多，多得会超出大多数人的想象。所以，一部家谱修成，很难说得上非常完美，矛盾可能被掩盖了。但从只言片语中，总是能透漏一些的。有的世族，长期不能修谱，倒不是因为经费的原因，而是陈旧的血缘观念阻碍了修谱，抱着“非我族类，其心必异”的僵化观念，排斥异性过继的族人，导致一部分族人抗拒修谱，宗族不能团结一心。还有的家族因为年远代湮，考证艰难。

《潭川胡氏宗谱》在结尾部分有一个很长很有趣的《潭川明经胡氏续修宗谱辨疑跋》，作者胡有法说，修谱难就难在考实，但是如果畏难而不考实，不如不修；如果考实过了头，穿凿附会，也不如不修。

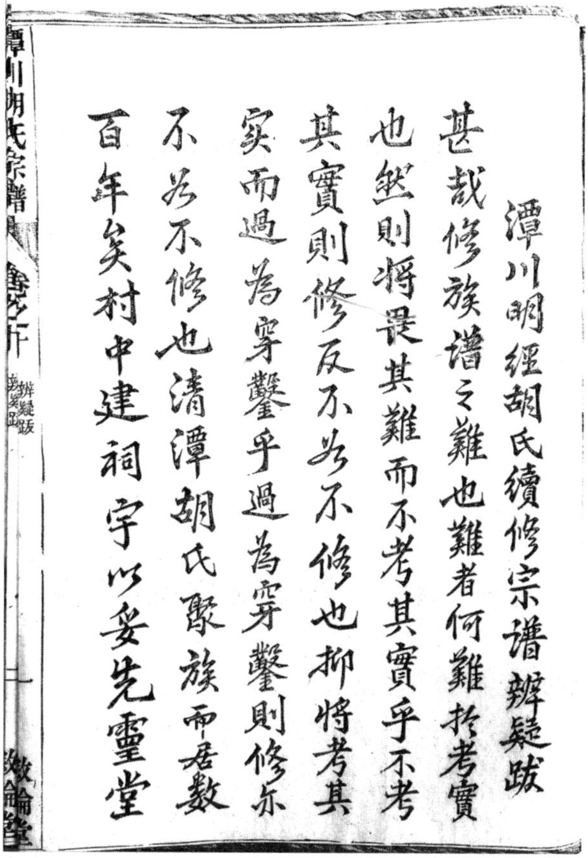

潭川明經胡氏續修宗譜辨疑跋

甚哉修族譜之難也難者何難於考實也然則將畏其難而不考其實乎不考其實則修反不如不修也抑將考其實而過為穿鑿乎過為穿鑿則修亦不如不修也清潭胡氏聚族而居數百年矣村中建祠宇以妥先靈堂

潭川胡氏宗譜 卷之十 辨疑跋 敦倫堂

黄山市档案馆藏《潭川胡氏宗谱》卷10《潭川明经胡氏续修宗谱辨疑跋》

三　醇厚普及的道德礼仪

（一）家训：道德说教与伦理普及

1. 家训的内容与语言风格

什么是家训？古人云："家有训则知义。"家训、祖训等是家族先祖制定并留传下来的，是家族进行内部道德教育的重要内容。这些遗训属于家族的意识形态范畴，它以道德说教为主要形式，教诲族人应该遵循哪些道德规范。

徽州文化的核心价值不外乎这8个字：孝悌忠信礼义廉耻。这也是中华文明最核心最被认可的价值观。《绩溪县程里程氏世谱》（黄山市档案馆藏）将其放在《庭训》中，下面分述之，看看家族这个基层组织是如何看待这8个核心价值的。

孝对于家族的意义，那是不用说的。

悌对家族来说，同样如此，因为家族除了纵向亲属关系外，还有很重要的兄弟关系，以兄统弟。

悌：事亲之外，厥惟敬长，诚以长者皆吾诸父诸兄也。实高曾一本所同出，父母一体所由分，虽其间有亲疏隆杂之殊，而总不可无爱敬以相浃，是故出入晋接，慎毋以其贫而慢之，亦毋以其愚而忽之。

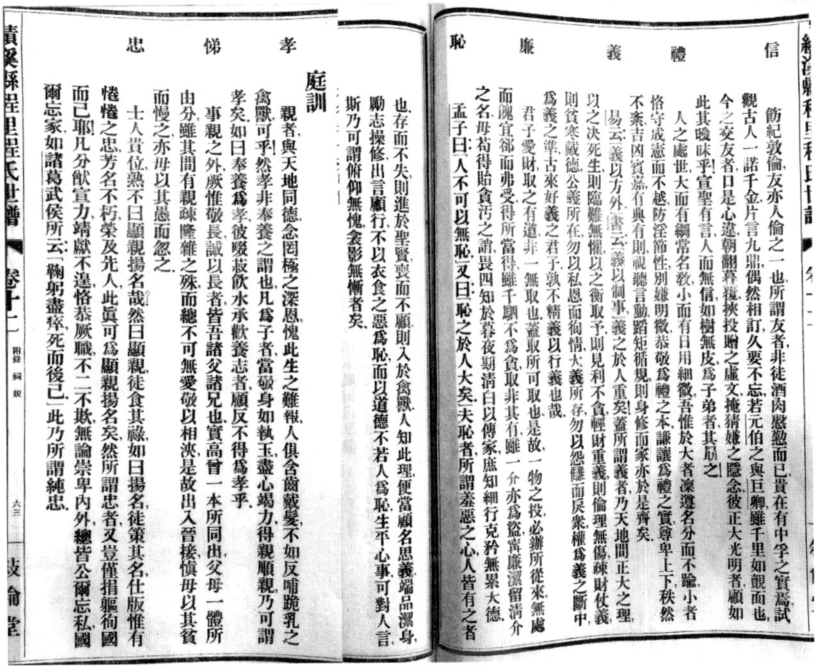
績溪縣程里程氏世譜 卷十二

信

飭紀敦倫，友亦人倫之一也。所謂友者，非徒酒肉慇懃而已，貴在有中孚之實焉。試觀古人一諾千金，片言九鼎，偶然相訂，久要不忘，若元伯之與巨卿，雖千里如覿面也。今之交友者，口是心違，朝翻暮覆，挾投贈之虛文，掩猜嫌之隱念，彼正大光明者，顧如此其曖昧乎！宣聖有言：人而無信，如樹無皮。爲子弟者其勗之！

禮

人之處世，大而有綱常名教，小而有日用細微，吾惟於大者凛遵名分而不踰，小者恪守成憲而不越，防淫節性，別嫌明微，恭敬爲禮之本，謙讓爲禮之實，尊卑上下秩然不紊，吉凶賓嘉有典有則，視聽言動蹈矩循規，則身修而家亦於是齊矣。

義

易云「義以方外」，書云「義以制事」，義之於人重矣！蓋所謂義者，乃天地間正大之理，以之決死生，則臨難無懼，以之衡取予，則見利不貪，輕財重義，則倫理無傷，疎財仗義，則貧寒戴德，公義所在，勿以私恩而徇情，大義所存，勿以怨讎而戾衆，權爲義之斷，中爲義之準，古來好義之君子，孰不精義以行義也哉。

廉

君子愛財，取之有道，非一無取也，蓋取所可取也。是故一物之投，必辨所從來，無處而餽，宜卻而弗受，得所當得，雖千駟不爲貪，取非其有，雖一介亦爲盜，寗廉潔留清介之名，毋苟得貽貪污之誚，畏四知於暮夜，期清白以傳家，庶知細行克矜，無累大德。

恥

孟子曰「人不可以無恥」，又曰「恥之於人大矣」。夫恥者，所謂羞惡之心，人皆有之者也，存而不失，則進於聖賢，喪而不顧，則入於禽獸，人知此理，便當顧名思義，端品潔身，勵志操修，出言顧行，不以衣食之惡爲恥，而以道德不若人爲恥，生平心事可對人言，斯乃可謂俯仰無愧，衾影無慚者矣。

庭訓

孝

親者，與天地同德，念罔極之深恩，愧此生之難報，人俱含齒戴髮，不如反哺跪乳之禽獸可乎！然孝非奉養之謂也，凡爲子者，當敬身如執玉，盡心竭力，得親順親，乃可謂孝矣。如曰奉養爲孝，彼啜菽飲水，承歡養志者，顧反不得爲孝乎。

悌

事親之外，厥惟敬長，誠以長者皆吾諸父諸兄也。實高曾一本所同出，父母一體所由分，雖其間有親疎隆雜之殊，而總不可無愛敬以相浹，是故出入晉接，慎毋以其貧而慢之，亦毋以其愚而忽之。

忠

士人貴位，孰不曰顯親揚名哉！然曰顯親，徒食其祿，如曰揚名，徒策其名，仕版惟有惓惓之忠，芳名不朽，榮及先人，此眞可爲顯親揚名矣。然所謂忠者，又豈僅捐軀徇國而已耶！凡分猷宣力，靖獻不遑，恪恭厥職，不二不欺，無論崇卑內外，總皆公爾忘私，國爾忘家，如諸葛武侯所云「鞠躬盡瘁，死而後已」，此乃所謂純忠。

績溪縣程里程氏世譜 卷十二 附錄 稿 跋 六三 敦倫堂

黄山市档案馆藏《绩溪县程里程氏世谱》卷12《庭训》

忠涉及个人与国家的关系，不仅是臣子要做忠臣，普通百姓也要心有国家。忠也不仅仅是要为国捐躯，而是不论身份高低，身居何职，都要做到诸葛亮所说“鞠躬尽瘁，死而后已”，只有这样，士大夫才可以青史留名，才是真正的显亲扬名。其实，在徽州，因为有大量佃仆存在，忠的意义在于可以强化主仆关系，仆人要忠于主人。

忠：士人贵位，孰不曰显亲扬名哉？然曰显亲，徒食其禄；如曰扬名，徒策其名。仕版惟有惓惓之忠，芳名不朽，荣及先人，此真可为显亲扬名矣。然所谓忠者，又岂仅捐躯徇国而已耶！凡分猷宣力，靖献不遑，恪恭厥职，不二不欺，无论崇卑内外，总皆公尔忘私，国尔忘家，如诸葛武侯所云：鞠躬尽瘁，死而后已。此乃所谓纯忠。

信，既不是与国家的关系，也超出血缘的范畴，而是界定在朋友之间。朋友有信，是五伦关系之一。真正的朋友不能彼此互相猜疑，不能口是心非，当然也不是酒肉朋友。朋友有信，就是要一诺千金，要一言九鼎，要正大光明。

信：饬纪敦伦，友亦人伦之一也。所谓友者，非徒酒肉殷勤而已，贵在有中孚之实焉。试观古人一诺千金，片言九鼎，偶然相订，久要不忘。若元伯之与巨卿，虽千里如睹面也。今之交友者，口是心违，朝翻暮覆，挟投赠之虚文，掩猜嫌之隐念。彼正大光明者，顾如此其暧昧乎！宣圣有言，人而无信，如树无皮，为子弟者，其勖之！

礼，在家族中主要就是家族礼仪，家族礼仪可以统合家族，为先儒所重视。宋代著名学者司马光和朱熹都在家族礼仪规范方面着力很深，因为家庭、家族都是社会最基层的组织，是每个人一生中最早接受教育和不断成长中最重要的空间，先儒希望家族建设循礼渐进，这样族人也能形成健康完全的人格。

礼：人之处世，大而有纲常名教，小而有日用细微，吾惟于大者凛遵名分而不逾，小者恪守成宪而不越，防淫节性，别嫌明微，恭敬为礼之本，谦让为礼之实，尊卑上下秩然不紊，吉凶宾嘉有典有则，视听言动蹈矩循规，则身修而家亦于是齐矣。

义，是离血缘比较远的一个概念范畴，公义、大义、正义、义气等，看起来与家族都没有特别的关系。但是，传统文化又特别强调义，家族用义来教化族人，可以突破血缘的规范，有利于族人全面人格的形成。在家族文化中，义，可以涵盖夫妇关系和主仆关系。在家谱中有时会看到“义夫”，与节妇相对称，指的是妻子死后不再娶的男人。当然，还有关于义仆的记载，婺源凤游董氏甚至为名叫程桥的忠义之仆临摹画像，元旦设位附祭于家庙之中。

义：《易》云“义以方外”。《书》云“义以制事”。义之于人重矣！盖所谓义者，乃天地间正大之理，以之决死生则临难无惧，以之衡取予则见利不贪。轻财重义则伦理无伤，疏财仗义则贫寒戴德。公义所在，勿以私恩而徇情。大义所存，勿以怨仇而戾众。权为义之断，中为义之准。古来好义之君子，孰不精义以行义也哉。

廉的价值观，更多是针对官员群体的。对家族中的普通人来说，就是不该要的东西坚决不能要，再细小的东西也不能要。廉的品德，是从细微处培养的。

廉：君子爱财，取之有道，非一无取也，盖取所可取也。是故，一物之投，必辨所从来，无处而馈宜却而弗受。得所当得，虽千驷不为贪。取非其有，虽一介亦为盗。宁廉洁留清介之名，毋苟得贻贪污之诮。畏四知于暮夜，期清白以传家。庶知细行克矜，无累大德。

耻也是八德之一，涵盖到所有人，当然也包括宗族内的每个人。人不可以无耻，羞耻之心，人皆有之，若没有，就退化到与禽兽无异。人有羞恶之心，则可以修身谨行，道德自律，俯仰无愧。

耻：孟子曰："人不可以无耻。"又曰："耻之于人大矣。"夫耻者，所谓羞恶之心，人皆有之者也。存而不失，则进于圣贤；丧而不顾，则入于禽兽。人知此理，便当顾名思义，端品洁身，励志操修，出言顾行，不以衣食之恶为耻，而以道德不若人为耻。生平心事，可对人言，斯乃可谓俯仰无愧，衾影无惭者矣。

《绩溪县程里程氏世谱》还有"家规"和"家范"，也颇类似于家训。因为在此谱中还有"宗规"和"祠规"，所以，家规就是规范小家庭的人际关系的。

修于清代光绪年间的绩溪县许余氏《南关惇叙堂宗谱》，专门设有"家训"，共有"首明伦理""孝父母""敬祖宗""重师儒""正闺门""睦宗族""务正业""早完粮""息争讼""杜邪风""禁溺女"等11条内容。

"首明伦理"说明了伦理道德思想位居一切教化之首，其核心思想是儒家的纲常名教，认为世间人都是五伦中间人，五伦囊括了世间最为重要的五种人际关系规范：

君王要仁爱百姓，臣子要尽忠报国，君明臣忠即君臣有义；

父亲要爱惜儿女媳妇，儿女媳妇要孝顺，父慈子孝即父子有亲；

丈夫要做义夫，妇人要做贤妇，夫义妇顺即夫妇有别；

兄长爱惜弟弟，弟弟敬重兄长，即长幼有序；

朋友之间以信义相结，终身不变，即为朋友有信。

忠孝是中华传统伦理道德方面最为核心的内容，所以位居五伦之首。有的家族调整了五伦顺序，将孝放在忠之前。清末所修的绩溪县《仙石周氏宗谱》立有“石川周氏祖训十二条”，把“父子有亲”置于“君臣有义”之前：

> 五伦是父子有亲、君臣有义、夫妇有别、长幼有序、朋友有信。人有这五伦，我子孙男妇大小肯依伦理做事，便是个好人，天地要保佑他本身必有好处，子孙必然昌盛。若灭伦悖理，与禽兽一样，天地不容，算不得我的子孙。各宜敬守此训。

这种调整更加凸显了，在家族伦理规范中，孝位居忠之前，孝比忠更为重要，这也符合“求忠臣于孝子之门”的本意。

孝、悌、忠、信、礼、义、廉、耻等传统伦理道德构成家训的主要内容，反映了家训的基本理念。这其中，父子、兄弟、夫妇关系是家族最为强调的三种人际关系，家训对这三种关系的规范和解读也是格外用心。

家训的教诲对象主要是族内的一般族人，尤其是那些受教育不多甚至是不识字的男女老幼。因此，家训的语言风格不同于精英阶层所熟悉的书面文字，而是极为浅显易懂的民间语言。尤其是在对儒家伦理的说明上，更要用非常浅显易懂的语言去说明哲学层次上的问题。

前述的《南关惇叙堂宗谱》在“家训”中就有这方面的阐释：

> 人与禽兽不同，皆因人有伦理，禽兽无伦理，所以人要有伦理才算得个人。读书的贵重，无非他知道伦理。你们农工商贾、妇人女子，目不知书，果能知道伦理，一切事都照伦理做去，便是一个好人，与读书人一样。假如读书人心知伦理，做事不依伦理，反不如你们了。

这样的语言，极为通俗易懂，高深的儒家伦理思想，转换成了平常百姓的口语闲谈，其效果自然就是直入人心！

如果换成书面语言，不但没有效果，甚至有可能被抵制，因为它针对的对象是“农工商贾”、“妇人女子”等“目不知书”之人。

这种白话犹如在唠家常，娓娓道来，深入浅出，不仅语言浅显，而且语言的对比感也极为强烈，在说明五伦的时候，提出了明君与昏君、忠臣与奸臣、慈父与狠父、孝子孝妇与逆子逆妇、义夫与鄙夫、贤妇与淫妇等一系列具有强烈对比感的概念，给人以强烈的情感与思想冲击，不仅能打动人心，还能深入人心。

这样的语言是民间的、草根的、底层的，也是直白的、浅显的、通俗的。

虽然语言浅显，但却带有强烈的是非感，而且内容非常丰富，反映了儒家修身、齐家、治国、平天下的入世理念：

关于个人修身和行事方面的有行善积德、慎重交友；

超出小家庭范围而与大家族有关的内容也不少，如修建祠堂和坟墓、重视丧葬和祭祀、和睦族人、端正闺门、从事正业；

跟国家有关的家训内容包括敬畏王法、按时完粮、平息争讼等；

还有其他诸如严教诲、谨嫁娶、尚勤俭、崇礼让等内容。

家训中绝大部分都是关于齐家、收族的。

2．孝道是核心

孝道是所有家族最为看重的核心。家族组织对孝的追求是超出所有其他核心价值的，这是不容置疑的。前述《绩溪县程里程氏世谱》（黄山市档案馆藏）将其放在《庭训》中的第一位。

> 孝：亲者，与天地同德，念罔极之深恩，愧此生之难报，人俱含齿戴发，不如反哺跪乳之禽兽，可乎？然孝非奉养之谓也，凡为子者，当敬身如执玉，尽心竭力，得亲顺亲，乃可谓孝矣。如曰奉养为孝，彼啜菽饮水承欢养志者，顾反不得为孝乎。

《绩溪县程里程氏世谱》还有“家规”，主要就是讲述父母与子女关系的，共有20条，从很多细微处规范了为人子怎么对待父母。如对父母不能唐突、任性和怪罪：

> 一 、人子须愉色婉容切戒唐突父母，若稍唐突，虽日用三牲之养，犹为不孝。
>
> 二 、人子切戒任性，温宝忠母夫人云：性急人一味自张自主气质，使父母难当；性慢人一副不痛不痒面孔，亦使父母难

当。戒之！

三、人子须知天下无不是的父母，切戒自以为是，反以父母为非，如舜之事亲，尚安有不是处，然不得于亲，却只一味负罪引咎。

作为人子，要爱父母，爱的表现，一是不能听枕边话慢待父母，一是不能背着父母兄弟谋取私利：

四、人子须爱父母，而不可爱妻子，朱柏庐云：听妇言薄父母，为人子者，内省其能安乎？戒之！

五、人子须爱父母，而不可爱货财，其有代父掌家及治生者，阴图利己，上不可以告父母，下不可以对兄弟，譬小人，其犹穿窬之盗欤。戒之！

在家要陪伴父母，要早晚向父母请安，出门要向父母禀告自己的行踪和行事，并尽力完成父母交代的任务：

六、人子须出必告，反必面，冬温而夏清，昏定而晨省。

七、《礼》：子妇不命适私室不敢退。今有夫妇，整日相对，而不面父母者，大非！其于鳏父孀母者，尤不相宜。

八、人子行事，须告禀父母。温公云：凡子受父母之命，必籍记而佩之，时省而速行之。或有不可行者，则柔色和声，具是非利害而白之，待父母之许可，然后改之。苟于事无大害，当亦曲从。若以父母之命为非，而直行己志，虽所执皆是，犹为不顺之子，况未必是乎。

要爱父母之所爱，体谅父母的行为，不得私底下妄议父母：

九、父母分以田宅，微有不均，能值几何，退有后言者，非！

十、父母所生之子，不能皆富而无贫，父母或念其贫者，薄有周给，诸子当顺而从之，退有后言者，非！若子贫而擅售膳田者大不孝，众共摒之，仍鸣公治罪。

十一、《礼》：父母之所爱亦爱之。凡子孙及奴婢，会蒙父母怜惜者，在己当倍加怜惜，切戒妄生嫉恶之心。

要亲自打点父母的饮食起居，善待年幼弟妹，不要让父母伤心：

十二、曾子养亲，必有酒肉，将彻必请所与。凡为人子者，宜效曾子，不可因父母有所与，而退有后言。

十三、父母年老，凡床帐卧褥，饮食汤药，人子须自点检，不可委之奴婢。

十四、父母年老而有幼弟幼妹者，一切婚嫁之费，当量力营办，切戒吝惜小费，致伤父母之心。（庶弟庶妹同此）

尽孝上要力所能及，随分随时，不得用各种借口推诿：

十五、人子须随分尽孝，不必富贵而后尽孝，如子路负米，曾子采薪，何尝不是孝子。

十六、人子须及时尽孝，不可待他日而后尽孝，皋鱼云：树欲静而风不宁，子欲养而亲不在。岂不永为终天之憾！

十七、兄弟数人，贫富不一，贫者不能养父母，富者便当任之，不可互相推诿。

如何对待父母的过错：

十八、父母有过，固宜谏，然宜几谏，不宜直谏。

怎么对待继母：

十九、人子事生母易，事继母难，然亦别无他法，不过为人子止于孝而已。千古来，善事继母者，自舜而外，莫如薛包、王祥二人，可为后世事继母者法。

媳妇如何对待公婆：

二十、妇事舅姑，与子事父母之道同。凡古之孝妇，如少君提瓮、庞氏纺织及孝妇养姑之类，为子者时时对妇言之，亦必有感悟处。

怎么处置不孝行为：

凡族有不孝者，告诸族长，族长当申明家规，委曲诲导之，再犯则责之，三犯告诸官而罪之，永摒族外。

作为人子人妇，如果能做到以上20条，当然是个孝子无疑。但要真正做到以上20条，也并不是很容易的事情。所以，孝不是一时想做就能做到的，也是子女们需要一定时间的修炼才能达到。

前述的《南关惇叙堂宗谱》在“家训”中长篇论述孝父母，将孝道分成爱惜父母、敬重父母、守身行善这三个层次：

> 前说五伦虽是君臣当头，但人人皆父母所生，要以尽孝为本。皇帝以孝治天下，求忠臣必于孝子之门。古人说得好，孝为百行之原，人不孝父母，虽有别样好事都是假的。如果行孝之人决不肯做坏事，行孝的如古人扇枕温席、求鲤哭竹，说个不尽。大约要三椿完全才是孝子。
>
> 第一是爱父母。别人爱惜我，我便感他好意，要爱惜他。你想父母生我养我，是何如爱惜我，我不爱惜父母，爱惜何人？或爱惜妻子，不爱父母，你无父母，哪来的妻子？所以孝子第一要爱惜父母。
>
> 第二是敬重父母。我是他的儿子，父母所以止须爱我，不必敬我，我但爱父母而不敬重父母，哪怕父母衣丰食足，还有一大半不孝。这等孝顺与禽兽也差不多，你看禽兽小时也爱父母，但不知恭敬，所以孝子第二要敬重父母。
>
> 已经爱惜父母、敬重父母，若还为非作歹，或被人殴伤，或犯王法，或面上做好人，暗中做不端之事，以致明遭宗族笑骂，暗遭神鬼怒谴，岂不玷辱父母？所以孝子第三要守身。守自己身体，时时存善心，处处行善事，扬名以显父母，这才是个真孝子。所以孝能感动天地，孝子必定有后。至于妇人在家如果是个孝女，出家必定是个孝妇，孝妇必能守贞，断不肯以清白身体受人污染，玷辱父母。可见天下好事都从孝字做起，

所以说孝为百行之原。

“树欲静而风不止，子欲养而亲不待”，尽孝是不能等待的，及时行孝被家训所强调。光绪《三田李氏宗谱》立有“祖训八则”，表达了这种观点：

> 曾子曰：亲戚既殁，虽欲孝，谁为孝？年既耆艾，虽欲弟，谁为弟？可见孝弟是人生要务。为子弟者须及时自尽，故谨身节用以养父母，则宗族称其孝；式好无尤以睦兄弟，则乡党称其弟。若家庭之内诟谇时闻，则大本已亏，其余不足观也矣。

孝道在徽州的文化遗迹中随处可见。

地名有：慈孝里（歙县棠樾村）、忠孝乡（歙县呈村降乡）、孝女里（歙县瞻淇村）、孝女乡（歙县古合阳乡）、孝悌里（婺源县凤山村）等。

牌坊有：父慈子孝（歙县棠樾村）、孝行坊（歙县棠樾村）、孝子坊（婺源县豸峰村）、节孝坊（黟县城隍山等地）等。

祠堂有：忠义孝悌祠（黟县古筑村、黟县城区文庙内、婺源县城）、世孝祠（歙县棠樾村）、孝义堂（婺源县凤山村查氏统宗祠）、孝子祠（婺源县凤山村）等。

楹联有：忠孝持家远/诗书处世长（黟县宏村承志堂书房木联）、慈孝后先人伦乐地/诗书朝夕学问性天（黟县西递大夫第木联）、天下一等人君臣孝子/世间二件事力田读书（黟县西递大夫第木联）、惟忠惟孝禀天所赋/学诗学礼演圣之谟（黟县卢村木雕楼木联）、移孝作忠家齐国治/以义为利子肖孙贤（屯溪老街第62号店宣纸联）等。

匾额中最有名的就是黟县西递敬爱堂的“孝”字匾，字形与字义巧妙融于一体，具有典范意义。匾3米见方，悬挂在敬爱堂门楼横梁上方，据说是朱熹所书，笔力遒劲，显示出深厚功力。

黟县西递敬爱堂朱熹题匾

从字形上可以分成两部分来看。上半部是 “考”或“老”字的上半部，下半部是一个“子”字，“考，老也”（《说文》），“父为考”（《尔雅》），父上子下，意味着子女要对父母尽孝。字形更绝的是，右上部如同一人跪着、抬头、双手作揖，成敬奉之状；因为右下部是 “子”字，做此状态的无疑就是子女，意为子女要孝敬父母、老人。其左上部却似猿脸，意为不孝不敬之人，如同尚未进化的猴子。字画同源，此“孝”字达到了字形、字义浑于一体的高度统一，与“敬爱堂”名称又高度相合，互相彰显，对传统文化中的孝道内涵，做了如同神来之笔的揭示，极具教育意义。

3．批判邪风恶俗

徽州家训也有对地方上邪风、恶俗的批判，如僧道和溺女。徽州虽然是一个宗族社会，但是佛老信仰也随处皆有。儒家指责佛老，主要在于佛老之说与一些儒家伦理有冲突，尤其是在日常生活和人生礼仪方面。儒家知识分子大多对吃斋念佛是抱着不信或不完全相信的态度的。

> 远佛老。佛老之说，最惑人心，人死岂有轮回之理。夫子谓，知生之理则知死之理，能尽事人之道则能尽事鬼神之道。斯言尽矣。修斋供佛，何益于事。或以为表孝子之心，则又愚之甚者。尽葬埋之礼，而衣衾棺椁之类，并从加厚，择吉地而以封以树，便是孝子之心。若以修斋供佛以为孝，则一切小人皆能为之矣。必以是而为脱离地狱，则又以父母为有罪之人矣，安得谓之孝？后有贤者，不可不知。[1]

由于宗教深入人心，且具有教化人心、维护社会稳定的功能，所以，家族也不是一味排斥，有的家族利用宗教来实施辅助治理。所以，丧祭除遵文公家礼外，“浮屠间用之”。尤其是在一些人生礼仪上，佛老被普遍使用。这从一些精英的反对和无奈中也可以看出来。

清代官僚程文彝在《葬纪》中论述了“僧道之谬”：

> 僧道之谬不可用，而于人初丧，尤宜痛戒。盖人死魂升魄

[1] 《绩溪县程里程氏世谱》卷 12《庭训》。

降，非孝子擗踊哭泣以达其哀慕之诚，则其神必散；故升屋以招之，礼所谓皋某复是也。今僧道用铃、铎、鼓、钹以震散之，是吾欲招之使来，彼欲驱之使去也，人子忍乎？且其为说必曰：赦罪释狱。古人云："无地狱则已，有则小人入。"为人子者何忍以小人待其亲哉？按律：丧中用僧道作佛事，主丧者杖八十。夫耗其赀财，毫无所益，适足以驱散其亲之神魂，又自取罪戾如此，虽至愚者当亦憬然悟矣。但愚民相习，一家不作佛事，共目为不孝，举室谴责，遂不得已而随之。惟在士大夫主持名教，身体而力任之，庶可移易于万一耳。

程文彝的说法是人刚死时，魂升魄降，如果不是孝子"擗踊哭泣以达其哀慕之诚"，那么死者的魂一定就散了，所以也才有招魂这一仪式。如果此时僧道用铃、铎、鼓、钹等，就把招来的魂震散了。可见，程文彝反对的是在人刚死时使用僧道，而且是从僧道使用的乐器上去分析的。程文彝并没有反对在其他环节使用僧道，只是笼统地说了法律方面的规定："按律：丧中用僧道作佛事，主丧者杖八十。"如同"暴露"律杖八十一样，这条"作佛事"律杖八十的规定也没有效果。实际上，没有人因为在丧葬中使用僧道而受到法律的制裁。而且，程文彝观察到的是，习俗相沿，如果一家不作佛事，就被当时人批评为不孝，丧主也会受到家里所有亲人的谴责和反对，于是不得已而随之。程文彝把希望寄托在主持名教的士大夫身上，希望这些人身体而力行，达到移风易俗的效果。可以想见的是，程文彝作《葬纪》之前，为太夫人办丧葬时，必然也遇到了是否使用及如何使用僧道的问题，如果没有使用，一定也承受了巨大的压力。

宗族对宗教欲禁还奉的态度及斩不断的历史联系，为妇女信奉宗教营造了一个似紧还松的氛围。如果说男性还有儒教方面的信仰，可以部分排斥其他宗教信仰，那么，受儒教影响较少的女性，更有可能接受各种宗教信仰。明清时期徽州妇女活动空间有限，大量的商人妇独守空房，缺少其他的休闲娱乐，同时，还得为外出谋生的丈夫牵肠挂肚，担惊受怕，也有大量的老年女性寡居，为了排遣精神上的寂寞，也为了祈祷亲人的安全，需要找一种精神依靠，因此崇奉佛道。

僧道被视为邪风，以儒家伦理作为指导思想的家族自然是希望杜绝僧道信仰。对妇女的宗教信仰，徽州家族一般都抱着排斥的态度，有的予以严令禁止，不准妇女入庙烧香，不准延请僧道进门，反对妇女在家中供奉宗教神灵，与僧道之人联系。

但是这些信仰“邪风”已成为民俗风尚的重要组成部分，在文献资料中，我们看到的不是杜绝，相反，几乎是遍地开花。与家族组织并存于徽州社会的，就有各种各样的迎神赛会，其中有些具有很强的宗教性，如西边路灯会、老君会、大士会、地藏王会、佛士会、燃灯会、老经会、腊八会等。祀神娱神之类的会更多，这里的神以民间信奉的地方神以及关帝、文昌帝君之类为主，以祭祀关帝的会居多，如老关帝会、英义会、正义会、崇义会、叙义会、友善会、崇正会、复关会等。可见徽州民间信仰复杂多样。

僧道信仰虽然普遍，严格说只能算是邪风，还算不上恶俗，溺女才是真正的伤天害理的恶俗。

在重男轻女的中国传统社会，不少地方都有一种溺女恶俗，就是把刚出生的女儿溺毙。这种风俗在一些偏僻的贫困山区曾经长期存在，徽州也有这种恶俗。但溺女行为毕竟很残酷，因此一些家训中有反对溺女的说教，对溺女行为给予严厉批判。在民间观念中，刚出生的婴儿有时并不视为完整的生命，所以，有些溺女之人并不认为自己背负着杀人的罪名，也没有道德上的愧疚。

光绪绩溪县《梁安高氏宗谱》有《高氏祖训十条》，则明确将溺女行为定性为杀人，认为：

在所有的罪恶之中，最大的就是杀人，而在杀人罪行中，有心杀人比无心杀人罪孽更深，而有心杀害与自己无仇无怨之人则罪孽尤为深重，溺女不但是有心杀害无仇无怨之人，而且是自己的至亲之人，这样的行为就是罪大恶极，天理不容！其凶狠残暴远甚于豺狼虎豹！女婴刚出生时就是一个鲜活的生命，嗷嗷待哺待衣，不但不喂食乳汁，不给她穿衣取暖，反而投到水中，能干出这样事的人，其他什么坏事、恶事不敢干呢！

溺女的原因，主要有如下几点：

第一，家境贫寒，无法抚养，为了抚养儿子，只好舍弃女儿；

第二，女孩迟早要出嫁，是别人家的人，不但不能为家庭做贡献，反而还要赔上不菲的嫁妆；

第三，家里女儿多，不想再要女儿了，希望其转世为男孩再来投胎。

梁安高氏家训对这些所谓的溺女理由都进行了一番批判，认为：

如果是因为重男轻女而溺女，有损其后代的阴德，其后代必然不昌盛；

如果是因为贫穷，那么穷人有穷人的活法，一些乞丐都能够背着婴儿乞讨，其他人难道比乞丐还困难吗？

如果是为了日后的嫁妆，更说不通，人命和嫁妆，孰轻孰重！

作者最后警告溺女之人："天道昭昭，无恶不报，凶狠至此，言之酸心。故宗族中有溺女者，其罪通天。虽别人戒杀放生，皆是无益。盖在他处有育婴堂，尚免载胥。吾乡无之，惟赖宗族设法禁止，随时告诫，功德无量。"

徽州由于宗族势力过于强大，一些公共慈善事业如救济弃婴的育婴堂反而没有建立起来。在家谱的祖训中谴责溺婴行为，没有任何法律效率，祖训不同于家法，只是道德说教，没有对此行为的具体惩罚措施。因此，面对溺婴行为，徽州社会除了进行道德谴责和伦理说教外，也没有什么有效的禁止办法。

同溺女一样，家族精英对其他一些有违伦常道德的不良风俗也利用家训进行了批判。

4．定期宣讲家训

家训从制定的那天起，代代相传，就成为祖训，成为广义上的家法族规的一部分。

家训要定期宣讲，绩溪梁安高氏规定："以上祖训十条，每年春秋二祭后宣读一过，各派祖屋书贴一纸，不可视为具文。"

婺源长溪余氏家族规定："每岁正旦集长幼序行第，庆贺神主，次叙团拜之礼。族长开读祖训，幼辈拱听于阶下，实有益心身之语也。"

通过定期的宣讲，可以让绝大部分的族人都明白家训的道德指向，从而规范自己的行为。

对于儒士和精英而言，通过普及家族组织，然后再以家族为根据地，传播、实践儒家伦理道德思想是一条可行的路径。家训因为是祖上所传，具有高度的正当性，理所当然成为灌输儒家伦理道德思想的主要手段；实际上，也成为中华优秀传统文化的重要组成部分。

（二）家礼：礼仪感化与社会整合

1．朱熹《家礼》与徽州礼俗

什么是家礼？古人云："家有礼则知序。"家礼是家族的日常生活礼仪和族人的冠（笄）礼、婚礼、丧礼、祭礼等活动，既是形式和内容的结合，又是文化性和社会性的统一。

传统中国的礼仪虽然是针对某件事而设，但从根本上反映的是人际关系，尊卑长幼次序可以通过礼仪活动进行规范，最终通过各种礼仪，社会达到一种有序的整合。

家族的礼仪文化建设被家族精英高度重视。由于朱熹在历史上的特殊地位，以及朱熹与徽州的特殊渊源关系，朱熹的《家礼》成为明清徽州家族建设的宪章，它关于日常生活礼仪、冠礼、婚礼、丧礼和祭礼的规范，为绝大多数家族所接受。

但是在遵循朱熹《家礼》的同时，徽州的知识分子也对朱熹《家礼》进行修改。儒家礼教世俗化的过程，也是民间引礼入俗的过程，也是对礼进行简化的过程。朱熹的《家礼》也是对先前烦琐礼仪简化的结果。

家族精英在恪守儒家基本伦理道德原则的同时，还根据当地社会的实际情况，对很多不符合儒家理念的当地民俗进行修正，对一些比较烦琐的不符合时代的礼仪形式进行简化，以在更大范围内传播、推广儒家伦理道德思想。

2．庆贺礼俗

前述的绩溪许氏《南关惇叙堂宗谱》专设一章《惇叙堂家礼》，规范了各种礼仪。

怎么庆贺父母生日呢？相关礼仪体现在酒席上，长子备好酒席请父母落座，然后长子夫妇和其他儿子媳妇为一行，男东妇西，孙子孙媳妇为一行，都面朝北拜两拜，起身后，长子奉酒跪父母前，按照地方的民俗进颂祝之词，父母受酒。其他人都在自己的位置上跪着。长子敬酒后，回到自己的位置，拜两拜，起身，礼毕。如果兄嫂生辰，弟弟率妻子先行礼，兄嫂站着回礼，礼毕；然后子侄以下行礼，可以坐着接受。

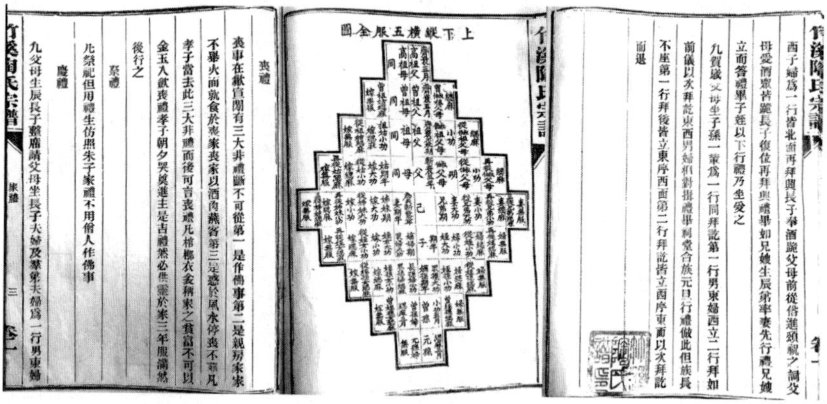

黄山市档案馆藏《竹溪陶氏宗谱》卷1《家礼》

怎么庆贺新年呢？该家族规定，贺岁时，父母坐着，子孙一辈为一行，一同跪拜，结束后，第一行男东妇西站立。第二行、第三行、第四行等依次拜讫。拜完父母后，东西男妇相对作揖，礼毕。整个家族在祠堂里元旦行礼也仿照进行，但族长不坐，第一行拜后都站着，东序西面；第二行拜后也同样站着，西序东面，依次拜讫，同揖而退。

3．婚姻礼俗

冠礼太过古老，在徽州也不盛行，但女子的笄礼却还保留，但基本上不单独举行，而是在婚礼之前举行笄礼。

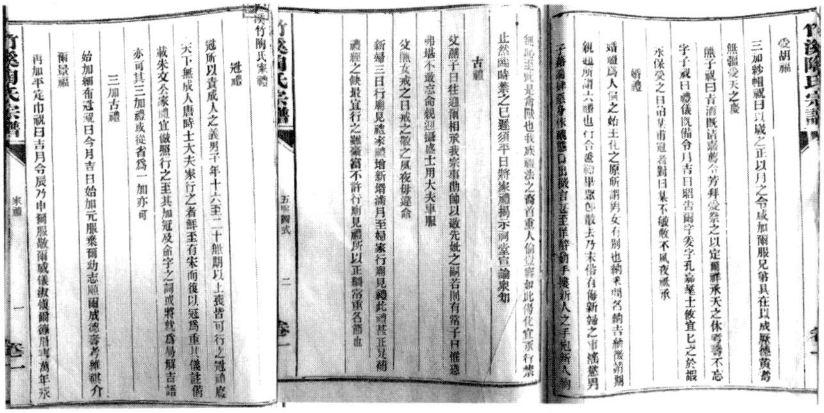

竹溪陶氏宗譜

受胡福

三加紗帽祝曰以歲之正以月之令咸加爾服兄弟具在以成厥德黄耇

無疆受天之慶

醮子祝曰旨酒既清嘉薦令芳拜受祭之以定爾祥承天之休壽考不忘

字子祝曰禮儀既備令月吉日昭告爾字爰字孔嘉髦士攸宜宜之於嘏

永保受之曰伯某甫冠者對曰某不敏敢不夙夜祗承

婚禮

婚禮爲人倫之始王化之原所謂男女有別也納采問名納吉納徵請期

親迎所謂六禮也行合卺禮畢眾即散去乃末俗有侮新婦之事搖慾男

子藉端肆惡身体醜態口出穢言甚至佯醉動手摟新人之手抱新人

無恥至此是禽獸也我族禮法之裔首重人倫豈容如此傷化宜永行禁

止然臨時禁之已遲須平日將家禮揭示祠堂宣諭衆知

古禮

父醮子曰往迎爾相承我宗事勖帥以敬先妣之嗣若則有常子曰惟恐

弗堪不敢忘命親迎攝盛士用大夫車服

父醮女戒之曰戒之敬之夙夜毋違命

新婦三日行廟見禮家禮增新婿滿月至婦家行廟見禮此禮甚正足補

禮經之缺最宜行之雖豪富不許行廟見禮所以正綱常重名節也

五服圖式 二 卷一

竹溪陶氏家禮

冠禮

冠所以責成人之義男子年十六至二十無期以上喪皆可行之冠禮處

天下無成人唐時士大夫家行之者鮮至有宋而復以冠爲重其儀詳備

載朱文公家禮宜做照行之至其加冠及命字之詞或將其爲易解吉語

亦可其三加禮或從省爲一加亦可

三加古禮

始加緇布冠祝曰今月吉日始加元服棄爾幼志順爾成德壽考維祺介

爾景福

再加平定巾祝曰吉月令辰乃申爾服敬爾威儀淑慎爾德眉壽萬年永

竹溪陶氏宗譜 家禮 一 卷一

黄山市档案馆藏《竹溪陶氏宗谱》卷1《家礼》

徽州的婚礼习俗也根据《家礼》做了一些调整，如新媳妇、新女婿到对方祠堂行庙见礼，向列祖列宗报告婚礼已经举行过了，只有行过了庙见礼，新媳妇才算成为男方家族的正式一员，所以，庙见礼很重要。绩溪县许氏《惇叙堂家礼》规定：

新媳妇第三天到祠堂行庙见礼。《家礼》增加了新女婿满月到妇家行庙见礼，这项增加非常有道理，足以弥补《礼经》之缺，应该要实行。凡我族新婿自亲迎后第二次来，嫁女之主人告知管理祠堂的祠首，开启祠门，引新婿燃香拜见祖宗。即使嫁女者因家贫未能请酒，祠首也不得为难。如果是再婚的女婿，即使豪富也不许行庙见礼，所以正纲常、重名节也。

婚礼中有不少有违礼仪的习俗，被家族精英所攻击，比如世俗比较重视的“醮女”之礼。所谓醮女，就是即将出嫁的女儿在举行过笄礼后，接着要举行醮礼，女儿作为受礼的对象，要南面端坐，母亲拜而进酒，哭而进酒。这样一种尊长向卑幼行礼的风俗，明显有违伦常道德。

绩溪许氏家族认为，女子既笄将嫁，端坐而醮之，这种风俗一时难以改变。但母亲立而视之，应该让小辈进酒。女儿即将出嫁远行，母亲潸然落泪，符合人情，不能禁止，但不能大哭。因此要根据礼法进行适度地变通。

徽州由于商人多，年轻人一般很早就出外做学徒，往往赶在外出前，把婚姻先结了。但是出门之后，回来的机会不多，真正夫妻共同生活的时间很少，所以胡适有徽州夫妻“一世夫妻三年半”之说，一辈子的夫妻，在一起的时间加起来只有三年半。

徽州流传有催人泪下的“纪岁珠”的故事：新婚一月后，丈夫就出外经商，妻子在家以刺绣谋生，每年买一珠，称为“纪岁珠”。丈夫回来时，妻子已死了三年，打开箱子，看到妻子已经积累了20多颗珠。

歙籍诗人汪于鼎为之赋诗曰：“几度抛针背人哭，一岁眼泪成一珠，莫爱珠多眼易枯。小时绣得合欢被，线断重缘结未解。珠累累，天涯归未归？”喊出了徽州留守妇女的痛苦心声。

婚礼是“合二姓之好，上承宗庙，下继后嗣”的人生大事，受到徽州人的普遍重视。在实际生活中，很多徽州女性的丈夫或者早逝，或者外出常年不归家，家中子女的婚嫁可以说主要依靠作为母亲的女性来操办，这样的例子文献中有很多，这是一种常态。资料显示，很多女性在丧夫时之所以没有立即自杀殉夫，就是为了能够看到子女长大成人，为了帮助其完成婚嫁，这成了守寡女性活下去的一种精神支柱。

有些女性不仅为自己的子女操办婚事，还往往为母家及夫家的亲属经营婚嫁。有些女性已经出嫁，但是仍然参与母家亲属的婚礼，且其常常是婚礼的主要操办者。

明代徽州著名学者、官僚汪道昆所著的《太函集》中有不少女性的资料。例如，刘母徐氏，其弟“亡其妻，遗一女，无所持。孺人召弟授诸子业，训弟女如己女，盛奁而归高门”。刘母徐氏不仅在母家为侄女操办婚事，在夫家，丈夫常年不归家，“孺人独以家妇当户”，后来孺人姑死，“遗子男五，长幼有差。长者未婚，幼则呱呱耳。孺人以丘嫂而抚五叔，递长递婚”。同样为小叔子操办婚事的还有曾方伯妻罗氏，罗氏的丈夫和婆婆皆不掌家，家中经济来源主要依靠罗氏，“且为二叔婚”。可以推测，二叔的婚事也由罗氏出资操办，可以说是人力物力财力皆出自罗氏之手。

俗话说长嫂如母，徽州又是个重视宗族一脉相承的社会，这些徽州女性不仅要为自己的后代操持婚事，由于丈夫或者舅姑辞世，还要承担起为小叔、小姑张罗婚礼的责任。由于徽州是个典型的宗族制社会，人们十分重视宗族亲属之间的团结。徽州女性帮助小叔、小姑操办婚事，是对礼制的一种变通。

4．丧葬礼俗

徽州特别重视丧葬和祭祀礼仪，并且以朱熹的《家礼》作为蓝本。在坟墓、祠堂的建造上，也依照《家礼》进行。

徽州宗族的丧葬祭礼仪基本上都遵循朱熹《家礼》方面的规定，但在某些方面也有改变。丧礼的五服制度如下：

一、斩衰，用极粗有子黑色的生麻布制成，不缝下边，丧杖父丧用竹，母丧用桐，长至心胸，上圆下方，丧期三年。

二、齐衰，用稍粗生麻布缝下边，杖期不杖期皆一年。

三、大功，九月。

四、小功，五月。

五、缌麻，三月。

对于父母之丧，葬后还要举行虞祭，一年后再举行小祥仪式，再一年后举行大祥仪式，大祥后一月举行禫祭。至此，三年丧期始满。

礼仪并不是一成不变的，随着社会的发展，原先的礼仪可能不能适应社会的发展，各个地方可能根据自己的实际情况形成或制定了新的礼仪规范，这些新旧之间的冲突，既反映了中国传统文化多元性的一面，也反映了理想与现实的矛盾。对于儒家知识分子来说，徽州在丧祭方面的礼俗存在着许多的“非礼”之处：

第一是作佛事，谓之超度。“试思父母行善何劳超度，父母若行恶，惟有行善以解父母之恶，又岂此辈所能超度？”行善之人无须超度，行恶之人，只有靠晚辈行善以解除父母之恶。

第二是亲房家家不做饭而全部在丧家吃饭，丧家以酒肉宴客。在地方风俗中，丧家一般都要大操大办，饮酒宴乐，招待亲戚邻居。按照儒家丧礼设计，孝子因为哀思应该三日不食，亲邻应当劝他吃点粥之类的食物，其他人不能在丧者家里大吃大喝，至于远来吊丧的客人也应该以蔬食相待。

第三是惑于风水停丧不葬。因为风水原因不按时入土下葬，则导致遗骸暴露于荒野之地，甚至野火烧毁了棺柩，惨不忍闻。在这方面，有识之士提出了阴地源于心地的说法，主张生前就要积善，而非死后由风水师代为找阴地。“心地好当得好地，十日内亦可得好地，心地恶当得恶地，一百年还得恶地。”阴地风水的好坏，断非地师所能代谋，不求心地而求阴地，以亲人的入土之地为自己求福，大大有违伦理。

第四是厚葬。在棺材里放入金珠玉帛，引来了盗贼开棺、烧棺、盗窃殉物、翻乱骸骨。作为人子，不能报恩于父母生前，而反贻祸于身后，实在愚且不孝。

第五是丧家回礼过重。有些地方风俗奢靡，丧家回谢亲友耗费大量财物，如果财物不丰就被指责为不知礼，导致家境不好的人家或停棺不葬，或草草出殡不能成礼。

作为孝子，在举行父母丧事时应当摒除这些非礼之事。

5．祭祀礼俗

祭祀是家族最主要的集体活动，因祖先崇拜而产生的各种祭祀活动非常繁多，因而祭祀礼仪成为家族礼仪中最为常态化的，也是最为重要的礼仪。特定祭祀对象和新祠堂的结合，往往造成家族内部的裂变，产生新的房支和门派，形成“家族—房派—家庭”的多层次结构体系。

对远祖的追溯和在更大范围内的共同祭祀，可能因为某种特定事件，如祖坟官司，大家为了保护远祖的祖坟，不同支派进行了广泛的联合，进而产生了联宗运动，家族发展成为整合区域社会的组织。

丧葬礼仪中的五服制度，通过丧服的轻重，可以看出血缘关系的远近，以及权利、义务的行使。通过形式和内容的结合，精英们希望家族礼仪能够达到尊祖、敬宗、收族的理想效果，成为乡族社会序尊卑、别亲疏、正风化的有效手段。

一般来说，根据场所不同，祭祀可以分为祠祭、墓祭和家祭。全族的祭祀多在祠堂和祖坟进行，小家庭祭祀父母，多在自己家里进行。祠祭多为比较重要的祭日，一年当中四个季节，有四次时祭，分别为春祠、夏礿（禴）、秋尝、冬烝，这四次祭祀在每季的第二个月举行，具体时间可以选择吉日，也可以在春分、夏至、秋分、冬至日举行。

民间重视清明和冬至两次祭祀。清明节时，各宗族要扫墓祭祖，在祖坟进行。先是全族祭祀始祖，然后各房分头祭扫本房祖坟，也有的宗族在祠堂和祖坟两处祭祀。冬至一般祭祀始祖和始迁祖，有的在祠堂进行，有的在墓地进行，也是全族的大祭祀。

清明、冬至、中元等全族祭祀之日，各支系甚至外地支派都聚集到始祖墓地，声势壮观。正如李梅颠《徽歙竹枝词》所说的：“墓祭三回重本源，清明冬至及中元。寒衣烧献金银袋，但只清明许乞幡。”

农历腊月祭在徽州有的地方也比较隆重。腊月祭在农历腊月二十四日至二十八日进行。开祭之日，要有鼓乐队奏乐，要准备整猪和整羊各一只，享堂摆三组供桌，陈设鸡（或鹅）、鱼、猪肉，合称“三牲”。主祭人由德高望重者担任，还有陪祭和执事若干人进行分工，男性族人都要参加，依辈分大小顺序站立。祭祀的主要仪式是行三献礼：一献酒、二献馔、三献帛。

按照雍正《茗洲吴氏家典》的规定，冬至日祭祀始迁祖，立春祠祭先祖，仲夏祭祀各支的高祖、曾祖、祖、父，季秋祭祢，忌日之祭，一般只祭考妣，只设一位，不必援及高、曾祖，但高、曾祖的时祭，也必须及时举行，不能怠缓。

绩溪《黄氏家庙遗据录》记载的时祭日期为：四月初一、七月初一、冬至前十日、春分前十日。

在一些诸如元旦、端午、中秋等年节以及重大活动时，也要举行祭祖仪式。

祭祀祭品要求根据自己的经济能力，量力而行。徽州祭祖一次的费用往往花去一个中等人家一年的收入，似乎不这样做不足以尽孝，有的家规中甚至提出“凡事死之礼，当厚于奉生”。

一些大族和缙绅地主、富商巨贾把墓祭当成炫耀宗族势力和争奢斗富的机会。一般百姓用纸钱锡箔之类。

按照绩溪《黄氏家庙遗据录》记载，祭品有：纸箔四百，官香二束，红烛一对，每席猪肉二斤、酒包二斤、水腐四块、酒六十四文、切面二斤、盐酱十文、柴炭二十八文。祭祀之日，穿素衣，不作佛事。

祭祀之后，有的把祭品发放给族人，有的用祭品举行酒席。据光绪绩溪《梁安高氏宗谱》记载，颁胙（胙，即胙肉，祭祀所用。颁胙就是祭祀完成后，发放胙肉）规定如下：

主祭、陪祭之宗子、族长照例给胙；

年六十岁者照例给胙；

年七十岁者照六十加倍；

年八十岁者照七十加倍，准其子孙代领；

年九十岁者照八十加倍；

年百岁者照九十加倍；

参加考试的童生照例给胙，不参加祭祀的不给；

生监照例给胙；

贡生照生监例加倍；

举人照贡生例加倍；

进士照举人例加倍；

翰林照进士例加倍；

捐职议叙人员照七十老人例；

乡饮、考职、县佐以下之员照监生例；

七品以上之员照例倍给；

若是捐职必先捐钱入祠方许颁胙。

以上可见，祭祀中的颁胙这一程式为宗族所重视，被宗族用来作为教化的手段。

对一些祭祀不到的族人，则要进行惩罚。绩溪《东关黄氏宗谱》的《祭规》明确规定：清明祭扫，10岁以上70岁以下者俱要上坟，祭祀结束后，要等候轮年、头首各分点名，除官司在身或疾病不能到的，其他有一名不到的罚银2分。

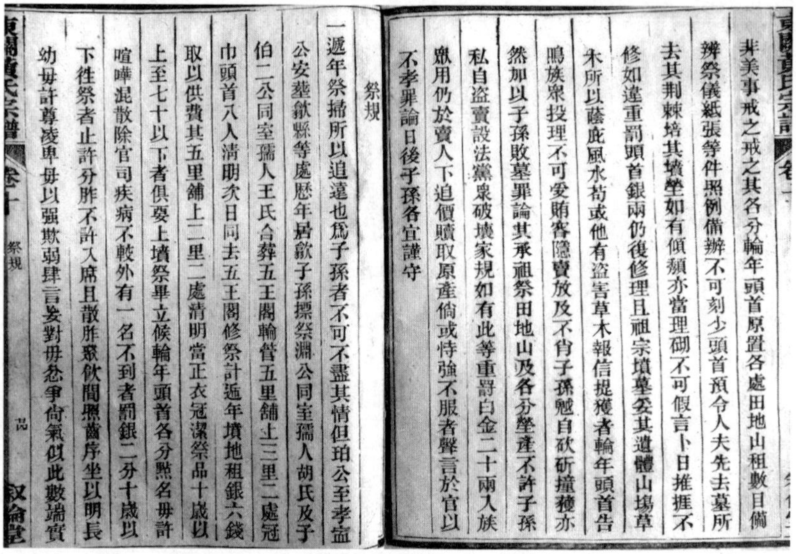

非美事戒之戒之其各分輪年頭首原買各處田地山租數目備辦祭儀紙張等件照例備辦不可刻少頭首預令人夫先去墓所去其荆棘培其壙塋如有傾頹亦當理砌不可假言卜日推捱不修如違重罰頭首銀兩仍復修理且祖宗墳墓委其遺體山塲草木所以蔭庇風水苟或他有盜害草木報信提獲者輪年頭首告鳴族衆投理不可受賄害隱賣放及不肖子孫魆自砍斫壙獲亦然加以子孫敗墓罪論其承祖祭田地山及各分塋產不許子孫私自盜賣設法黨衆破壞家規如有此等重罰白金二十兩入族衆用仍於賣人下追價贖取原產倘或恃強不服者聲言於官以不孝罪論日後子孫各宜謹守

祭規

一遞年祭掃所以追遠也爲子孫者不可不盡其情但珀公至孝宣公安葬歙縣等處歷年居歙子孫標祭淵公同室孺人胡氏及子伯二公同室孺人王氏合葬五王閣輪管五里舖上三里二處冠巾頭首八人清明次日同去五王閣修祭計遞年墳地租銀六錢取以供費其五里舖上二里二處清明當正衣冠潔祭品十歲以上至七十以下者俱要上墳祭畢立候輪年頭首各分點名毋許喧嘩混散除官司疾病不較外有一名不到者罰銀二分十歲以下徃祭者止許分胙不許入席且散胙聚飲間照齒序坐以明長幼毋許尊凌卑毋以强欺弱肆言妄對毋忿爭尚氣似此數端實

黄山市档案馆藏《东关黄氏宗谱》卷10《祭规》

绩溪程里程氏家族的祭祀仪节和祭文都记录在《绩溪县程里程氏世谱》（黄山市档案馆藏）第12卷中，为了更直观了解传统家族祭礼文化，全文录用如下：

宗祠行祭人员赞礼仪注

礼生：大赞一，陪赞一，执事随数，主祭一，明引一，陪引一。大赞与陪赞齐立仪门朝上作礼，大赞由东阶，陪赞由西阶。升诸寝宅，立献柱前赞礼。

序立　行祭人员，朝上一揖，各序西廊彻馔所。

执事者各司其事　执事自西廊分班鱼贯而出，转执事所。

陪祭者各就位　陪祭者就祭之位。

主祭者正位　二引者，引主祭者就主祭之位，作礼曰：就位。

启门　四执事由东阶而升寝室，齐启神主门，降西阶而转执事所。

瘗毛血　东西执事各一人，由东阶而升寝室，将献案上毛血各捧起分东西阶而下，至护门两相对而行中堂，由中堂甬道至仪门，将毛血覆居地上，转身仍由甬道升中堂一揖，各复位。

行降神礼　二引合引主祭作礼曰：诣盥洗所。至所曰：盥手拭巾。又作礼曰：诣执事所。至所曰：执事者捧香，司樽者举幕，酌酒，掩幕，捧爵。复拱揖曰：诣香案前。引曰：跪，进香，初上香，二上香，三上香，进爵，献爵，酹爵。以酒酹于茅沙之上，反爵，执事受爵退入徼馔所，爵仍复执事位，引曰：俯伏，兴，平身，复位。

参神鞠躬拜　引曰：拜，兴。四拜四兴平身。

奠帛行初奠礼　合引主祭作礼曰：诣执事所。至所曰：司帛者捧帛，司樽者举幕，酌酒，掩幕，捧爵，捧馔，捧羹，捧点。作礼曰：诣神位前，跪，献帛，进爵，进馔，进羹，进点。俯伏，兴，平身。作礼曰：复位。

读祝　引曰：诣读祝所，跪。执事头一人捧祝入香案前，跪，引曰：开读。执事皆跪中堂读祖宗谱，读毕，引曰：兴，平身，复位。

行亚奠礼　引曰：诣执事所。礼如初奠。

行终奠礼　礼如亚奠，进点换为进食。

侑食　引曰：诣执事所。至所曰：捧壶，捧果，捧茗。又作礼曰：诣神位前，跪，进壶，提壶，侑食。西执事起斟酒复跪。还壶，进果，献果，进茗，立侑食，鞠躬拜，兴，拜，兴，平身，复位。

奏乐　引曰：跪。乐人由阶上寝室，笙歌迭奏，毕，然后降西阶，复鼓乐所。引曰：兴，平身。

祝噫忻　引曰：跪。执事头一人，诣寝室西首东向三揖，三呼噫忻，引曰：兴，平身。

饮福受胙　引曰：诣受胙所，跪。二执事捧壶捧杯，立于左首，斟酒，主祭者受酒在手，听嘏词毕，引曰：饮福。执事捧胙与主祭者，引曰：受胙，立，谢胙，鞠躬拜，兴，拜，兴，平身，复位。

祝嘏词　执事头一人由东阶立于寝室栏杆前，南向大声祝曰：皇祖命工祝，承致多福无疆，于汝孝孙，来汝孝孙，俾汝受禄于天，宜嫁于田，眉寿万年勿替。引之祝毕，降西阶复位。

告利成　引曰：跪。执事头一人诣寝室至西首向上一揖，唱“利成”一声，仍复位，引曰：兴。

辞神鞠躬拜　引曰：拜，兴，拜，兴，拜，兴，拜，兴，平身。

彻馔　执事三人由东阶至寝室，将所进之三馔，彻携降西阶，置于彻馔所。

焚帛　司帛者捧帛，读祝者捧祝，各诣燎所，望燎。引曰：诣燎所，望燎。一揖复位。

纳主　原四执事上寝室，掩神主门，复位。

礼毕　引曰：揖。同拜。

宗祠祭文

维中华民国　年　月　日，孝裔孙　等谨以刚鬣柔毛、香楮

果醴之仪，致祭于

始祖新安太守忠佑公府君　夫人徐氏

显祖镇西将军忠壮公府君　夫人董氏

始迁祖金乡令药公　夫人崔氏

三世祖吏部侍郎惟玩公府君　夫人范氏

十世祖处士九皋公府君　夫人汪氏

十世祖处士九万公府君　夫人胡氏

十八世祖宜黄令积庆公府君　夫人黄氏　暨

本宗世系历代显祖之神前，而言曰：于维我祖，望出广平，偕典午以东迁，望新安而出守，棠怀召伯，第赐篁墩，此吾忠佑公之有以开其基也。迨夫梁衍告终，墩湖兴孽，毙长蜃于失下，抗逆景于生前，生成卫国之功，死膺庙食之典，此吾忠壮公之有以扬其休也。至若金乡之东洛肇迁，吏部之西台退食，百川朝汉永歌处士之风，累叶流光兼溯宜黄之令，缅兹祖德，永锡无疆。展我孝思，合宜有典。值春秋之令节，庙荐馨香，肃如在之真忱，毛陈沼沚。尚飨！

祭礼是祭祀祖先的重要礼仪，在“事死如事生”的风俗影响下，明清徽州地区几乎每家都建宗祠，按照礼制的规定追祭祖先。据徽州地方志记载，徽州宗族一般都有大大小小的祠堂，宗祠祭祀按时举行，每年少的有二三次，多的有五六次。祭祀一般由男性主持，女性只负责准备祭品及善后工作。但是在明清时期的徽州，有的女性由于母家没有男性能够担起祭祀的重任，又不忍先祖的亡灵无人供奉，只能自己出资置祭田，并担当祭礼的主要承办者。

5．女性葬礼

在《徽州千年契约文书》中有一份光绪十二年（1886年）立的舒氏《室人出家：一切仪节并□何如铺设及需用物件总登簿》[1]（以下简称《室人出家》），记载了一位女性葬礼的过程及其所需物件，非常珍贵。

《室人出家》记载汪氏葬礼共分孝堂铺设、开服仪节、题主仪节、孝堂设祭、发引仪节、祀土仪节、墓祭仪节七个部分。这七个部分就是葬礼的七个主要步骤，基本上体现了葬礼的全过程。

安徽大学徽学研究中心藏《室人出家》

第一步是“孝堂铺设”。这是前期准备阶段，即布置安放灵床或灵柩的厅堂。“孝堂”一词，在中国传统社会有着特定含义，专指治丧时停放

[1] 中国社会科学院历史研究所收藏整理，王钰欣、周绍泉主编：《徽州千年契约文书·清民国编》第18卷，花山文艺出版社，1991年，第239~274页。文书记录的是舒怀妻汪氏的葬礼，汪氏死于葬礼举办前2年。

灵床或灵柩的厅堂。汪氏孝堂布置在“祚裔堂”。孝堂铺设分扪孝堂、挂轴、挂珠灯、铺椅桌四步，所用物品列有清单，共有79项之多，其中的挽联、挽额和挽轴等附录于文书之后。

挽联4副，第一副是死者丈夫舒怀的：

荆室汪孺人灵帏

懿德信无亏，事上孝驭下慈，艰苦备尝，卅载相夫劳筹划。

芳型邈难再，入室思望庐想，幽明永隔，几回梦尔备酸辛。

拙夫舒怀拭泪顿挽

丈夫作为亡人最亲近的人，其挽联的上联是陈述赞美亡人的功绩和美德，下联表达对亡人的哀悼和思念。

挽额本应有两块，但文书中只附录一块，内容是“卿亦怜我，宝婺光沈”。从其文字“卿”“我”看，应是亡人丈夫舒怀所作。

挽轴附录4幅，分别是与舒家有姻亲关系的潘兴镐、卢元哲、史文田、汪澍四家所送。在后面“柩行次序”中，为挽轴安排了5个人，因此可能不止4幅。

铺设孝堂用到的各种桌椅、堂灯、明器、礼器很多，这里不一一列举。

第二步是“开服仪节”。这是葬礼当天的第一个程序。开服，就是穿上特制的丧服。丧服的材料和样式不一，对应的是与亡人不同的关系。舒怀在灵柩前穿的是苎服，孝子则穿麻服。苎服可能是经过一些加工的细麻布、熟麻布，麻服可能是未加工的粗麻布、生麻布。

灵柩前必须摆放荤菜，点上蜡烛。穿上丧服后，舒怀在柩前上香，孝子等则于柩前稽颡。然后，将原先放置在灵柩前面的栗主（是用栗木制作的神主牌位）用红、绿颜色的绸带绑稳在灵车内，孝子则扶着灵车启行，将灵车迎至祚祠，暂时安置在“主座”上，将前面用过的荤菜摆放在“主座”前，点起灯烛，然后上香。这里特意强调，“曾用道士一名，引亡前去祚祠，以安乃位”。由道士引导到祚祠时，还必须焚烧纸钱。

然后，派抬大轿的四人速去城中迎接点主官，其他的执事和人夫则在长宁里之外迎接。送点主官的时候也照此办理。

第三步是“题主仪节”。所谓“题主”就是在栗主上题字。在灵座的左边放一张桌子，南向。桌子前面放一张香案、一支朱笔、一方砚台，桌后摆放一些椅子，还有盥盆、帨巾、备毡一床、白毡一床，没有毡的也可以用拜席代替。

陈设布置好之后，礼生要出场，由通赞引唱，孝子完成以下仪式：

> 就位。孝子出帷，恭浼题主，匍匐，稽颡，稽颡，稽颡，退。诣盥洗所，盥手，拭巾，复位。孝子奉主诣题主前，匍匐，启主，开主，卧主。举朱笔，染朱笔，题内主，题外主。举墨笔，染墨笔，覆内主，覆外主。合主，竖主，纳主。孝子奉主安置灵柩座，退。诣灵座前。复题主位，孝子叩谢题主，匍匐，稽颡，稽颡，稽颡，退。礼毕。

题主官先用朱笔题内主和外主，再用墨笔覆内主和外主，然后将内、外主合并，由孝子安置在灵柩座，孝子再叩谢题主官。题主仪式就此结束。

第四步是“孝堂设祭”。这次祠祭由丈夫舒怀亲自主祭。在通赞和引赞的引导下，先后经历了出主、降神、迎神、初献礼、读祝、参神、亚献礼、终献礼、侑食、彻馔、辞神、孝子叩谢等环节。随着神主被请出，依附于神主上的亡灵也如亡人生前一样，享受一系列献礼，再在辞神的仪式后离去。

三献礼是很重要的一个仪式，丧事过程中，多次行三献礼。此次祠祭三献礼每次所献的祭品不完全一样。初献礼是“进帛者捧帛，进爵者捧爵，进汤者捧汤，同诣神位前，跪，献帛，献酒，献馔，献汤”。进献帛是初献礼与其他献礼不同的地方。亚献礼是“进爵者捧爵，进馔者捧馔，进汤者捧汤，进点者捧点，同诣神位前，跪，献酒，献馔，献汤，献点”。进献点心是亚献礼所独有。终献礼是“进爵者捧爵，进馔者捧馔，进汤者捧汤，进食者捧食，同诣神位前，跪，献酒，献馔，献汤，献食”。进献主食是终献礼所独有。

三献礼中三次共同进献的是酒、馔、汤，依次单独进奉的是帛、点心、主食。帛是饮食过程中必要的道具，这样，加上酒水、菜肴、汤品、点心、主食，仿佛亡灵刚刚享受了一顿由孝子顺孙们进献的丰盛饮食，然后再心满意足地离开。

以上“孝堂铺设”“开服仪节”“题主仪节”“孝堂设祭”共四个仪节，是灵柩上路出发前的仪式。下面是灵柩上路至葬礼结束的仪式。

第五步是“发引仪节”。这个环节也要行奠酒三献和读祝文。在灵柩未动之时，设八仙桌一张，桌前铺棕荐一床，桌上设“五式”一幅，檀香炉一个，香盘二面并有香，荤食碗五个，帛一束，冥锭四个，四两白烛一对，银杯装酒三杯，礼壶一个装有水酒。

舒怀带着孝子兆隆等穿好麻衣，等候赞礼诸公穿好吉服，然后行礼。此时仍须雇道士，一切准备好后，开始行发引礼。行发引礼毕，至亲亲属及有血缘关系的亲戚，应当就地进香拜跪，然后再去照应扛重人夫启动棺柩发丧。

发引之后，棺柩及送葬队伍上路。这个队伍要按照一定的次序排列。

第六步是“祀土仪节”。祀土就是祭祀土地神，祀土地点就在厝放棺材的厝所。到厝所后，将果盒桌陈设在右边，桌上摆放有果盒等物品，桌前铺拜席一床，下首亦铺拜席数床。舒怀与儿子们以及同到的戚友本家等就在此时除去丧服，以方便行动。

这个环节有一个特殊的人物“祀土官”。祀土官也要穿着特定的服装，由孝子请出来行祀土仪式，孝子跪在旁边。祀土官盥手、拭巾后，到香案前，三上香，三献酒，三叩首，焚祝文等，最后复位，孝子叩谢祀土官。

最后一步是“墓祭仪节”。墓祭仪式的主祭者是孝子兆隆，墓祭时要改穿素服，将铭旌铺在柩上。灵柩前放一把椅子，上面铺上椅褥，并安置献盆桌、香案桌。两旁列果盒桌、面盆架，并帨巾、盥盆、猪羊桌。香案前铺一床棕荐，下首也铺四五床棕荐。

整体上看，墓祭仪节与祠祭差不多，但比祠祭要简便些，点茶献果之礼可以不行。墓祭结束后，孝子等须跪谢礼生，并跪谢同来陪祭的诸位本家戚友。至此，送葬人员可以启程回去，回去的次序仍按照来时一样。

以上就是光绪十二年（1886年）十二月初二、初三日舒怀妻子敕封孺人汪氏葬礼的基本过程。文书中记载的这七个部分并不是葬礼的全部，如窆（下棺）没有记载，但这个程序是必不可少的。

从这份文书的全称看，关于汪孺人下葬的记载包含三个部分：仪节、铺设、物件。这样的女性葬礼竟然记载在民间文书中，而且还记载得这样详细，不能不说是一个很大的意外和惊奇。这还是和汪氏的身份及其家庭有较高的地位有关。

《家礼》《钦定大清通礼》和《茗洲吴氏家典》这三者在男性葬礼程序上基本一致，但都没有针对女性葬礼做特殊安排。这说明，女性葬礼本身并不能构成独立的制度安排，而是依附于男性的制度设计。在男尊女卑的社会伦理之中，女性缺少独立人格，构不成单独进行制度设计的充分理由。但是否因此就能认定性别因素就不重要了呢？著名社会学家费孝通认为，性别生理差异阻碍着共同生活的人彼此充分了解：

> 乡村社会中阻碍着共同生活的人充分了解的却是个人生理上的差别……永远划分着人们生理差别的是男女两性。正因为还没有人能亲身体会过两性的差别，我们对于这差别的认识，总是间接的；所能说的差别多少只限于表面的。在实际生活中，谁都会感觉到异性的隔膜，但是差别的内容却永远是个猜想，无法领会。[1]

不能充分了解的根本原因是性别不能互换，人们永远无法亲身体验异性，因此也无法完全领会异性差别。在中国，礼法制定者都是男性，他们显然也无法体验女性的心理及生理差异。既然礼制方面存在模糊空间，那么民俗取而代之，就成了一种必然。因此，作为礼法的葬礼，同作为民俗的葬礼，最终必然呈现出不同。

明代吕坤在谈到发放孝帛的时候，就主张："妻、子之丧，不分孝帛。不以卑幼亵人也，在五服者分之。"[2]可见，男性家长健在的情况下，妻子、儿女的丧事是受到某种节制的。因为男女有别，一些礼仪只能在室外进行。"妇女之丧，非五服不入奠，奠于户外，拜于阶下。非卑

[1] 费孝通：《乡土中国 生育制度》，北京大学出版社，1998 年，第 45 页。
[2] （明）吕坤：《吕坤全集》（下），中华书局，2008 年，第 1321 页。

宾也，男女之别，死生无二。”

因为男女有别，死生无二，汪氏葬礼上使用了不少女性。汪氏初三下葬，前一晚要预备出柩事宜，其中就有关于“雇定抬□女夫”和“雇定扶孝妇女女夫”的安排。初三日，在开服仪式上，除了抬灵柩和敲锣的不是男性，其他负责堂灯、旗、铳、牌、伞的也都有女性。“女夫”一词，如果不是专指职业女性，似乎也表明，女性葬礼上的役夫以女性为主，男女是有别的。举例如下：

> 伞一人：转弟之女。
>
> 鹤山桌二人：转弟之女、长桂之女。
>
> 鹿山桌二人：灶会媳、金台之女。
>
> 果盒桌二人：达之妻、达之媳。
>
> 抬轿打路一人：五奶。
>
> 扶孝媳孝女：转弟、宝增、灶□媳。
>
> 抱转乾：容嫂之婢，名芙蓉。

其他如，抬挽轴的有必发妻，抬灵车的有长桂妇。据《初三日早辰出柩雇定人夫列左（脚力一并批在上面）》统计，在22项安排中，从人夫中的性别词“娘、媳、妻、女、妇”等可以判定，部分或全部使用女性的大概15项，约占三分之二。有些仅从人名上无法断定是否为女性，但从常理上可以判定，如扶孝媳孝女的有转弟、宝增、灶□媳。从男女有别可以猜测，转弟、宝增必然也是女性。在整个下葬阶段，只有一些重体力活，才使用男性役夫。整体上使用男性役夫不多。

传统社会中，没有单独为女性设计的葬礼，这说明性别差异并不构成礼法性别对立的情况，女性葬礼完全可以在某种原则之下参照男性葬礼举行，这种原则就是男女有别与男尊女卑，它已转化为社会心理，融于民俗之中。实际上，《家礼》作为一种家族礼仪，而两性是家庭的基本组成，从中看到更多的是在这种原则主导之下的两性分工与合作。

（三）知耻：耻德教化与家运国运

耻，是指人们做了不符合道德规范的事在个人内心深处所产生的羞愧、内疚与遗憾。耻德就是关于耻的道德修养，是传统道德的重要组成部分，中国早期社会的儒、法两派都很重视耻德，其他学派也对其有所论述。士大夫作为中国传统社会的中坚力量，身体力行耻德，甚至将士大夫之耻上升到国耻的高度。宋以后，文化精英高度发展，乡绅精英阶层传播儒家伦理道德思想的过程中，通过家族的组织化建设，推行耻德教化，实现收族目的，维持社会秩序稳定。

1．中国传统耻德文化

中国传统文化的一个突出特点是法制意识不是很强，但特别强调伦理道德规范，社会地位越高的人，承担的责任就越大，士大夫阶层被赋予很高的期望，强调士人只有先修身、齐家，后才能治国、平天下。

春秋时期法家的代表人物管仲就提出治国理政的纲纪有四种，“国有四维，一维绝则倾，二维绝则危，三维绝则覆，四维绝则灭。倾可正也，危可安也，覆可起也，灭不可复错也。何谓四维，一曰礼，二曰义，三曰廉，四曰耻。”[1]管仲对“耻”德建立了最早的论述。

孔子、孟子对“耻”德进行了多层次的建构。《论语》中直接论述

[1] 《管子·牧民》。

耻德的文字有不少，有十几处地方直接使用了“耻”字。

“道之以德，齐之以礼，有耻且格。”（《论语·为政》）

“古者言之不出，耻躬之不逮也。”（《论语·里仁》）

“君子耻其言而过其行。”（《论语·宪问》）

“巧言、令色、足恭，左丘明耻之，丘亦耻之。匿怨而友其人，左丘明耻之，丘亦耻之。”（《论语·公冶长》）

“子贡问曰：何如斯可谓之士矣？子曰：行己有耻，使于四方，不辱君命，可谓士矣。曰：敢问其次。曰：宗族称孝焉，乡党称弟焉。曰：敢问其次。曰：言必信，行必果，硁硁然小人哉！抑亦可以为次矣。”（《论语·子路》）

“邦有道，贫且贱焉，耻也；邦无道，富且贵焉，耻也。”（《论语·泰伯》）

“无羞恶之心，非人也。”（《孟子·公孙丑上》）

“耻之于人大矣。”“人不可以无耻，无耻之耻，无耻矣。”（《孟子·尽心上》）

孔子把“耻”视为优秀群体的行为规范，首先是对于国家，要行己有耻，不辱君命；其次对于宗族、乡党，要孝悌；最后是对于个人，要言必信、行必果。孔子还把个人之耻与国家治理联系起来。如果国家有善政，推行好的治理，作为个人还是贫穷且低贱，那就是这个人的耻辱；如果国家没有好的治理，作为个人不但富裕而且高贵，那么这个人可能就是无耻之人，因为在恶政的不良治理之下，个人获取经济利益和身份地位的方式可能也是非道德的。

先秦时期不仅法家、儒家讲耻，其他诸子学说也强调耻。道家讲耻辱，与儒家相差很大。老子说：

知其雄，守其雌，为天下溪。为天下溪，常德不离，复归于婴儿。知其白，守其黑，为天下柭。为天下柭，常德不忒，复归于无极。知其荣，守其辱，为天下谷。为天下谷，常德乃足，复归于朴。朴散则为器，圣人用之，则为官长，故大制不割。[1]

庄子对仁义进行了直接的攻击，他说，“昔者黄帝始以仁义撄人之心”，后来，“天下脊脊大乱，罪在撄人心”，“今世殊死者相枕也，桁杨者相推也，形戮者相望也，而儒、墨乃始离跂攘臂乎桎梏之间。意，甚矣哉！其无愧而不知耻也甚矣！吾未知圣知之不为桁杨椄槢也，仁义之不为桎梏凿枘也，焉知曾、史之不为桀、跖嚆矢也！故曰：绝圣弃知，而天下大治。”[2]

老子的思想具有较强的哲学辩证色彩，强调道德，强调朴真。不主张单方面用仁、义、礼、智、信这些规范去塑造人，改造社会。在道家看来，仁义道德、礼乐制度扰乱了人心，是造成天下大乱的根源，要实现世界长久的和平与安定，应该要“绝圣弃智”。

庄子阐扬老子学说，对远古圣人进行了无情的贬斥，“三皇五帝之治天下，名曰治之，而乱莫甚焉。三皇之知，上悖日月之明，下睽山川之精，中堕四时之施。其知憯于蛎虿之尾，鲜规之兽，莫得安其性命之情者，而犹自以为圣人，不可耻乎？其无耻也！”[3]强调自然无为的道家，蔑视功名利禄，在他们眼中，追求仁义法度的所谓“圣人”，实则是为了功名利禄去争斗，残害天下苍生。他们认为，这样的自命“圣人”，

[1] 《道德经》第 28 章。
[2] 《庄子·外篇·在宥》。
[3] 《庄子·外篇·天运》。

是没有羞耻感的人，是无耻的人。

兵家讲耻辱与治军即军人气节有关。“凡制国治军，必教之以礼，励之以义，使有耻也。夫人有耻，在大足以战，在小足以守矣。”[1]“国必有慈孝廉耻之俗，则可以死易生。古者率民，必先礼信而后爵禄，先廉耻而后刑罚，先亲爱而后律其身。”[2]军人若无耻，在战斗时则无必死之心，一个贪生怕死的军队，则必无战斗力。所以，军人有耻，抱有必死之心，则往往可以置之死地而后生，不仅个人可以“以死易生”，国家也同样可以。

宋明以降，为了凝聚人心，儒家强调道德齐家、理政，也将儒家伦理思想在基层大力传播。一些有影响的思想家如朱熹、陆九渊、顾炎武、龚自珍、章太炎、康有为，等等，都大力提倡知耻，并将耻置于重要地位。

“礼义廉耻”被宋代新儒家所重新强调。宋儒欧阳修在《冯道传》评论曰：“《传》曰：‘礼义廉耻，国之四维；四维不张，国乃灭亡。’善乎，管生之能言也！礼义，治人之大法；廉耻，立人之大节。盖不廉，则无所不取；不耻，则无所不为。人而如此，则祸乱败亡亦无所不至，况为大臣而无所不取、无所不为，则天下其有不乱，国家其有不亡者乎！”[3]

欧阳修明确提出，廉耻为立人之大节，是作为个人的修身之本，是为人处世的基本原则，无耻之人，可以无所不为。一个人如果不受约束，那么离“祸乱败亡”就不远了，如果大臣这样，则国家将面临灭亡的危险。

---

[1] 《吴子兵法·图国》。

[2] 《尉缭子·战威》。

[3] 欧阳修：《新五代史》卷 55《冯道传》。

欧阳修去世之年（1072年）正是另一个宋儒罗从彦出生之年。罗从彦特别强调廉耻对于教化的意义："教化者朝廷之先务，廉耻者士人之美节，风俗者天下之大事。朝廷有教化，则士人有廉耻；士人有廉耻，则天下有风俗。"[1]在罗从彦看来，教化决定了廉耻，廉耻又决定了风俗，而对良风美俗的追求也是儒家治国平天下的理想目标。

罗从彦师从程颐、程颢的首传弟子杨时，而朱熹的父亲朱松、老师李桐又都曾师从罗从彦。理学集大成者朱熹总结出了八德"孝悌忠信礼义廉耻"，强调"人须知耻，方能过而改"[2]。可见，宋代理学家对"耻"德的弘扬是一以贯之的。

康有为延续了宋代罗从彦的风俗论，强调，社会"风俗之美，在养民知耻"，"耻者，治教之大端"[3]。章太炎在辛亥革命前曾大力提倡"革命道德"。他所要建立的革命道德，第一项便是"知耻"。

民国二十三年，时任国民政府军事委员会委员长的蒋介石为了开展公民教育，发动新生活运动，确立了"礼义廉耻"国之四维的地位，并做了重新诠释："礼是规规矩矩的态度，义是正正当当的行为，廉是清清楚楚的辨别，耻是切切实实的觉悟。"抗日战争时期，结合当时中国保家卫国的大环境再度改为："礼是严严整整的纪律，义是慷慷慨慨的牺牲，廉是实实在在的节约，耻是轰轰烈烈的奋斗。"

总体上看，中国文明的早期，耻德文化已经在诸子百家中得到了一定程度的发扬。儒家强调修身济世，责任心较强，功利心也较重，因此尤为强调耻德。法家在鼓吹礼义廉耻的同时，更注重国家法度的建设。道家主张自然无为，不太强调耻辱，而是比较辩证地看待荣辱得失。在

[1] 顾炎武：《日知录》卷13。
[2] 《朱子语类》卷9。
[3] 康有为：《孟子微》卷6。

主流意识形态的鼓吹和社会精英的实践下，耻德关系到国家命运的安危、社会风俗的改良以及个人品行的完善。中国传统社会的各个阶层都深受耻德文化的影响。

2．士大夫与国耻：耻德对精英阶层的影响

文化首先是精英阶层的文化。传统社会被知识精英和官僚权贵所主导，儒家成为传统社会主流的意识形态，被精英阶层所信奉，耻德也被士大夫所遵循。

《论语》中有大量的有关君子、士人和耻的论述。《易经》是儒家文化的一个源头，“君子”一词最早出现在《易经》中：“天行健，君子以自强不息；地势坤，君子以厚德载物。”那时的“君子”并不是普通的老百姓，而是君之子，逐渐成为对有着较高社会地位的贵族和当政者的泛称。孔子在此基础上对“君子”进行了理想化的重塑，《论语》中“君子”一词出现近百次，范围更是超越了纯粹的血缘关系，扩大到具有一定道德标准的知识精英和士大夫们，介于圣人与小人之间的一个广大的群体。后世儒家对“君子”形象不断加以发展和完善，逐渐成为中国传统社会的道德和能力方面的典范。

儒家强调个人内心品德的修养，修身不仅仅是为了成为君子，还要成为有追求的士人。在孔子看来，“行己有耻”的士大夫们，上要对国君，不辱君命；中要对乡族，孝悌齐家；最低标准的士人也要言必信，行必果。

宋代是儒家思想闪耀光辉的年代。宋代周边政权蠢蠢欲动，对宋王朝构成了严重威胁。内忧外患的社会环境，严重刺激了宋代儒家士子，他们主张从学问修养上自我做起，修身养性，齐家收族，挽救人心，凝聚社会。所以宋代是重儒的时代，是理学兴起、新儒家辈出的时代，如早一点的周敦颐、邵雍、张载，后来的理学奠基人程颢、程颐兄弟，再晚的理学集大成者朱熹，等等。耻被朱熹列入八德之一。耻德被宋儒所强调，也被很多官僚所践行。

除了这些学问精深的儒家领袖之外，还有一个人，其学问不一定有多高，但是却是宋以后的一千年中，老幼妇孺无人不知无人不晓的人物，他就是包拯。

包拯为官一生，弹劾了众多官僚。包拯对官员的要求是不同的，对于执政大臣，他的要求是最高的，如宋庠，包拯认为其在任七年，没有任何建树，只知窃位素餐，且放纵子弟。

包拯认为："执政大臣与国同体，不能尽心竭节，灼然树立，是谓之过，宜乎当黜。非如群有司小官之类，必有犯状挂于刑书，乃为过也。"对于执政大臣来说，不称职就是无功，无功就是有过。并指出唐朝和前朝被罢免的很多大臣，都是因循之辈，并没有明显的过错，只是因为不称职而已。并强调，如果皇帝认为是自己在诽谤宋庠，可以给自己治罪降职。[1]

宋庠的弟弟宋祁因为在益州任上多游宴而被包拯弹劾，另一个理由是其兄宋庠是执政大臣，包拯显然认为，作为执政大臣的弟弟，更要严格要求自己。[2]

后人读包拯弹劾宋庠之疏后，自称"读之流汗"，认为宋庠算是一个不错的颇有才名的大臣，包拯直接以"固位无耻"来斥责他，简直是一种苛求。对于那些人品、政绩比不上宋庠的大臣，"彼固包公所不齿者，又何足以辱公之笔舌哉！"[3]

[1] 《弹宋庠》，《包拯集校注》，黄山书社，1999 年，第 180~181 页。
[2] 《弹宋祁》，《包拯集校注》，黄山书社，1999 年，第 258 页。
[3] 冯景：《书包孝肃弹宋庠疏后》，《包拯集校注》，黄山书社，1999 年，第 300~301 页。

三司使张方平因为乘势贱买所监临富民房屋，就被包拯斥为“无廉耻，不可处大位”[1]。包拯弹劾官员，不畏权臣，甚至是皇亲国戚，如对张尧佐的弹劾。

包拯对官员之耻的认识是明确的，居其位不谋其政，就是官员之耻。官职越大，责任越大，要求越高，也越容易受到众人的审视，当然也就越容易受到弹劾。包拯的形象，是中国传统社会外儒内法、修齐治平的士人的典型代表，正如《史记·商君列传》中司马迁所说：“千人之诺诺，不如一士之谔谔。”

嘉祐四年（1059年），宋祁被授予三司使之职，包拯等上书说其兄宋庠任宰相，宋祁不宜任三司使，最终阻止了宋祁的上任。但是随后包拯自己接受了三司使之职。与包拯同时代同朝为官的翰林学士欧阳修上了一篇《论包拯除三司使上书》，对包拯担任三司使提出了明确的反对意见。在此疏中，欧阳修从才能、名节两个方面对用人之法提出了自己的看法：

> 军旅之士先材能，朝廷之士先名节。军旅主成功，惟恐其不趋赏而争利，其先材能而后名节者，亦势使之然也。朝廷主教化，风俗之薄厚，治道之污隆，在乎用人。而教化之于下也，不能家至而谆谆谕之，故常务尊名节之士，以风动天下，而耸励其偷薄。夫所谓名节之士者，知廉耻，修礼让；不利于苟得，不牵于苟随，而惟义之所处；白刃之威有所不避，折枝之易有所不为，而惟义之所守；其立于朝廷，进退举止皆可以为天下法也。其人至难得也，至可重也。故其为士者，常贵名

[1] 《言张方平不可处大位》，《包拯集校注》，黄山书社，1999年，第258页。

节以自重其身；而君人者，亦常全名节以养成善士。[1]

欧阳修对朝廷官员名节的看重更甚于才能，他认为，包拯作为谏臣，弹劾了在位者，自己却取而代之，是有失大臣名节的一种行为。欧阳修希望通过对包拯的批评，让朝廷大臣重视名节。因为，朝廷要对下推行教化，建立一个良风美俗的美好社会，但这种教化不能挨家挨户去做，比较有效的方法就是让大臣们树立榜样，朝廷要尊重表彰那些名节之士，以此带动天下风气的改善。

欧阳修所谓的“名节之士”，就是“知廉耻，修礼让；不利于苟得，不牵于苟随，而惟义之所处；白刃之威有所不避，折枝之易有所不为，而惟义之所守；其立于朝廷，进退举止皆可以为天下法也”。简单地说，名节之士就是遵循实践礼义廉耻的士大夫们。作为士人，一定要重视名节；作为主政者，应该也要保全这些士人的名节，不要毁坏其名节，这样有利于培养“善士”。

欧阳修提出了“善士”的概念，既有善士，当然就有恶士，不重视名节的士人，当然就是恶士。

中国最早的成系统的家训是南朝颜之推所立的《颜氏家训》，颜之推谈到一件事，“齐朝有一士大夫，尝谓吾曰：‘我有一儿，年已十七，颇晓书疏，教其鲜卑语及弹琵琶，稍欲通解，以此伏事公卿，无不宠爱，亦要事也。’吾时俯而不答。异哉，此人之教子也！若由此业自致卿相，亦不愿汝曹为之。”[2]

颜之推认为，这个人把儿子培养成琵琶艺人，游走于朝廷公卿之

[1] （宋）欧阳修：《论包拯除三司使上书》，《欧阳修全集》，卷 112 奏议卷 16，中华书局，2001 年，第 1692~1693 页。

[2] （北齐）颜之推：《颜氏家训 · 教子篇》。

间，备受宠爱，并把这当做一件“要事”，显然是在子女的教育上出了问题。颜之推强调，即使这种选择能让后代官至卿相，他也不愿意。

顾炎武读《颜氏家训》，对此也颇有感慨，一方面感叹世道衰微，礼义廉耻四维被摒弃；另一方面，也赞叹颜之推虽处乱世而在后代的教育上抱持定见，不随波逐流。顾炎武拿颜之推的“无愧”与士大夫的“无耻”来比较，显然认为，在对待子女的教育观念和职业选择上，不可以无耻视之。这同样也是中国所有家族教育和职业选择非常重视的一个问题。

顾炎武有专文论述廉耻，在引述欧阳修的《冯道传》时，特别强调了“耻”：“然而四者之中，耻尤为要。故夫子之论士，曰：‘行己有耻。’孟子曰：‘人不可以无耻。无耻之耻，无耻矣。’又曰：‘耻之于人大矣，为机变之巧者，无所用耻焉。’所以然者，人之不廉，而至于悖礼犯义，其原皆生于无耻也。故士大夫之无耻，是谓国耻。”[1]顾炎武是非常看重士大夫气节的，士人不等同于一般的文人，而是追求治平理想的国之栋梁，所以他认为，士大夫若无耻，则是国耻。

顾炎武中年北游之后，曾给好友张尔岐等人写过一封《与友人论学书》，书中拈出两句话作为学者士大夫的准则。其一论为学，曰“博学于文”；其一论为人，曰“行己有耻”。“耻之于人大矣！不耻恶衣恶食，而耻匹夫匹妇之不被其泽。”“士而不先言耻，则为无本之人。”[2]

龚自珍对当时中国社会道德堕落的状况有深刻的认识，他认为：

> 士皆知有耻，则国家永无耻矣。士不知耻，为国之大耻。历览近代之士，自其敷奏之日，始进之年，而耻已存者寡矣。

[1] 顾炎武：《日知录》卷13。

[2] 《顾亭林诗文集·亭林文集》卷3。

官益久，则气愈偷。望愈崇，则谄愈固。地益近，则媚亦益工……农工之人，肩荷背负之子则无耻，则辱其身而已；富而无耻者，辱其家而已；士无耻，则名之曰辱国；卿大夫无耻，名之曰辱社稷。由庶人贵而为士，由士贵而为小官、为大官，则由始辱其身家，以延及于辱社稷也。[1]

在龚自珍看来，耻之不彰，已经严重影响到了国运，给中国带来了鸦片战争失败之辱国辱社稷的严重后果。

3．乡绅与家族：基层社会的耻德教化实践

士、农、工、商，士居其首。士大夫是统治阶层，是社会精英，是文化领袖，正因为如此，中国的耻德文化首先对士大夫有着严格的要求，在此文化氛围下培养出来的士大夫们，自然也带着济世救国的使命感，不遗余力地实践耻德教化。宋代以后，中国社会由唐代的“尚武”转为“斯文”，文化精英群体在不断扩大，他们中越来越多的人难以进入官方体制，从而滞留民间。在中国广袤的乡村地区，他们承担着越来越重要的角色，成为乡绅的主要组成部分。

所谓乡绅，顾名思义，可以说是居乡的绅士或士绅。他们主要由绅和士组成，绅就是有官职者或退休者，士便为没有入仕的读书人，他们有的有功名，有的没有。不管是绅还是士，他们活动的空间是广大的乡村，所以，乡绅就是居乡的绅士。他们既是文化精英，所掌握的文化知识远远高于普通民众；同时，他们和官场有着千丝万缕的联系，有的更有为官的阅历；居乡生活，又使他们熟悉基层民众的生活。因此，这群

[1] 《龚自珍全集》第 1 辑《明良论二》。

人连接着中国的民间与官方，可以将民情上达于官府和朝廷，也可以将官方意旨贯彻于民间。

中国传统社会后期，乡绅群体数量在增加。他们中的绝大多数都是儒家思想的信奉者，即使居乡，也不能磨灭他们修齐治平的理想。他们以君子、士人为榜样，修身而济世。乡绅的多重角色和他们自身的努力，使得他们成为一乡之望，是乡民的效仿榜样和实际保护者，是乡村的实际统治者，对于以教化社会为己任的儒士们来说，乡绅必然也是基层社会教化的主导者。他们凭借自己在乡村的权威，推行儒家伦理道德思想，教育子弟培育人才，强化基层社会的组织建设。一批批任职者退休归乡，一批批青年才俊步入仕途，就这样形成了一个良性的循环，传统文化在这样的循环往复中得到传承和发展。

宋以后，与文化精英群体的扩大同步，家族组织也逐渐发展起来。既然“耻”为“立人之大节”，深受耻德影响的乡绅，自然也是耻德的践行者，他们不仅仅只局限于自己的修身，也必然在家族教化中推行耻德，强化知耻教育。

清代前期扬州文人石成金编辑过一套非常著名的书《传家宝》，指出：“耻之一字，乃人生第一要事。如知耻，则洁己励行，思学正人，所为皆光明正大，凡污贱淫恶、不肖下流之事决不肯为。如不知耻，则事事反是。”[1]既然是《传家宝》，当然首先是对于家的意义。

家族的维系是依靠尊祖、敬宗、收族而实现的。宋儒八德，增加了孝悌，就是把家族伦理置于首位。孝父母、敬祖宗是根本，“维木有本，维水有源，敬祖宗即是从孝字推上去，常存善心，行善事，恐辱先人，此敬祖宗之心也，修祠堂、省坟墓、奉祭祀、重谱牒，此敬祖宗之

[1] （清）石成金：《传家宝》第 2 辑，卷 2《人事通》。

事也。”[1]个人是家族的一分子，个人因无耻而受辱，受辱的不仅仅是个人，也是其身后的家族。所以，家族受辱者玷辱的是祖宗，是家族这个共同的集体，这同士大夫无耻是国耻，是同一个道理。族人之耻，是家耻、族耻。所以，防止家族受辱，从根本上就必须要让族人知耻而行，不可妄做非为。

男性如此，女性也同样如此。中国历史上对学术思想最有贡献的女性班昭，她坦承写作《女诫》的原因，就是担心家族女子出嫁后在婆家做出非礼无耻行为，给本家家族带来耻辱，“男能自谋矣，吾不复以为忧也。但伤诸女方当适人，而不渐训诲，不闻妇礼，惧失容它门，取耻宗族。”

女性不外出谋生，与外界隔绝，所以对女性的训诲是不能少的。“男能自谋”，当然也是正当事业。虽然职业有多样性，但是对于以儒家伦理为指导思想的家族来说，士农工商是最为认可的，士为贵，农为本，工商相对受轻视。但是，在传统文化笼罩下的明清徽州地区，徽州人从事经营越来越成为一种普遍现象，最终产生了执中国商界牛耳数百年的徽州商帮。然而，从徽州家谱中看，关于家族子弟的职业选择，很少有公开鼓吹从事商业的。这是一个非常值得探讨的有趣现象。如何理解这种现象？当然还要从文化的角度去理解。徽商与传统文化有着一种天然的联系。商人虽然对家族做出了巨大的贡献，并得到了社会的认可，但那仅仅在徽州当地。徽商在经营实践中，与官方建立了非常密切的关系，知道这种关系的重要性。因此，在家族的意识形态宣传中，读书入仕仍然是最重要的，是徽州人的第一选择。徽州人经商往往都是迫不得已之举，是次于读书的第二种选择。还有一些下贱的职业，是被家族所禁止

[1] 绩溪《梁安高氏宗谱》卷11《高氏祖训十条》。

的，如优伶、屠宰、理发，等等，子弟如以此为业，则会被视为家族的耻辱。

为后世私家修谱建立范例的《苏氏族谱》，有一篇《亭记》，为苏洵所作，感慨家乡风俗不如昔时之美，而破坏良风美俗的则是一位“乡之望人”：

> 自斯人之逐其兄之遗孤子而不恤也，而骨肉之恩薄；自斯人之多取其先人之赀田而欺其诸孤子也，而孝弟之行缺；自斯人之为其诸孤子之所讼也，而礼义之节废；自斯人之以妾加其妻也，而嫡庶之别混；自斯人之笃于声色，而父子杂处，欢哗不严也，而闺门之政乱；自斯人之渎财无厌，惟富者之为贤也，而廉耻之路塞。此六行者，吾往时所谓大惭而不容者也。今无知之人皆曰：“某人何人也，犹且为之。”[1]

很显然，苏洵家乡的这位“望人”在六个方面的行为为苏洵所不齿：骨肉之恩薄、孝悌之行缺、礼义之节废、嫡庶之别混、闺门之政乱、廉耻之路塞。前面五项和家族的关系很明显，败坏了家族伦理，破坏了血缘关系的和谐。最后一条讲廉耻，廉耻本为士人所看重，但这位“望人”贪图财富，以富为贤，破坏了廉耻的标准。这条看似和家族关系不大，实际有着密切的关系。

随着家族组织的发展和普及，家族内部的贫富分化也在扩大，如果在血缘关系内部也以富为贤，那么对家族的破坏可能是致命的。因为家族是推行儒家伦理道德思想的，当士人趋于贫困化，而富人越来

[1] （宋）苏洵：《苏洵集》卷 14《苏氏族谱亭记》。

越多是商人的时候，会导致士人和商人在主导家族建设方面的易位。这在宋代不明显，但在明清以后商品经济发达地区比较明显。这位“望人”正因为对血缘关系的破坏和贫穷读书人进阶之路的堵塞，激起了地方上的民愤，虽然其势力很大，却被族老贬斥为“州里之大盗”，是没有廉耻之人。

在绩溪《华阳邵氏宗谱》中有一篇《立谱大纲》，作者几乎全文引用了苏洵的这段文字，但是恰恰是在廉耻这部分，有一点变动，将“惟富者之为贤也”，变成了“惟富之凌人也”，这一变动，造成了意思上的明显不同。这应该不是粗心大意之错，而是有意为之。前者视富者为贤士，给财富赋予道德意义，实为贫士、寒士抱不平；后者则是专指为富不仁、以富凌贫，实为贬低富人行为。对财富的道德意义从非负面（或者说是隐性的负面）转到相对较为负面，对富人则从隐含的指责变为公开的指责。富人和贤士当然是不能等一的，富以财富而言，是绝对的；贤则较为相对，“明备圣学之谓贤”，大概可以学问为标准。

该谱还规范了从谱中除名的制度，共10种人要削而不书：不忠、不孝、弃祖、叛党、刑犯、败伦、狗行、背义、杂贱和乱继。从谱中削除名字是家族对犯过族人的最严厉的惩罚，也是一种带有强烈耻辱性的惩罚。这10种人当然都会给家族带来危害和耻辱，因而家族首先以耻辱加其身，这样其亲人也会连带感受到耻辱。其父亲名下无其子，儿子之上无其父，作为父亲和儿子，当然会感到耻辱，甚至他们之后多少代都会因此而受辱。

对于第九种“杂贱”，其解释为“不肖无耻，甘与下贱结婚，并出家为僧，苟安度日者，削而不书”。这里“不肖无耻”指良贱通婚和出家两类族人。在传统中国，结婚不是两个个人之间的事情，而是两个家族之间的事情。结婚的目的是为了延续香火、传宗接代。人口的繁衍是家族延续的基本保证，所以不仅婚姻是重要的，人口的素质也是重要的，从这点看，良贱不婚的禁忌是为了保证家族地位的不降低。

除了良贱不婚，有的家族还反对嫁女娶妻论财论色论贵。“嫁女论礼而不论财，娶妇论德而不论色。不可慕人之豪势而存倚傍之心，不可羡人之富而起沾染之见。凡存此心起此见，皆近于无耻也。”[1]

家族反对族人出家，不仅是因为家族建设是以儒家伦理道德思想为指导，儒家与佛道信仰本身就是一种竞争关系；而且，一旦族人出家，也同样影响到家族的传承。所以出家被视为一种“苟安度日”的自私而缺乏理想的行为。

既然需要家族延续，就必须要有一套延续的机制，包括在没有男丁的情况下如何进行有序的继嗣传承？所以第十种“乱继”基本上也是一种困扰家族传承的行为，民间社会此种纠纷较多。何谓乱继，“承祧无序，乖乱宗枝，聚讼未定者，削而不书”[2]，乱继不但影响了传承，而且还造成了家族内部的纠纷，甚至打起官司。

《华阳邵氏宗谱》的《十不书》并不是唯一的，民国歙县《金川胡氏宗谱》中有“六不书”，这“六不书”记载在该谱的《旧编凡例》中，“谱有六不书，凡此六者皆有玷于祖宗，有一于此黜而削之。一曰弃祖。弃卖祖坟地于异姓，货鬻族谱于非族者，谓之弃祖。二曰叛党。前人叛逆抄没，而余党苟全于世者，谓之叛党。三曰犯刑。积世恣恶，代遭刑狱者，谓之犯刑。四曰败伦。彝伦渎乱，男女无别，禽心兽行者，谓之败伦。五曰背义。不思祖宗义重，惟图苟行微躯，甘为下流者，谓之背义。六曰杂贱。不肖无耻甘与下贱为婚者，谓之杂贱。”[3]

[1] 绩溪县《南关惇叙堂宗谱》卷8《惇叙堂家礼》。
[2] 绩溪《华阳邵氏宗谱》卷18《十不书》。
[3] 民国歙县《金川胡氏宗谱》卷首《旧编凡例》。

与《华阳邵氏宗谱》的《十不书》相比，民国歙县《金川胡氏宗谱》少了不忠、不孝、狗行、乱继4条。从时间上看，《旧编凡例》虽然载在民国谱中，但“旧编”二字说明，实际上最迟应该是前次修谱所载。金川胡氏旧谱于乾隆二十七年作成，所以《旧编凡例》应当为乾隆二十七年或更早以前旧谱之凡例。因为早，所以相对比较简单，只有6条。而修于光绪年间的《华阳邵氏宗谱》显然受其影响，并做了更多的补充和完善，从“六不书”增加到“十不书”。除了增加，还有补充，如“杂贱”条，就补充了禁止出家方面的内容。从谱中除名的主要理由就是玷辱祖宗，祖宗不能因为子孙无耻而受辱，所以直接从谱中削除，割裂祖宗与无耻子孙之间的血缘关系，维系祖宗的尊荣，由无耻子孙独自去受辱。这是所有家族通行的做法。

家族教化有一套完整的体系，大致可以分为家训、家礼、家政、家法四个层次。在每个层次，不管男女老幼都要接受知耻教育。

家训的道德教化意义最强。“人与禽兽不同，皆因人有伦理，禽兽无伦理，所以人要有伦理才算得个人。读书的贵重，无非他知道伦理。你们农工商贾、妇人女子，目不知书，果能知道伦理，一切事都照伦理做去，便是一个好人，与读书人一样。假如读书人心知伦理，做事不依伦理，反不如你们了。”[1]禽兽自然不知耻，人与禽兽不同，就是人有辨别能力，有行为能力，要知耻而为。通过家训，将士大夫之耻，逐渐推行到基层，让普通的老百姓、凡夫俗子也知道知耻而为。这是家族通过家训进行教化，用最浅显的语言表达出儒家伦理思想。

---

[1] 绩溪县《南关惇叙堂宗谱》卷8《家训》。

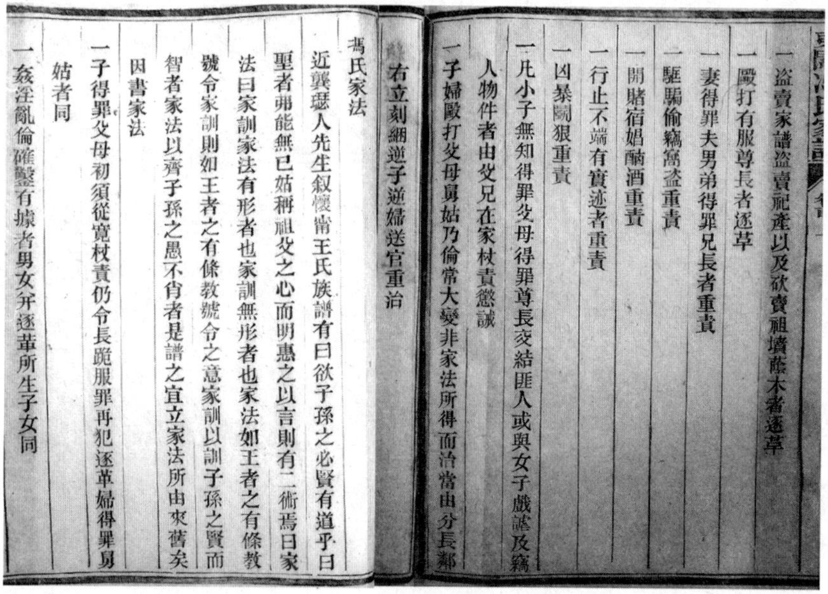

一盜賣家譜盜賣祀產以及砍賣祖墳蔭木者逐革
一毆打有服尊長者逐革
一妻得罪夫男弟得罪兄長者重責
一驅騙偷竊窩盜重責
一開賭宿娼酗酒重責
一行止不端有實迹者重責
一凶暴鬭狠重責
一凡小子無知得罪父母得罪尊長交結匪人或與女子戲謔及竊人物件者由父兄在家杖責懲誡
一子婦毆打父母舅姑乃倫常大變非家法所得而治當由分長鄰
右立刻綑逆子逆婦送官重治

焉氏家法

近龔璱人先生叙懷甯王氏族譜有曰欲子孫之必賢有道乎曰聖者弗能無已姑稱祖父之心而明惠之以言則有二術焉曰家法曰家訓家法有形者也家訓無形者也家法如王者之有條教號令家訓則如王者之有條教號令之意家訓以訓子孫之賢而智者家法以齊子孫之愚不肖者是譜之宜立家法所由來舊矣

因書家法
一子得罪父母初須從寬杖責仍令長跪服罪再犯逐革婦得罪舅姑者同
一姦淫亂倫確鑿有據者男女幷逐革所生子女同

黄山市档案馆藏《金川胡氏宗谱》卷首《旧编凡例》之“六不书”

《南关惇叙堂宗谱》在“家训”中长篇论述孝父母，将孝道分成爱惜父母、敬重父母、守身扬名这三个层次，特别强调后一个层次的重要性，“已经爱惜父母、敬重父母，若还为非作歹，或被人殴伤，或犯王法，或面上做好人，暗中做不端之事，以致明遭宗族笑骂，暗遭神鬼怒谴，岂不玷辱父母？所以孝子第三要守身。守自己身体，时时存善心，处处行善事，扬名以显父母，这才是个真孝子。”

家礼中的礼仪设计也强调依礼而行，且以具体仪式来践行。前述的对婚姻中的论财论色论贵等行为的反对，都是为了防止婚后产生恶果。比如如果娶了富贵家族的女子，婚后可能会出现媳妇傲视公婆和丈夫的行为，这反而会给双方家族都带来耻辱。有了家族这个强大后盾，个人和小家庭在处理很多事情的时候，往往就会比较注重礼仪，行为得体。

因为，家族虽然是靠山，但家族也是监督力量，不可无耻而行。

家政则是家族日常事务，可以狭义理解为家族的经济事务，尤其是民生与救助，让穷人能够获得基本的生存保障，不至于因为贫穷而去偷盗，去杀人越货，避免走投无路的族人去干无耻之事。

家法则是强制规范，在经历了家训教育、家礼实践、家政救助之后，如果还因无耻行为玷辱祖宗，就必须受到家法的制裁。一般家族关于家法的制裁有跪香、鞭笞、剥夺资格、逐出家门、永不许归宗等处罚。更严厉的要上报官府，从家谱中除名，死后神主不得进入祠堂，斩断其与家族的一切联系。这既是对族人的一种耻辱，在传统社会，也是家族采取的一种自保措施。否则，一旦被官府追究起来，家族将要付出巨大代价。

家法所立，也是为了重廉耻。“贫人迫于饥寒而犯盗窃，其盗窃尚在本族，比盗他姓罪轻，家法不能不立此条以重廉耻。然必每年宣讲家训，每岁遵行家礼，每事举行家政，然后可以行家法。若不讲家训，是不教而杀；不行家礼，是无风化；不举家政，是无恩泽。专行家法，恶人未必感服也。”[1]

当然，家族不好治理的，或不接受家族处理的，祠堂也可以玷辱祖先为由，呈报官府。如：

族中以强欺弱，倚众暴寡，恃尊凌卑，以幼犯长，靠富欺贫，捏故占产，诬人名节，挑弄是非，唆讼滋事，盗窃损物，以及一切犯法违理不平之事，凡此恶习最为大害，准被害者禀祠，亟应会众研究，实则由祠示罚，令向祖前焚香谢罪，酌量

[1] 绩溪县《南关惇叙堂宗谱》卷8《惇叙堂家法》。

情节轻重，轻则罚洋五元，重则二十元充公。如所禀属虚，即照此例反坐，以惩诬害。倘不受罚，由祠呈官究治，庶得稍挽敝风，免玷祖先。[1]

跟国家有关系的，须更为谨慎。“吾族出仕者，无论官阶之大小，须小心翼翼，靖共尔位，毋旷厥官，以自取戾；毋肆贪婪，以玷家声。在家者士农工商，亦须安分守己，做个好百姓。不可包揽词讼，不可拖欠钱粮，不可阻挠公役，此为下之道，亦即所以事君之义也。”[2]

触犯国法当然更会带来耻辱，甚至有官司在身都会被视为一种耻辱。“王法者，朝廷所设，以治吾民者也。无王法则天下乱，苟平日不畏王法，恐一旦犯法而不自知，及遭刑戮，悔之晚矣。此君子所以怀刑也。故为绅为士为民皆当畏法，畏法则敬官府，早完粮，苟非万不得已，不可轻与人结讼，自能远耻辱而保身家矣。”[3]

在家族组织盛行的时代，中国传统的乡村社会，也发生了深刻的变革。职业选择趋于多样化，士人地位面临着商人的冲击；异姓过继频繁，族人关系面临着非血缘的冲击；士大夫们蜕化，礼教松弛，世风日下，传统社会面临着伦理纲常瓦解的危险。宋以后，家族成为以乡绅为主体的精英们的根据地，他们以血缘关系为纽带，以儒家伦理道德思想为武器，他们建造祠堂、编纂家谱、修整祖墓、设立家法、保障民生，不遗余力地进行着“收族”建设。

总之，作为个人要修身，有耻德；作为家族，在家族教化的各个层面要防范、禁止族人的无耻行为，对族人进行知耻教育，对触犯者进行

[1] 绩溪《华阳邵氏宗谱》卷首《新增祠规》。
[2] 光绪《仙源杜氏宗谱》卷首《家训十条》。
[3] 光绪绩溪《梁安高氏宗谱》卷11《高氏祖训十条》。

耻辱性地惩罚，甚至呈报官府究治，断绝其与宗族的关系。对于家族来说，玷辱祖宗、有辱家声，是一种非常严重的行为，如同士大夫之耻会导致亡国一样，家族也会因为族人之耻而面临严重的危机。尤其是族内的精英，他们往往具有示范作用，否则就如同苏洵《亭记》中的“望人”一样，被贬斥为“大盗”。在明清时期，宗族普遍建立起来，也实现了组织化建设，这些当然离不开精英阶层的积极参与。大量知识精英，他们怀抱治平理想，却滞留民间，只好以齐家、收族为己任。他们利用家族组织这个平台，灌输儒家伦理思想，耻德由此得到进一步宣扬。

中国当代社会正在面临转型，耻德在当代社会如何继续发挥束缚和引导作用，这是一个值得继续探讨的课题。笔者认为，我们当今社会面临着很多的问题，与传统的耻德文化消失有着很大的关系。

四　完善适度的家族治理

（一）家政：家族理财与经济救助

1. 家族理财

什么是家政呢？古人云："家有政则知体。"家政有广义和狭义之分，广义家政可以理解为"齐家"之法，涵盖了家训、家礼、家法等内容。光绪《仙源杜氏宗谱》中有《家政十四条》，就是广义上的家政。

狭义家政主要指家族的经济管理和慈善救助，属于民生范畴。家族作为乡村社会的基本组织，发挥着极为重要的经济功能。绩溪县《南关惇叙堂宗谱》在《惇叙堂家政》部分从七个方面阐述了家族内部的家政，分别为：理财、祭祀、营造、养老、赈贫、助学、救荒。在理财部分，特别强调"理财"的重要："族中别无所谓家政，不过理财而已。"

徽州有句俗谚"穷村乡，富公堂。"这个乡村整体上可能贫穷，但管理着家族集体经济的祠堂，则是比较富裕的。有了富裕的家族集体经济，家族内的小家庭虽然贫寒，但可以从祠堂得到救助，或从祠堂借粮借钱，以缓一时之急，即使发生了一些突发性的灾害事件或族人死亡等紧急情况，有了祠堂集体经济做后盾，就不会手足无措。

一个家族是否有善于理财之人，决定了这个家族的经济状况。所以，对一个家族来说，族长地位虽然很高，是家族的主宰，但理财一定要由合族公举正直精明之人担任祠董，还要配备几个副手做出纳。如果他们能够诚心经营，为祠堂创收，整个家族都将受惠，他们也将在家族内确立自己的地位，死后享祀于“报功祠”或“能干祠”。在徽州的确有很多“能干祠”，就是专门祭祀这些祠堂的管理者，说明了徽州人在家族理财方面的确非常能干，也十分热衷于为家族理财。倘或祠董侵公肥己，无功有过，虽终身管理祠堂，死后不许滥入。

2．经济救助

《惇叙堂家政》主要有祭祀、营造、养老、赈贫、助学和救荒共六条。这六条具体谈到了祠堂财富的用途，具体说就是要用于改善家族内部的民生、应付紧急情况、保障特殊族人。正是因为祠堂财富能够给族人以实际恩泽，因此，一旦祠堂财富力有不逮，则需要族内其他力量伸出援手。不同的事务要求的援助力量也不同。

祭祀，是家族的头等大事。其在六条善政中位列第一，所以，祠堂财富——主要是祀产租息，首先是为了保障家族每年春季和冬季的祭祀，牲仪、酒食、香帛及照例颁胙等费用，均出于祀产租息。只要是正常年份，祀产租息足可应付祭祀之用，而且还有剩余；一旦碰到灾荒年头，“则祀品皆从省俭，不用鼓乐”。

营造，主要涉及的是修建祠堂、坟墓，以及置办相关器具。如果祀租不足，就要劝捐，劝捐的对象是族内的富户、中户，特别规定“极贫者不可苛派”。有的家族修祠是面向族内全体男丁分摊费用，而许氏惇叙堂禁止向极贫者劝捐则是一条非常人性化的善政。应该说修建祠堂、坟墓，泽及后裔，只要是稍有能力的族人，都不会也不愿袖手旁观。所以，家政在这方面并没有强行劝捐，而是禁止向某些极贫者强行劝捐。

养老，并非针对族内所有老人，而是必须符合以下这些条件的老人：生平公谨、没有子侄服亲、没有田产。如果祀租不足，则要求祠董和族内富户每月派送米粮，如果没有富户就要求中户承担。总而言之，不能放任不管；如果族内老人因此忍饥受冻，沦为乞丐，那么族长、祠董和亲房富户要负起相关责任。对于徽州这个典型的乡族社会来说，这条规定尤其具有极强的针对性，族长作为一族之长，负有领导责任；祠董作为家族经济管理人，负有直接责任；亲房富户负有血缘伦理上的连带责任。如果每个家族都有如此善政，那么中国社会必定会实现善治。

赈贫，是家族的重要善政。家族赈济对象主要是两类人，一类是寡妇和残疾人，他们终身受赈；一类是孤儿和病人，他们受赈有着时间限制，孤儿长大成人后即中止受赈，病人病好之后也会中止受赈。如果祀租不足，那么族内上户和近房就要承担赈贫的责任。这里特别强调的是两点：第一是对贞节寡妇，要“尤当加礼”，这在中国传统社会实际上是对寡妇守节的配套措施，有了家族的经济援助，寡妇可以安心，一方面伺候老人，同时抚养孩子长大成人。在徽州这样一个经商人口众多的社会里，一方面商人死亡率很高，另一方面有更多的商人夫妻实际上处于两地分居状态。所以许多徽商家庭是残缺不全的，如果不能稳定住商人妇这个群体，徽州社会将会动荡不安。因此，赈济寡妇是徽州社会必须面对的一个大问题。对寡妇加以经济援助，同时给以礼遇，甚至上报朝廷给予旌表，在徽州也具有极强的针对性。第二是对孤儿，要资助直至他们成人，但特别强调其成人后，如果发财了要回馈家族，“孤子日后发财，则捐资为义田、义仓，以济后之贫者。”家族善政培养出家族善人，如此形成良性循环，何愁不能实现乡族善治！

助学，是徽州家族实现振兴的关键，所以要不惜代价培养族内子弟读书中举。如果祀租不足，上户、亲房必须承担扶助责任，但是这种扶助同样不是单向的，一旦中举，被扶助人要知恩图报，向扶助人偿还扶助的本钱。

救荒，可以囊括所有族人，是民间救荒机制中非常重要的一个方面。徽州民间救荒措施相对比较完善，救荒最能体现一个家族共同行动的能力，也是在恶劣环境下对乡族善政的考验。

该族特别强调，"务求一族之富人能保全一族之贫民，不使一人独受饥寒。"这个规定，体现了该家族具备集体行动的能力，具备在恶劣环境下实现善治的理念基础。"为富不仁"在中国传统乡族社会是非常令人不齿的行为，所以，一旦族内有人"为富不仁"，导致"贫民求生无路"，族人就可以拿着家谱作为凭据，向官府告发，治罪为富不仁的族人，"以不孝不义之罪治之"[1]。

3. 职业选择

职业选择关系到人们的生存问题，对一个家族来说，同样很重要。家族比较强调正业和文教，所谓正业就是士农工商，其中又以士为首，文教为重。

光绪绩溪《梁安高氏宗谱》在《高氏祖训十条》中强调族人要守正业，要求家族子弟无论贫富智愚，皆不可无业。无业之人便是废人。但又不可不守正业，不守正业便是莠民。对大多数徽州家族来说，正业不外乎士、农、工、商，族人子弟应该根据自己的能力和兴趣，选择一门正业，成家立业。

[1] 绩溪《南关惇叙堂宗谱》卷8《惇叙堂家政》。

作为父亲、兄长，一定要根据子弟的素质高低、身体强弱，给他们安排职业，不能放任子弟游惰废业。那些天资明敏的子弟，一族不可多得，要让他们立志读书，以显亲荣祖，光耀门楣。资质次些的子弟，要让他们从事农业，可以确保自食其力。商贾和工匠也都可作为养家糊口的职业。

不管从事哪一种职业，都要勤快，“惰则废，勤则修”。读书人要以德行为先，切勿因读书识字而玩法舞文，颠倒是非。做官的不得贪贿贻玷。没有功名的不可随便出入衙门，农工商贾俱不得怠事偷安，游手好闲，更不能挥霍无度。

子弟不可自甘污贱从事娼优隶卒，以玷辱门庭。其他涉及别人命运的职业，如医生，虽是仁术，但如果医道不精，导致庸医害人，反而是一种罪过。其他如占卜、堪舆、星相之类，亦不可轻学，因为如果没学好，术不精，导致误导了别人，迷惑了别人，一有差错害人不浅，所以，虽然不算邪术，但也不是正道。也不可出家为僧道，一旦出家，要从家谱上除名。

徽州籍官僚汪道昆对徽州人的职业观了解最深，在他的商人传记中，提出了许多重商之论。他认为，徽州人习儒和科举不成，则弛儒而张贾；等获利之后，为了子孙前途考虑，又宁愿弛贾而张儒；一弛一张，审时度势，迭相为用。“盖诎者力不足于贾，去而为儒；赢者才不足于儒，则反而归贾。”他大声为商人正名：“藉能贾名而儒行，贾何负于儒？”

4. 凝聚宗族

“家政”尤其强调建立在理财基础上的周恤恩泽行为，家族必须要发展经济，要运用善于理财之人，拓展财源，有了财力才能推进家族的常规性活动如祭祀、修造，改善家族内部的民生，抚养、保障特殊族人，赡养孤老、赈济贫穷、资助上学等，应付紧急情况如洪灾、旱灾等。在家族面临突发性事件尤其是灾害的突然袭击时，家族能够从容应对。这样，族人才愿意向家族靠拢，凝聚在一起，实现收族的目标。

从许氏的惇叙堂家政中，我们看到了很多善政，很多恩泽。但是，这些善政往往都面临着祀租不足的情况，所以对族内的富户、中户提出了很高的要求。家政虽然建立在家族公有集体经济之上，但客观效果却是弥合了家族内部的贫富分化。家族要求并且鼓励族内的富户、中户等捐出一部分资财，从事家族的慈善公益事业。

更让人感慨的是，很多善举是从家族全体利益着手，如对寡妇的终身赈济，对优秀子弟的学习资助；也有一些善举是双向的，受益人在有能力后，要求其回报资助过他的人，资助家族内需要资助的人。这样形成一种良性循环，由家族理财，到实施善政，再到最后实现善治。

由此可见，从理财到周恤，徽州家政可以视为民间的一种救济机制。家政规范对徽州乡族社会善治的实现，具有不可或缺的作用。

（二）《家政十四条》：家族治理与乡族善治

广义上的家政包含了家族内部治理以及涉外的各项事务。光绪《仙源杜氏宗谱》中有《家政十四条》，实际上就是家族治理的规章制度，但却与家训的口气颇为相似，给人以长辈向晚辈道德说教的感觉。现抄录如下：

宗庙宜肃。宗庙者，祖宗精魂常聚之所，闲时宜锁钥不准常开，以昭清肃。不准堆积物件，每月朔望及四时八节祠仆务须打扫洁净，以备管祭者嗄饭敬香，大宗祠及各分支祠一体皆然。

祭祀宜谨。祭者际也，以我之精诚与祖宗之神明相接，谓之际，故临祭之时尚诚敬，尚肃穆，跛倚喧哗，皆非所以通神明之道。自今以后临祭之时，大堂两柱各悬一大粉牌，一书“禁止喧哗”四字，一书“闲人俱出”四字，务期必行，庶祭则可以受福也。

祭器宜珍。《礼》曰：凡家造祭器为先，祭器者，所以别于燕器也。吾族各祠祭器俱备，平日务宜珍藏，不作他用，不得借出，每岁轮祭者上交下接，如有破损，值年管祭者赙赔，器有缺略，亦当随时添制。

祠产宜理。吾族大宗祠及各支祠俱有祭田、公款，宜公举正直精明之人为祠董以司出纳，或加一二人副之，每岁酌给工食以专责成。其祠内田土、山场尤宜随时经理，如有被人隐匿侵占等弊，即当亲临查勘，免致失业，岁终集众结账一次，以杜侵蚀。庶公款日裕，公用无不给之虞矣。

宗谱宜修。吾族人丁繁衍，居址星散，无谱以联其情，必致支派罔知，尊卑失序，而一本之亲视若涂人矣。不特此也，世远年湮，名讳阙略，甚至有子孙而不知其祖考者，于心安乎？今与族约，此后各房须立草谱，每年正月初十日管祭者请房长数人至祖堂，凡有生卒葬嫁娶应载入谱者，令其报名填入，娶妻生子之家著出钱百文，有力者劝其捐输若干，汇赀伸放，每至十年则拨此款倩人照宗谱式楷录数本分藏，以免遗失，永著为例。至于宗谱务三十年重修一次，即至迟不得逾六十年。

尊卑宜序。吾族各村俱有支祠，每岁元旦管祭者令祠仆鸣锣，大小毕集祠内叩贺新禧，辈行尊者序列上堂两廊，卑者在下，先拜祖先，次长幼团拜，行一跪三叩礼，拜时用铳炮用乐以昭郑重。

义仓宜设。吾族村居星散，义仓非一处所能该，今酌立定制，大村各聚一仓，小村或二三村共聚一仓。其始筹谷若干担，择一勤廉者伸放，度谷可备该地一二年之粮，始不伸放。年丰则出陈买新，凶荒则集众会议，酌量平粜。所粜之钱复往丰熟地方运谷接济，管理者每年酌给工资，岁终集众结账一次，账簿一样写立数本，各执以杜侵蚀。

文会宜兴。吾族村里向有玉霏堂、联元堂、同升堂，村外向有启元堂，今又新增振文堂。此数公堂原为作养人才之用，今与族约，村里村外务将公堂择人经理，每岁按月会课勿懈，大小考试约给川费，入泮掇科酌给花红，自人人鼓励，人才蔚起矣。族中之出仕者及商贾有力者，当随时量力捐输，以充其用。

嫁娶宜慎。《朱柏庐家训》曰：嫁女择佳婿，毋索重聘；娶妻求淑女，勿计厚奁。凡娶须择门第相当，不得娶下姓及娼优隶卒素无家教之女。嫁女亦然，不得攀高门富贵之家以致伤财，不得许势豪纨绔之子致琴瑟不调。俾女失所不得许下姓优隶之家，不得鬻女为妾。违者治以家法，责令改正，议婚男女须十岁以上，不得太早，恐家道一有变迁，以致互生嫌隙也。

闺阃宜严。古者男女不杂坐，不同椸枷，不同巾栉，不亲授，叔嫂不通问，嫌疑之间，《礼经》言之甚详。今酌定家规：妇人年未五十者不准干预外事，到老不准入庙烧香，不准与三姑六婆通往来，不准僧道入门，不准长大男子入内室，不准男女同场赌博，不准妇人凌辱养媳及婢女，不准与人辨斗图命，妇女无论贫富须课以女工。如此方是有礼之家，而无渎乱之患矣。

赏罚宜明。国有赏罚劝善惩奸，家有赏罚亦足令人改过迁善。夫赏莫重于忠孝节烈，罚莫先于奸盗邪淫。吾族遇有忠孝节烈例应旌表者，须为联名禀请旌表。费用无出者，亲房须设法赀助，不可使其湮没不彰。族中有急公好义及德行可风者，亦当格外尊崇以示鼓励。至于奸盗邪淫之辈，察其事之虚实，轻则家法从事，重则送官究治。

诸费宜节。古人食不重肉，衣不重帛，至今传为美谈。吾族婚丧请客诸大端无一定限制则无所适从。今与族约，婚嫁席用一品锅，人丁多者请人以五服为度，人丁少者以九服为度，此外请酒与否听其自便。近见人家婚嫁请酒动至数十席，此伤财之大弊也。丧事亲房宜送馇粥米，吊丧者答以白布席，用一品锅或四簋，俱用素蔬。近见丧家饮酒食肉，男妇或持余膳回家，此俗之大违乎礼而最可鄙者，尤当痛革。至于朋友亲戚庆吊往来，取其备礼不必过丰，席请宾客丰限八簋，平常应酬减半，宗祠及各支祠绅耆祭酒用一品锅，永著为例。

家仆宜束。吾族各房世仆有刘、□、沈、何诸姓，当待之以恩，约之以礼，凡冠婚丧祭诸事自应使其服役，赏给工食，不得用外来客民充役。仆家有患难，当为周恤之，有外侮当为保护之，不得倚势欺辱。如仆不安本分，为非犯上，不受使役，当引至祠堂从重处治，不可任其骄纵，酿成大戾。

诸事宜治。家事之外公事、外事，大族势所必有，即如举行乡约所以教导百姓，设立保甲所以保卫身家，当实力奉行之。其他如邻姓有庆公家理应致贺，宗人谒祖公家理应优待者，祠董、族长宜悉心料理，免失族体。至于族有外侮，实属理直而邻姓不能排解，万不得已而兴讼者，我族人亦当同心竭力，勿受欺辱[1]。

仙源杜氏的十四条家政中，前面五条是关于祠堂、祭祀、祠产和族谱方面的。对于祠堂事务的管理非常重要，有的家族规定了轮值制度，甚至因此而向基层政府备案。如休宁县首村派朱氏家族有一份文书记载：

具呈乡约朱希茂、保长朱天锡，呈为遵奉回报事，蒙宪批谕，役等将朱氏祠簿清交新管之人。今遵公谕，原管之朱任康、朱有光等眼同当凭八门房长逐一立簿清交新管朱朝益、朱邦邃、朱邦积、朱国英四人接管祠事，理合具呈回报，伏乞宪天验交，感恩上呈。右具呈。康熙三十五年四月廿五日具呈乡约朱希茂、保长朱天锡[2]。

此文书上空白处有乡约（或保长）的批文：“准交朱朝益等四人经管。”管祠人移交管祠事务要向乡约和保长呈文备案，并在形式上要得到批准。这种批准实际上赋予管祠人以半官方的身份，他们对宗族的管理符合官方对地方社会的控制。

[1] 光绪《仙源杜氏宗谱》卷首《家政十四条》。

[2] 刘伯山主编：《徽州文书》第三辑，广西师范大学出版社 2009 年，第四册，第 430 页。

第6条“尊卑宜序”、第10条“闺阃宜严”、第13条“家仆宜束”关注的都是族内人际关系的规范化。“尊卑宜序”针对的是族内所有人，尤其是男性族人，每年元旦合族郑重举行团拜礼，通过儒家礼仪的实践来实现族内尊卑关系的有序。

“闺阃宜严”针对的是族内女性人口，其中心思想是男女有别，在家内事物上要男主外、女主内，女性家长是族内女性的管理者；在生活空间上女子以内室为主要活动空间，成年男子不得进入内室；在社会交往上，禁止女子入庙烧香，禁止与三姑六婆、僧道人士往来，禁止与男子同场赌博；同时强调女子不分贫富，都要学习女红。中国传统社会有不少开明人士非常关注女子教育，因为女子一旦出嫁为人妇，就关乎这个家庭的兴衰，所以，著名才女班昭才会说，她不担心族内的男子，而真正担心的是族内的女子，因此她才编写《女诫》教育家族女子。中国历史上著名的“女四书”都是针对女子的教材。“闺阃宜严”虽然禁止女子干涉外事，但是一旦女子过了50岁，就不受此限制。女子到了50岁，多数已经成为家族内的女性长辈，甚至可能因为丧夫而成为一家之主。当家的女性可以干预外事，包括子女的婚姻和职业。很多女性传记有这方面的记载。

“家仆宜束”针对族内仆人家族，他们世代受恩于主人，因此才被称为“世仆”。主家对世仆要待之以恩，约之以礼，使之以役，患难周恤之，外侮保护之。如果家仆不安本分，为非犯上，不受使役，就要在祠堂内惩处他们，及时给予教诲，免得骄纵以至酿成大恶。

第7条“义仓宜设”和第12条“诸费宜节”是关于经济方面的开源节流措施，设义仓是开源，省费用是节流。

第8条“文会宜兴”是关于文教科举方面的，主要是资助、奖励子弟学习，要求族人量力捐助。在家族内推行文教，本身就是一个非常好的家族制度。但是在徽州，文会的功能远远超出了文教范围，不仅在精神上提供某种信仰空间，也承担着治理乡族的部分职能。“本族倘有不得已公事，必致呈公，乡约正副、尊长并文会，秉公呈治，不得徇私推诿。”[1]《新安竹枝词》也说：“雀角何须强斗争，是非曲直有乡评。不投保长投文会，省却官差免下城。”因为文会是文人士子的活动中心，必然大大提高文会本身的吸引力和权威性；文人士大夫也不甘心受制于被他们所蔑视的约、保等人的控制。因此，在士人身份和宗族组织的掩护下，文会有资格，也有机会成为地域社会的实际控制者；也正是因为文会的这种职能而使得其控制地区少有把持唆使诉讼的事情。“各村自为文会，以名教相砥砺。乡有争竞，始则鸣族，不能决，则诉诸文会，听约束焉。再不决，然后讼于官，比经文会公论者，而官藉以得其款要过半矣，故其讼易解。若里约坊保，绝无权焉，不若他处把持唆使之纷纷也。”[2]从“各村自为文会”看，文会与血缘、地缘以及基层政权有着紧密的结合，有文会的地方，也成为诉讼较少的地方。

第9条“婚娶宜慎”是关于婚姻方面的，姻亲是传统社会极为重要的一种人际关系，它所关系的不仅是当事男女，更重要的是关系到两个家庭乃至两个家族的事情。“昏礼者，将合二姓之好，上以事宗庙而下以继后世也，故君子重之。”所以对于婚姻要极为慎重，关键是要门第相当，娶妇不可娶下姓及无家教之女，嫁女不可攀高门以伤财，更不可卖女为妾。

第11条“赏罚宜明”是关于家法族规方面的，赏善罚恶是实现善治的必要手段。

[1] 康熙歙县《汪氏崇本祠条规》。
[2] 许承尧：《歙事闲谭》卷18《歙风俗礼教考》。

第14条“诸事宜治”主要针对族外事物，如举行乡约、设立保甲、邻里相处以及打官司等。北宋大臣吕大防、吕大临兄弟俩在自己家乡蓝田（今陕西省内）与邻里亲友共同制定的《乡约》（也称《吕氏乡约》或《蓝田乡约》）把社会民众相互帮助的要求用契约规范的形式确定下来。《乡约》的主要内容是：德业相劝，过失相规，礼俗相交，患难相恤。其中患难相恤就是要求凡同约者在别人遭遇灾难时发挥团体的作用互助互济，用大家的力量分担一家的风险，这种约定体现了中国古代村民朴素的社会保障的精神。

《吕氏乡约》的做法后经南宋朱熹推行于全国，成为中国农村很多地方采用的一种社会制度。王阳明亲自拟定的《南赣乡约》进一步规定了“死丧相助，患难相恤，善相劝勉，恶相告诫，息讼罢争，讲信修睦”的互助内容。

徽州也同样受到影响，在《新安率口程氏祠规续编》中有这样的规定：“吾族自三三宣议公以来礼教相传，罔敢失坠，凡为子孙者当以祖宗之心为心，毋得强凌弱，诈绐愚，富欺贫，众暴寡。务以德业相劝，过失相规，患难相恤，其平居相见一遵名分，称呼、行坐有叙，违者众责之以礼。”[1]

《家政十四条》是非常全面的家族治理理念，而它冠以“家政”之名，说明徽州社会家族治理在形式上已经非常规范，内容上也非常全面具体。在徽州，家政是一种很成熟的家族管理制度。

不管是狭义的家政，如绩溪县许余氏的《惇叙堂家政》，还是广义上的家政，如仙源杜氏的《家政十四条》，以我们今天的标准来看，绝大部分仍然具有价值。为什么会如此？那是因为，这些家政是精英

[1] 《新安率口程氏祠规续编》卷1《祠约》。

文化不断向下层社会普及与渗透的结果，是中华传统文化的地方化反映，也体现了传统文化精髓之所在与旺盛的生命力。在传统文化里面，礼仪实践为儒家所一再强调，传统法律的核心是儒家礼仪，“引礼入法”是普遍现象，而对于家族来说，家法族规的核心也是儒家礼仪。对于有抱负的儒士来说，向基层社会、普通百姓贯彻、实践礼仪是最重要的历史使命；而家族经济则是传播传统文化、实践儒教礼仪的物质基础，也是家族赖以生存和发展的基础，所以理财与周恤在家政中也具有非常重要的意义。

传统文化向下层社会的传播与渗透需要依靠文人士大夫，也需要依托某种组织，这两个在徽州都具备，而这两者的结合，就是“收族”。如此之多、管理严密的家政，当然与徽州社会家族组织的普遍存在有着密切的关系。家族的普及化与组织化，又与文人士大夫热衷于家族建设有关。徽州的世家大族一般都有悠久的历史传统，家学渊源深厚，热衷于科举功名，所以徽州存在着庞大的缙绅士大夫群体，他们信奉儒家学说，信奉修齐治平的入世理念。当他们无法跻身官场时，他们就把家族作为实现自己理想的地方。那些从官场退下来的官僚缙绅，也把家族作为自己的养老、归依之地。对这些人来说，家族的存在，为他们提供了继续发挥作用的舞台。所以，他们在修身、齐家与治国、平天下之间存在着另一个人生舞台，那就是收族，即凝聚族人，治理乡族。

当我们今天把目光投向曾经辉煌的徽州古村落，投向无处不在的文化遗存，投向被学术界视为瑰宝的徽州文书和族谱，我们可以从中看到徽商故里处处存在着规范性的管理制度，从经济发展到人文关怀，从家族治理到村落建设，从族内的长幼主仆关系到族外的乡邻、保甲与乡约，正是因为种种善政的存在，徽州社会才会长期保持着和谐稳定的发展，很少发生内部动乱。明代官僚、歙人方弘静就认为：

“郡之久安也，非徒以险阻足恃也。由内之纪纲不驰足以维之耳。纪纲之系于治乱，非世所习言乎！”[1]儒家口中的“内之纪纲”，在文人士大夫的努力之下，转化为种种“家政”。徽州乡族社会就是在许许多多这样的“家政”制度之下，既产生了执海内牛耳的徽商群体，经济高度繁荣；也发展出了辉煌的、辐射到周边地区的徽州文化，徽州因此被冠以“东南邹鲁”之美名。经济和文化的高度发展，使得徽州社会实现了和谐发展，达到了“郡之久安”的善治。

（三）家法：强制规范与乡村秩序

1．家法原则

什么是家法呢？古人云：“家有法则知戒。”家法与国法一样，体现的是一种强制力，主要是禁止族人从事哪些活动，它所针对的对象是族内的恶人。但是家法又与国法有很多的不同，家法有家法的原则，主要是要遵守两条原则：一是以尊治卑，二是治轻不治重。

《竹溪陶氏宗谱》（黄山市档案馆藏）专列《家法》，首先强调了家法的几个原则：

第一，家法以尊治卑，不可以卑治尊。不允许族内卑幼以家法为由惩罚尊长，因为它违法了儒家“尊尊”的伦理原则，实际上是破坏了家法的立法原则。凡族中子弟犯家法者，叔伯父兄得以家法治之。若长辈犯国法，自有官治。若犯家法，晚辈不得借口祖宗笞责尊长，只能公请长亲评论，请其改过，免陷刑戮以辱祖先。

[1] 方弘静：《素园存稿》卷 17《郡语》下。

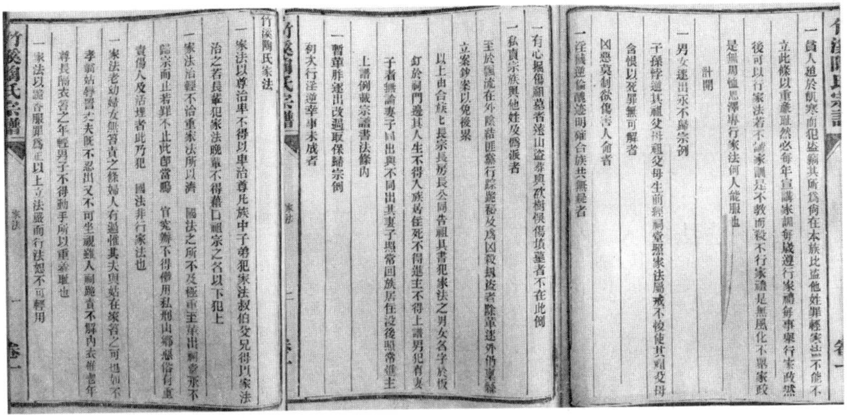

竹溪陶氏宗譜　家法　一　卷一

竹溪陶氏家法

一家法以尊治卑不得以卑治尊凡族中子弟犯家法叔伯父兄得以家法治之若長輩犯家法晚輩不得藉口祖宗之名以下犯上

一家法治輕不治重家法所以濟　國法之所不及極重至革出祠堂永不歸宗而止若罪不止此即當鳴　官究辦不得擅用私刑山鄉惡俗有重責傷人及活埋者此乃犯　國法非行家法也

一家法老幼婦女無笞責之條婦人有過惟其夫與姑在家笞之可也如不孝翁姑辱詈丈夫既不忍出又不可坐視雖入祠跪責不解內衣惟老年尊長隔衣笞之年輕男子不得動手所以重[illegible]也

一家法以謹[illegible]服罪爲正以上立法嚴而行法恕不可輕用

竹溪陶氏宗譜　家法　二　卷一

一有心掘傷祖墓者盜山盜葬與砍樹偶傷墳塋者不在此例

一私賣宗族與他姓及僞派者

至於飄流在外陰結匪類行蹤詭秘及爲凶殺劫盜者除革逐外仍稟縣立案鈔案以免後累

以上由合族〻長宗長房長公同告祖具書犯家法之男女名字於板釘於祠門邊其人生不得入族墳死不得進主不得上譜男犯有妻子者無論妻子同出與不同出其妻子照常回族居住沒後照常進主上譜例載宗譜書法條內

一暫革胙逐出改過取保歸宗例

[illegible]夫行淫逆倖事未成者

竹溪陶氏宗譜　卷一

一貧人迫於飢寒而犯盜竊其所爲猶在本族比盜他姓罪輕案出不能不立此條以重廉恥然必每年宣講家訓每歲遵行家禮每事舉行宗政然後可以行家法若不講家訓是不教而殺不行家禮是無風化不舉家政是無周恤恩澤專行家法何人能服也

計開

一男女逐出永不歸宗例

子孫悖逆其祖父母祖父母生前經祠堂照家法屬戒不悛使其祖父母含恨以死罪無可解者

凶惡莫制欲傷害人命者

一淫亂逆倫醜迹明確合族共無疑者

《竹溪陶氏宗谱》卷1《家法》

所以，杖责、驱逐等惩罚措施都是祖父施于子孙，尊长施于卑幼。假使尊长有过，而卑幼遂假家法之名惩罚尊长，实际上就造成了因为行家法而先为悖逆不孝，因此虽然是行家法，客观上反而败坏家法。

第二，家法治轻不治重。所惩罚的是小罪小恶，其目的是小惩大诫，是对国法的弥补，不是对国法的僭越。因此，家法的惩戒力度，轻则训斥跪香、杖责，最为严重的就是剥夺在族内的部分或全部权利，如革出祠堂，驱除出村，从家谱上除名，永远不许其回归家族。如果罪不止此，则送官究治，不可取代官府处理大罪大恶，甚至重伤乃至处死。“山乡恶俗有重责伤人及活埋者，此乃犯国法，非行家法也。”

第三，老幼妇女没有笞责之类的惩罚规定。这条说明了家法针对的主要是男性族人，妇人有过错，由她们的婆婆和丈夫在家里笞责，不能在祠堂等公众地方公然笞责。传统社会，女性是从属于男性的，结婚后的女性，丈夫和婆婆是她们直接的管教者，因此，妇人违犯家法，就要问罪于她们的监管者丈夫和婆婆。如果不孝公婆，辱骂丈夫，既不忍休掉她们，又不能坐视不管，只有带入祠堂罚跪，男子也不得对她们动手拖扯。

第四，家法的惩罚手段以跪香服罪为主，“立法严，行法恕，不可轻用”。

2. 家法法条

下面列举绩溪县仙石周氏家族的家法法条，予以说明家法的强制力。

一、男女逐出，永不归宗

这是最为严重的惩罚，族人如果犯下不可原谅的罪行，生不得入族居住，死不得进主，不得上谱。适用下列罪行：

子孙悖逆其祖父母、父母，屡戒不悛，使其祖父母、父母含恨以死，罪无可解者。

凶恶莫制欲伤害人命者。

淫秽逆伦，丑迹明确，合族共见无疑者。

有心掘伤祖墓者。远山盗葬与砍树误伤坟墓者不在此例。

私卖宗谱与他姓及伪派者。

至于漂流在外，阴结匪党，行踪诡秘，及为凶杀劫盗者，除革逐外，仍禀县立案，抄案以免后累。

违犯以上罪行者，由合族族长、宗长、房长共同在祠堂禀告列祖列宗，将他们的名字书写在木板上，钉在祠堂门边。这些人生不得入族居住，死后不得在祠堂为其供奉牌位，他们的姓名不得登记到家谱中。男犯有妻子者，无论妻子是否跟他一起离开，其妻子照常回族居住，死后照常牌位进祠堂，可以登记到家谱中。

二、暂革祠祚，逐出改过，取保归宗

停止某些作为族人的某些权利是次一等的惩罚，适用下列罪行：

初次行淫，幸事未成者。

好斗行凶，屡次伤人身体者。

犯奸犯盗，不顾廉耻，伤风败俗，玷辱祖宗者。

违犯以上罪行者，族长、房长共同起草一份革条，上面写着“暂行革祚、逐出祠堂”等字，贴在祠堂门旁，停权一般以三年为限，如果三年改过从善，即可回归家族；如果是行凶之人，三年后仍须由亲戚取保约存放于祠堂，保证他日后不复行凶，方许归宗。

三、革而不逐，改过归宗

不驱逐，但取消分获祭品的权利。适用下列罪行：

男子不孝父母，妇人不孝公婆，及男子不正凌辱其妻，妇人不顺凌辱丈夫，已经停胙不改者。

触犯了上一条，本应驱除，但是因为有父母儿女需要抚养，不忍驱逐者。

违犯以上罪行者，照第一条，将他们的名字写在木板上，钉在祠堂门内，革出祠堂，但仍然允许在族内居住三年，改过后准其谢罪复族。如终身不改，死后名字不得上家谱，牌位不得进祠堂。

四、不革不逐，止停祭胙，改过改业，入祠服胙，终身不改，死则贬入幼殇主

这条主要针对不务正业（如俳优、皂隶、奴仆等侮辱祖先的低贱职业）的族人。适用下列罪行：

男子不孝父母及妇人不孝翁姑，已经笞责跪香而不改者。

为优伶者。

为皂隶者。

为人奴仆者。未冠童子依人而服事人，非奴仆比，不在此例。

为玷辱祖宗之业者。

违犯以上罪行者，祭祀时不得给他们分发祭品，如果改从正业才恢复享受祭品的权利。如果终身不改且有儿子的，死后神主牌位贬入幼殇小主一列，不得配享昭穆。这条实际上不仅惩罚了违犯者本人，还以特殊的方式使他们的后代蒙羞。

五、笞责跪香

适用下列罪行：

男子不孝父母，妇人不孝舅姑，已经跪香而仍不改者。

十六岁以上男子，怒骂尊长，因尊长殴之而回手者。

十六岁以上男子动手与妇女戏侮者。

十六岁以上男子不饥寒而犯窃者。

十六岁以上男子于祖坟山采细木为薪者。

违犯以上罪行者，族长或其亲长命令他们跪在祠堂祖宗前，用细竹枝把笞其背，伤皮而不伤骨，不用竹板责打，恐受伤。如果妇人不孝，也要跪香服罪，并下跪叩谢所犯尊长，誓不再犯。所谓跪香，就是罚跪一炷香或两炷香的时间。

六、跪香

适用下列罪行：

男子初犯不孝父母，妇人初犯不孝翁姑者。

幼童男女初犯怒骂尊长者。

男子与妇女口出戏言无礼者。

迫于穷饥盗人食物者。

违犯以上罪行者，族长带着他们到祠堂祖宗牌位前跪香，教训斥责他们，然后释放。

作为具有强制力的家法，位居道德说教、礼仪感化和经济救助之后，为家族教化体系的最末端，是实现善治的最后一环。

《东关冯氏家谱》中也列有《冯氏家法》，作者认为，教育子孙有二法，一家法，一家训。家法有形，家训无形，“家训以训子孙之贤而智者，家法以齐子孙之愚不肖者”，所以家谱中要立《家法》，具体的法条如下：

一、子女得罪父母，一开始要从宽处理，杖责就可以了，然后长跪认罪。若再犯，予以驱逐、开除。媳妇得罪公婆，罪同此。

二、奸淫乱伦者，如果证据确凿，予以驱逐、开除。如果生有子女，也予以驱逐、开除。

三、盗卖家谱、祀产和祖坟荫木者，予以驱逐、开除。

四、殴打有服尊长者，予以驱逐、开除。

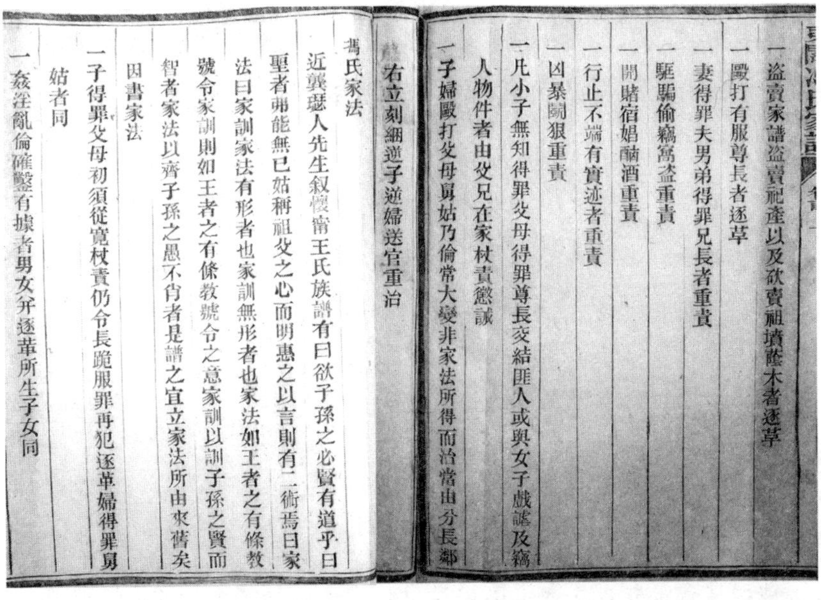

馮氏家法

近龔璱人先生叙懷甯王氏族譜有曰欲子孫之必賢有道乎曰聖者弗能無已姑稱祖父之心而明惠之以言則有二術焉曰家法曰家訓家法有形者也家訓無形者也家法如王者之有條教號令家訓則如王者之有條教號令之意家訓以訓子孫之賢而智者家法以齊子孫之愚不肖者是譜之宜立家法所由來舊矣因書家法

一子得罪父母初須從寬杖責仍令長跪服罪再犯逐革婦得罪舅姑者同

一姦淫亂倫確鑿有據者男女并逐革所生子女同

右立刻綑逆子逆婦送官重治

一盜賣家譜盜賣祀產以及砍賣祖墳蔭木者逐革

一毆打有服尊長者逐革

一妻得罪夫男弟得罪兄長者重責

一驅騙偷竊窩盜重責

一開賭宿娼酗酒重責

一行止不端有實迹者重責

一凶暴鬬狠重責

一凡小子無知得罪父母得罪尊長交結匪人或與女子戲謔及竊人物件者由父兄在家杖責懲誡

一子婦毆打父母舅姑乃倫常大變非家法所得而治當由分長鄰

黄山市档案馆藏《东关冯氏家谱》卷首上《冯氏家法》

五、妻子得罪丈夫的弟弟和兄长者，要重责。

六、诓骗、偷窃、窝盗者，重责。

七、开赌、宿娼、酗酒者，重责。

八、行止不端，证据确凿者，重责。

九、凶暴斗狠，重责。

十、小孩无知，得罪父母，得罪尊长，交结匪人，与女子戏谑，偷人东西，由父兄在家杖责训诫。

十一、儿子、媳妇殴打父母、公婆，严重触犯伦常，家法不能惩治，立刻由分长、邻右捆绑逆子、逆妇送到官府，重加惩处 。

3．宗规社约

“家法”往往有着具体的惩罚措施，这是狭义上的家法。广义的家法还包括族规、宗规、祠规、社约等等。《绩溪县程里程氏世谱》（黄山市档案馆藏）专列有10条宗规，具体如下：

（一）为子者，必以孝顺奉亲，为父者，必以慈祥教子，为兄弟者，必以友爱笃手足之情，为夫妇者，必以恭敬尽宾对之礼，毋徇私乖义，毋逸游荒事。毋罔法犯宪，毋信妇言，以间和气，毋学烟赌，以废光阴，毋耽酒色，以乱德性，凡此数端，各宜深警。

（二）家之盛衰，系乎积善积恶而已。何谓善？恤寡怜贫，周急救灾，凡济人利物之事，皆是也；何谓恶？巧施奸伪，舞弄是非，凡反道败德之事，皆是也。爱子孙者，慎勿遗之以恶。

（三）家之和与不和，皆系妇人之贤否，其贤者，奉舅姑以孝顺，事夫主以恭敬，待妯娌以温和，抚子侄以慈爱，御奴婢以宽恕，如此之类也。其不贤者，狼戾妒忌，恃强欺弱，争长竞短，以是为非，败坏家政，如此之类也。福善祸淫，天道昭彰，为妇人必当鉴此。

（四）冠婚丧祭之礼，无论家之有无，素朴为上，勿习世俗浮华，有违家礼。

（五）按《礼》：文子之丧亲，朝夕奠哀，哭泣送殡。若以佛法为超度，或鼓乐超荐，皆须屏绝。

（六）宗祠之设，所以敦本睦族也。每岁正旦团拜，集少长叙尊卑也，春秋祭祀，悉尊家礼，追远致敬也。

（七）诸处墓冢，年远平塌浅露者，当奉洁土以培之；无碑石者，当即刻勒以铭之；被人侵占者，当清理以复之；切勿置之度外。

（八）兄弟伯叔，同气之亲，分产析业，务在公平，毋徇偏颇，以起衅纷，族人倘因财产争竞，务从贤良正直者调处，毋得健讼，有伤大义。

（九）族中诸父昆弟相称，各以其字。同辈以上者必曰某字兄，同辈以下者必曰某字弟，伯叔命侄曰某侄，侄称伯叔曰某伯父某叔父，辈长者称某公，毋称尔我。

（十）营田之产，崇标祀也，各支子孙，轮流岁收，每届清明之时，预备祭物，集各房少长，诣坟拜扫，岁以为常，勿以渐远废礼[1]。

这里的《宗规》，并不是必须强制执行的法条，而更像是族老、族贤

[1] 《绩溪县程里程氏世谱》卷 12。

或是祖先的苦口婆心的教诲：应该要这样做，不应该那样做。这就是一种道德说教、礼仪教化。族规、宗规等是一种广义上的家法，与狭义家法的区别就是没有规定具体的惩罚措施。但是其基本精神应该是贯彻到家法之中了，如果一旦违背了，也有可能受到家法惩处。

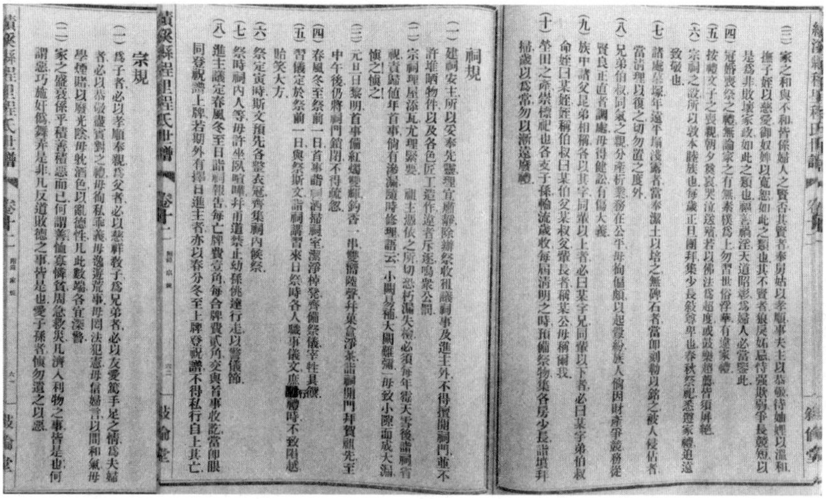
績溪縣程里程氏世譜 卷十二 敍倫堂

宗規

（一）爲子者必以孝順奉親、爲父者必以慈祥教子、爲兄弟者必以友愛篤手足之情、爲夫婦者必以恭敬盡賓對之禮、毋徇私乖義、毋逸遊荒事、毋罔法犯憲、毋信婦言以間和氣、毋學煙賭以廢光陰、毋耽酒色以亂德性、凡此數端各宜深警、

（二）家之盛衰係乎積善積惡而已、何謂善、恤寡憐貧周急救災、凡濟人利物之事皆是也、何謂惡、巧施奸僞舞弄是非、凡反道敗德之事皆是也、愛子孫者慎勿遺之以惡、

（三）家之和與不和皆係婦人之賢否、其賢者奉舅姑以孝順、事夫主以恭敬、待妯娌以溫和、撫子姪以慈愛、御奴婢以寬恕、如此之類也、其不賢者狠戾妒忌、恃強欺弱、爭長競短、以是爲非、敗壞家政、如此之類也、縱言禍淫、天道昭彰、爲婦人必當鑒此、

（四）冠婚喪祭之禮、無論家之有無、素樸爲上、勿習世俗浮華、有違家禮、

（五）按禮文子之喪親、朝夕奠哀哭泣、送殯若以佛法爲超度、或鼓樂超薦、皆須屏絕、

（六）宗祠之設、所以敦本睦族也、每歲正旦團拜、集少長敍尊卑也、春秋祭祀、悉遵家禮、追遠致敬也、

（七）諸處墓塚年遠平塌淺露者、當奉潔土以培之、無碑石者當即刻勒以銘之、被人侵佔者當請理以復之、切勿置之度外、

（八）兄弟伯叔同氣之親、分產析業務在公平、毋徇偏頗以起釁紛、族人倘因財產爭競、務從賢良正直者調處、毋得健訟有傷大義、

（九）族中諸父昆弟相稱、各以其字、同輩以上者必曰某字兄、同輩以下者必曰某字弟、伯叔命姪曰某姪、姪稱伯叔曰某伯父某叔父、輩長者稱某公、毋稱爾我、

（十）塋田之產崇禮祀也、各支子孫輪流歲收、每屆清明之時、預備祭物、集各房少長詣墳拜掃、歲以爲常、勿以漸遠廢禮、

績溪縣程里程氏世譜 卷十二 敍倫堂

祠規

（一）建祠安主所以妥奉先靈、理宜肅靜、除辦祭收租議祠事及進主外、不得擅開祠門、並不許堆晒物件、以及各色匠工造作、違者斥逐、鳴衆公罰、

（二）宗祠理屋添瓦尤理緊要、祖主憑依之所、切恐朽漏失檢、必須每年霜天雪後、詣祠看視、責歸值年首事、倘有滲漏、隨時修理、語云「小隙易補、大闕難彌」、毋致小隙而成大漏、慎之慎之、

（三）元旦日黎明、首事備紅燭雙輝、鈔香一串、雙攬陸聲、幷菓盒淨茶、詣祠開門、拜賀祖先、至中午後仍將祠門鎖閉、不得疏忽、

（四）春風冬至祭前一日、首事詣祠灑掃祠室、潔淨棹凳、齊備祭儀、宰牲具饌、

（五）習儀定於祭前一日、與祭斯文詣祠講習、來日祭時各人職事儀文庶[illegible]行禮時不致隕越、

（六）祭定寅時、斯文預先各整衣冠、齊集祠內候祭、

（七）祭時祠內人等毋許坐臥喧嘩、幷甬道禁止幼孫佻達行走、以警儀節、

（八）進主議定春風冬至日詣祠報告、每亡牌費壹角、每合牌費貳角、交與首事收訖、當即眼同登祝譜上牌、若期外有擇日進主者、亦以春分冬至上牌登祝譜、不得私行自上其亡、

黄山市档案馆藏《绩溪县程里程氏世谱》卷12《宗规》《祠规》

《竹溪陶氏宗谱》还有一篇有意思的《社约》：

（一）族中不许招亲，不许容留外人在村居住，屋宇地基不得卖于他姓，如违，以不孝论，逐出祠堂。

（二）坟山不许卖于他姓，以致本宗受害。

（三）外来过客及一切江湖人等，不许留宿。

（四）各安本分，不许结党拜盟，贻害宗族。如违，由族长、房长出首鸣官，以免连累[1]。

[1] 《竹溪陶氏宗谱》卷1。

这篇《社约》主要是着眼于族人与外人结亲、交易和交往的。

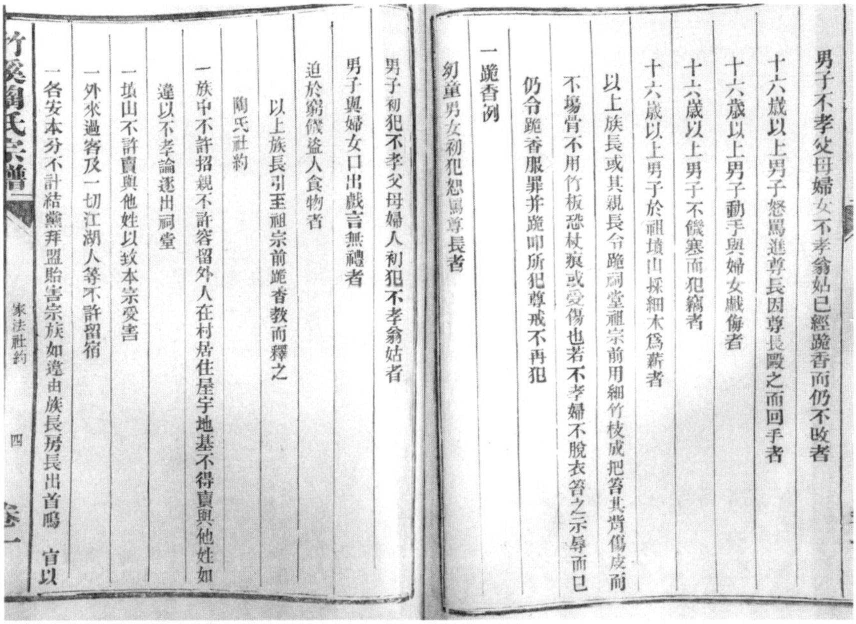

男子不孝父母婦女不孝翁姑已經跪香而仍不改者
十六歲以上男子怒駡進尊長因尊長毆之而回手者
十六歲以上男子動手與婦女戲侮者
十六歲以上男子不饑寒而犯竊者
十六歲以上男子於祖墳山採細木爲薪者
以上族長或其親長令跪祠堂祖宗前用細竹枝成把笞其背傷皮而
不瘍骨不用竹板恐杖痕或受傷也若不孝婦不脫衣笞之示辱而已
仍令跪香服罪并跪叩所犯尊戒不再犯
一跪香例
幼童男女初犯怨駡尊長者
男子初犯不孝父母婦人初犯不孝翁姑者
男子與婦女口出戲言無禮者
迫於窮餓盜人食物者
以上族長引至祖宗前跪香教而釋之
陶氏社約
一族中不許招親不許容留外人在村居住屋宇地基不得賣與他姓如
違以不孝論逐出祠堂
一墳山不許賣與他姓以致本宗受害
一外來過客及一切江湖人等不許留宿
一各安本分不計結黨拜盟貽害宗族如違由族長房長出首鳴　官以

竹溪陶氏宗譜　家法社約　四　卷一

《竹溪陶氏宗谱》卷1《陶氏社约》

4．专项管理——祠规

带有家法意味的家族管理中还有一些专项管理，如祠堂管理。《绩溪县程里程氏世谱》（黄山市档案馆藏）列有17条祠规，大致分为日常管理、特殊日期祭祀进主、赋税、革除出祠及祠产这5个方面。

日常管理有2条，不许随便开祠门，注意随时修理：

（一）建祠安主，所以妥奉先灵，理宜肃静，除办祭、收租、议祠事及进主外，不得擅开祠门，并不许堆晒物件，以及各色匠工造作。违者斥逐，鸣众公罚。

（二）宗祠理屋添瓦，尤理紧要。祖主凭依之所，切恐朽漏失检，必须每年霉天雪后，诣祠省视，责归值年首事。倘有渗漏，随时修理。语云：小阙易补，大阙难弥。毋致小隙而成大漏，慎之！慎之！

在元旦拜贺和春风、冬至祭祖及进主的相关规定：

（三）元旦日黎明，首事备红烛双辉，钓香一串，双向陆声，并果盒净茶，诣祠开门拜贺祖先，至中午后，仍将祠门锁闭，不得疏忽。

（四）春风、冬至祭前一日，首事诣祠洒扫祠室，洁净棹凳，齐备祭仪，宰牲具馔。

（五）习仪定于祭前一日，与祭斯文，诣祠讲习来日祭时各人职事仪文，庶行礼时，不致陨越，贻笑大方。

（六）祭定寅时，斯文预先各整衣冠，齐集祠内候祭。

（七）祭时祠内人等，毋许坐卧喧哗，并甬道禁止幼孙佻达行走，以警仪节。

（八）进主议定春风冬至日诣祠报告，每亡牌费一角，每合牌费二角，交与首事收讫，当即眼同登祝谱上牌。若欺外有择日进主者，亦以春分、冬至上牌登祝谱，不得私行自上其亡。钱存公匣，开支公用。司值不得肥囊，查出倍罚。

祠堂应缴纳的国家赋税不能拖欠，免得拖累宗族，司值负责：

（九）祠国课，须要三月完半，七月全完，毋得拖欠，致滋差扰贻累。若逢恩赦，该粮银公存众用，司值不得肥囊。

对于违反祖坟管理规定的，可以告官严惩：

（十）各处祖坟山地，倘有派丁盗葬，公同族众，即押令起扦，仍将盗葬之人，条革不贷。若有外姓盗葬者，会众齐出清理。斯文、老者，尤宜仔肩，不得坐视，即令起扦。如有恃强侵占不扦，必须呈官究治，断不宽贷。

（十一）坟山树木柴薪，如有外姓及派丁盗砍者，照赃倍偿，仍令安山蘸墓。倘有恃强不遵者，会同族众、斯文，呈官究治，断不姑宽。

严重违法家法、触犯国法者，要革出祠堂，生死不许入祠：

（十二）派丁有不孝不悌，侮慢尊长，忤逆为匪者，司值会众革祠，生死不许复入。

（十三）犯奸，国有例禁，家亦宜然。夫一族本同一气，若乱伦，丧尽仁义之心，与禽兽何以异哉！如有犯奸乱伦，并卖妻女与人为妾者，生死黜祠，永不许进主。若有受贿隐瞒冒进，查出一并条革不贷。

祠产涉及修祠、省墓、办祭等族内要事，管理者不能染指、怀私、徇情、怠玩：

（十四）值年首事，管理公匣银钱，修祠、省墓、办祭，及一切田产祠务，倘有染指怀私徇情怠玩等弊，查出公罚。至移用侵蚀存项，则照数倍罚。遇有盗损并吞租事，首事邀集斯文，呈官究治，不得推诿。

（十五）本祠供件棹凳，以及动用器具，毋得私借，违者公罚。

（十六）有非祠司值假捏公用魃收祠租者，查出轻则倍罚追出，不许入祠，重则鸣官究治。

（十七）嗣后倘有盗卖魃当祠产，捏伪之丁犯者，最为不孝，必须会同族众斯文，呈官严究，倘有徇者，一并申饬[1]。

祠堂是祖先神灵栖息之所，也是宗族的公共活动空间，是徽州人的精神家园，在人们心目中有着非常神圣的地位。徽州家族对于祠堂的管理是非常严密的，绩溪程里程氏宗族的17条祠规虽然比较多，但在徽州还不算最严密的祠堂管理规范。很多族规家法中也有关于祠堂管理及祭祀方面的规范。

5．家法影响

在徽州，一般的家族都有自己的家法族规，广泛意义上的家法族规几乎涉及家庭和宗族治理的方方面面，因此它对徽州传统社会的影响也是无孔不入的。家法的主要影响如下：

一，规范了个人、家庭与家族的关系，家族作为一个普遍存在的集体单位，利用血缘纽带和儒家伦理把各个阶层的人们凝聚在自己周围，成为徽州社会的实际统治者，徽州宗族由此体现出了强大的向心力和凝聚力。

二，家法族规弥补了国家法律在民事纠纷方面的法律欠缺，“清官难

[1] 《绩溪县程里程氏世谱》卷12。

断家务事”，但是通过家法族规，家族垄断了对家务事的解释权，与国家法构成了极强的互补关系。

徽州家族通过家法族规，取得了家族某种程度上的自治权，既防御官方过度干预家族，也协助了官方治理地方社会，正因为如此，徽州社会才会长期保持着比较稳定的秩序，实现了局部的和谐。

五　同构相济的家国关系

（一）家国：一理同构与齐治一机

1. 家族中的“国家”

在中国传统社会，家国同构。儒家认为，“欲治其国，先齐其家。”“家国一理，齐治一机。”不少家谱把与国家的关系放在家法、祖训的头条位置以显示其重要性。

掌控着家族教化体系的是家族的管理者和地方精英，包括族长、宗子、儒宦和富商等。由于在国家地位系统中占有一席之地，具有知识、文化的儒宦自然拥有社会声望、地位。富商则是因为经济原因，而对家族发挥着越来越大的影响力。族内权力阶层负责道德说教，控制家族经济，主持家族礼仪，实施家法族规。祠堂是家族公共场所，是族人的精神家园，也是祭祖的主要场所，大部分家族集体活动也在祠堂举行，高大威严、精美装饰的祠堂，成为家族教化的最好场所。

家谱记载了家族比较全面的信息。修谱是家族的大事，并且保持着每隔三至五世便要续修的传统。为了教化，彰显美善、尊祖敬宗、尚贵尚贤是家谱必须遵循的原则，有善必书，恶用曲笔；对一些不良族人，则予以除名出谱，以激励族人，达到劝惩之效。

家谱中往往存在着对祖先的冒认、对祖先事迹的虚构，这些冒认的祖先自然是历朝历代的帝王将相、大贤与显贵，这些被虚构的事迹往往更是超出家族的范围，甚至超出地域的范围，以显示他们家族在国家角色中的地位，这样能够激发族人的自豪感和荣誉感，鼓励族人向上、向善。家族所受朝廷的恩荣，不论时代远近，往往一律刻印在谱。

来自官方的旌表牌匾保持在祠堂内，牌坊也得到很好的保存，供后世子孙瞻仰。出自官府的告示、禁示往往也收入家谱，或禁伐林木，或禁止捕鱼，或保护祖坟，其背后显然都有一段故事，显示了血缘团体与地域社会之间的合作与冲突。

嘉庆二十二年，绩溪县城西周氏家族对祖坟的保护就是通过官府发布示禁，官府的示禁既针对“异姓棍徒”惑于地师的风水之论偷葬于周氏祖坟地，严正警告他们不得在周姓坟山觊觎盗葬。也针对本族“不孝支裔”为了本支私利而剥祖、偷棺，谆谆告诫本族各派支丁：“根深则枝茂，祖妥则丁安，在坵坟必当共保无虞，处处荫木均宜加意栽培。自示之后，倘有无知棍徒、不孝派逆，胆敢在于该处坟山盗葬及戕荫取柴，许该族指名禀县，以凭严拿究惩，决不宽宥，各宜凛遵毋违。特示。”

虽然有的家族聚族而居，有很强的自治性，但是家族并不是独立于地域社会和国家之外的。家族的教化体系也反映了家族与地域社会、家族与国家之间的互动作用。家族的教化活动丰富多彩，并且与官方的教化活动进行互补，相得益彰。

家谱文献往往刻意模仿官方志书，在这方面，徽州家谱尤为明显，有时甚至在家谱体例方面也模仿国史、地方志，如明代万历年间修的《程典》就模仿国史编修体例，光绪年间修的《东关冯氏家谱》模仿县志绘有“县图”。

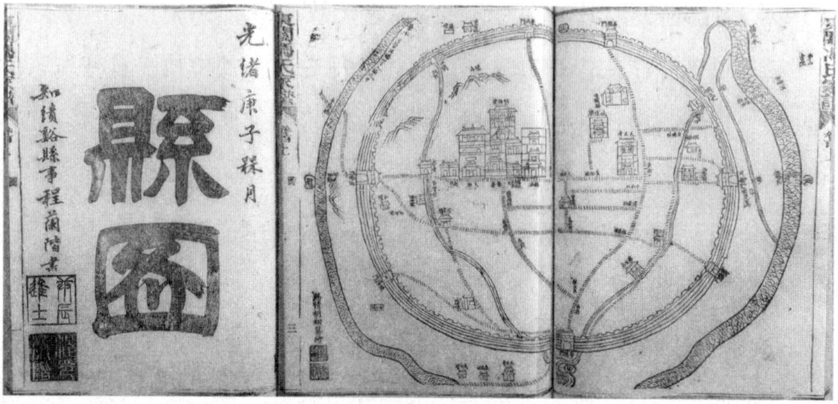

黄山市档案馆藏《东关冯氏家谱》中的“县图”

家谱开端往往刻印着皇帝的圣训、圣谕。明太祖朱元璋的“圣谕六言”“孝顺父母，尊敬长上，和睦乡里，教训子孙，各安生理，毋作非为”被不少家族刻印在家谱首页。

进入清代以后，清政府继承和发展了明代以来的教化体系，并以圣谕的形式明确提倡和支持家族。顺治九年推行乡约制度，每遇朔望，皆宣讲《圣谕六言》。康熙九年向全国颁布《上谕十六条》：

敦孝弟以重人伦

笃宗族以昭雍睦

和乡党以息争讼

重农桑以足衣食

尚节俭以惜财用

隆学校以端士习

黜异端以崇正学

讲法律以儆愚顽

明礼让以厚风俗

务本业以定民志

训子弟以禁非为

息诬告以全善良

诫匿逃以免株连

完钱粮以省催科

联保甲以弭盗贼

解仇忿以重身命

雍正皇帝把《上谕十六条》解释成洋洋万言的《圣谕广训》，在“笃宗族以昭雍睦”中，提出“立家庙以荐蒸尝，设家塾以课子弟，置义田以赡贫乏，修族谱以联疏远”。清代的家族修谱时，十六条有时也置诸谱首，家族也配合官府的乡约宣讲政策，在族内宣讲。《赵氏宗谱》就将“上谕十六条”、“圣谕六条”放在谱首，并对“圣谕六条”进行了一条一条的详细诠释。

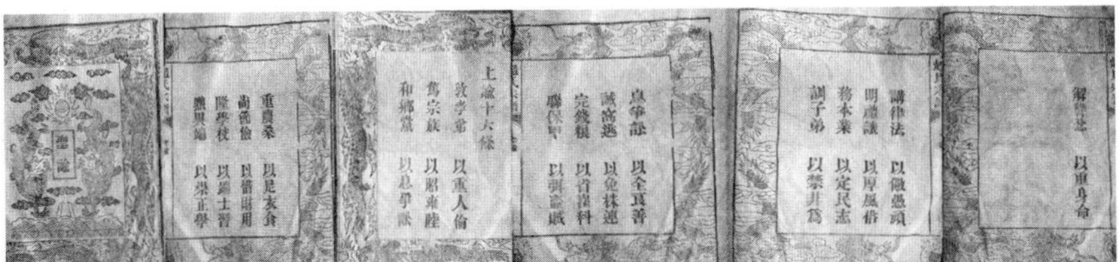

黄山市档案馆藏《赵氏宗谱》之《圣谕》

民国《赵氏宗谱》对朱元璋的《圣谕六条》进行了非常详细的解释，先引用法律条文，并进行演化。句子通俗易懂，尤其是演化部分，与口语差不多。

黄山市档案馆藏《赵氏宗谱》之《圣谕六条》

如第一条“孝顺父母”：

孝顺父母。人生在世上，圣贤皆可作。须从孝上做起，顺上行去，这“孝顺”二字，是人最要紧的事。若是人能孝顺，就是好人。若不孝顺，便有法惩治他了。看那《大清律》上有云：

一子孙违犯祖父母、父母教令，及奉养有缺，杖一百。

一子孙骂祖父母、父母，及妻妾骂夫之祖父母、父母者，并绞。欧者、斩杀者，凌迟处死。

一居父母丧而身自嫁娶者，杖一百，离异。

一闻父母丧，匿不举丧者，杖六十，徒一年。丧制未终，释服从吉，及居丧男女混杂饮酒食肉者，各杖八十。

一弃毁祖宗神主，比依弃毁父母死尸者，律斩。然则人不可不孝顺父母哉！

演曰：凡人之身，皆本于父母。想我生之初，母命危险，父甚忧之。既生之后，三年怀抱，何等劬劳。稍知嬉笑，父母欢喜，出入顾复，谨防水火。六七岁时，为我择师。稍长，为我求婚。父母深恩，等于天地。为子的不可不孝顺。

孝顺之道，养志为上，顺命次之，养口体又次之。父母之志，谁不望子做好人，能做好人，才是大孝。如子事父母，夏清冬温，昏定晨省。每食进膳，称家有无，必要丰洁。父母有事，以身代劳。父母有病，请医调治。此等与不能养者，诚大不同。然或自己不做好人，父母纵不欢喜。

又一等，父母有教，仅能顺承。如教读书，就学读书；教种田，就学种田；教买卖，就学买卖；教手艺，就学手艺。此等人顺亲之命，与违拘诚大不同。然其所学，或止于营利肥家，其立心非真欲做好人，亦不免辜负其身，辜负父母生我一番。

事父母须要做好人。古之圣贤是极好人，立志必要为圣为贤，其次亦要谨守礼法，做个善士。如读书做官就做忠臣，秀士就做德行之士，农工商贾亦做个良民。中心无愧，行事无失，使乡人道，某人有好儿子，显亲扬名，父母岂大不欢喜。这才是养志于孝子也。

要做好人，不辱父母，才是孝顺之女，你能孝顺父母，则你的子孙亦能孝顺；你若不孝顺父母，则你的子孙亦不孝顺。你今日事父母的，就是他日儿孙样子。凡为人子，当孝顺父母。

第二条“尊敬长上”，也引用了6条法律条文，这里的“长上”不仅仅包括血缘关系上的，还包括朝廷官吏。普通百姓和官府打交道，主要是官司和钱粮。族人在官司上不得挟制官吏，陷害良善；官差追征赋税，或办其他公事，族人不得抗拒。并对“尊敬长上”部分进行了演化，在演化的部分没有涉及官府：

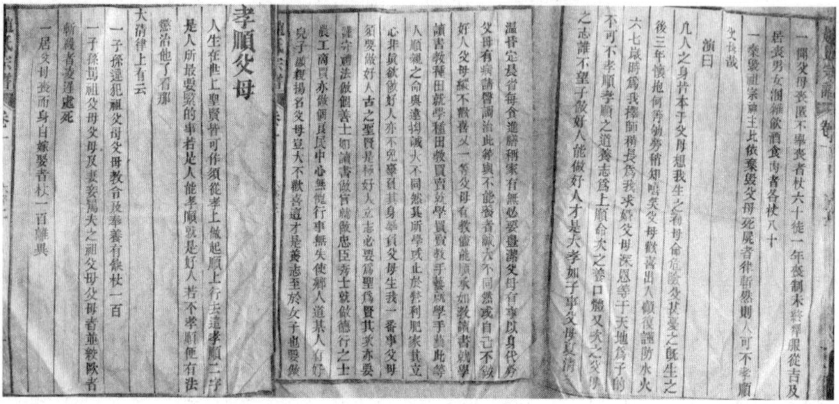

一聞父母喪匿不舉喪者杖六十徒一年喪制未終釋服從吉及
居喪男女嫁娶飲酒食肉者各杖八十
一棄毀祖宗神主比依棄毀父母死屍者律斬然則人可不孝順
父母哉
演曰
凡人之身皆本于父母想我生之初母命危險父甚憂之既生之
後三年懷抱何等劬勞稍知嘻笑父母歡喜出入顧復謹防水火
六七歲時爲我擇師稍長爲我求婚父母深恩等于天地爲子的
不可不孝順孝順之道養志爲上順命次之養口體又次之父母
之志誰不望子做好人能做好人才是大孝如子事父母夏清

溫昏定晨省每食進膳稱家有無必要盡讓父母有事以身代勞
父母有病請醫調治此等與不能養者縱大不同然或自己不欲
好人父母縱不歡喜又一等父母有教儘能順承如教讀書就學
讀書教耕田就學種田教買賣就學買賣教手藝就學手藝此等
人順親之命與違拗誠大不同然其所學或止於營利肥家其立
心非真欲做好人亦不免辱及其身辜負父母生我一番事父母
須要做好人古之聖賢是極好人立志必要爲聖爲賢其次亦要
謹守禮法做個善士如讀書做官就做忠臣秀士就做德行之士
農工商賈亦做個良民中心無愧行事無失使鄉人道某人有好
兒子顯親揚名父母豈不歡喜這才是養志至於女子也要做

孝順父母
人生在世上聖賢皆可作須從孝上做起順上行去這孝順二字
是人所最要緊的事若是人能孝順就是好人若不孝順便有法
懲治他了看那
大清律上有云
一子孫違犯祖父母父母教令及奉養有缺杖一百
一子孫罵祖父母父母及妻妾罵夫之祖父母父母者並絞毆者
斬殺者凌遲處死
一居父母喪而身自嫁娶者杖一百離異

黄山市档案馆藏《赵氏宗谱》之《圣谕六条》之“孝顺父母”

第三条“和睦乡里”引用了5条法律条文。家族是一个基层组织，与同一个地域内的其他家族和地域性组织会发生各种关系，宗族如何看待这种关系呢？

凡乡村、城市同街共井都是乡里，既谓之乡里，则与我田里相连，房屋相比，切不可因些须小忿构成大衅，失了同乡共里的和睦。必要出入相友，守望相助，疾病相扶持，凡冠婚丧祭之事俱要致敬尽礼，这才是好人。若不和睦乡里便有法惩治他了，看那大清律上有云：

一凡骂人者笞一十，互相骂者杖一十。

一殴人吐血杖八十，折人齿指髡发者杖六十、徒一年，折肋光目脉络及刀伤者杖八十、徒二年，折肢瞎目者杖一百、徒一年，瞎两目损二肢以上并杖一百、流三千里，将犯人财产一半养赡，仍引持凶事例充军。

一凡共殴致死，下手者绞，元谋者杖一百、流三千里，余人俱杖。

一将田宅重复典卖者，以所得价钱计赃，准窃盗论，田宅从原典买主。

一盗卖肯认并虚钱实契典买及侵占他人田宅者，杖八十、徒三年。朦胧投献官豪势家，与者、受者各杖一百、徒三年。投献之人，仍引例充军。然则人可不和睦乡里哉！

演曰：

乡里是同乡共里之人，田地相连，居处相近，朝夕相会，酒肉相邀，有无可以相通，疾病可以相问，水火盗贼可以相救助。语曰“远亲不如近邻”，所以乡里间贵和睦。

想天地生人之初，同是一个太和元气，人禀此气，生于世间，有何人我，有何分别？大家总是一团和气，此是和睦头脑，亦是孝顺之理所包涵的。只因人心蔽塞，不见此头脑，以藩离分彼此，一时有小忿，你也不让，我也不让，遂成大隙。我欲求胜于人，人亦求胜于我，仇仇相报，遂至破家荡产。不和之害如此！

居邻务要忍小忿，全和气，莫为小儿起争，莫为牲畜起争，莫为草木起争，莫为一句言语起争，莫为一事失礼起争，莫为一小人唆拨起争，莫以强凌弱，莫以富骄贫，莫以众暴寡。喜庆相贺，婚姻相助，有无相济，疾病相扶持，水火盗贼相救获。务要彼此情意浃洽流通，乃为和睦。

就是女子亦要晓此道理，善处相邻，不得弄唇舌，不得生计较，不得耸丈夫生气，才是贤妇。苟不能和睦乡里，则家之左右都是仇敌，一出门就落陷阱，多有少祸害来。

凡处四邻，当和睦乡里。

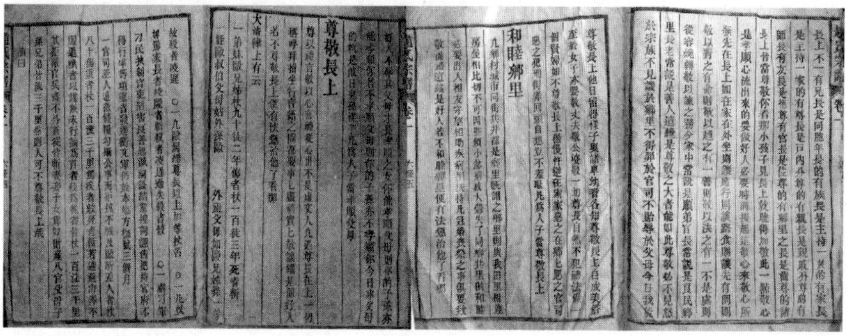

黄山市档案馆藏《赵氏宗谱》之《圣谕六条》之“尊敬长上”“和睦乡里”

第四条“教训子孙”从子孙要承接家业门户的角度，探讨了培养教育子孙的重要性，父母根据子孙们的能力，从士农工商中为他们选择职业。对于女子，不但要教她们操持家务，也要教她们孝顺、尊敬、和睦的道理，他日为人妇才能尽妇道、母道，否则行事不善、行为不端，会为家族带来耻辱。

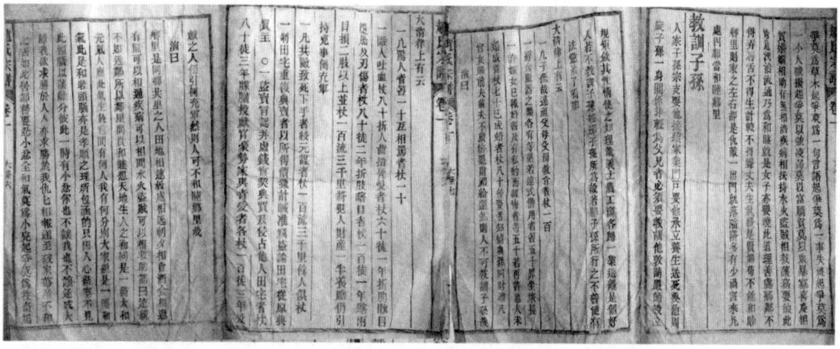

黄山市档案馆藏《赵氏宗谱》之《圣谕六条》之“教训子孙”

第五条“各安生理”是关于生存和生计的，不管做什么职业，士农工商都要安心本分，做个好人，否则要受到法律的惩治。

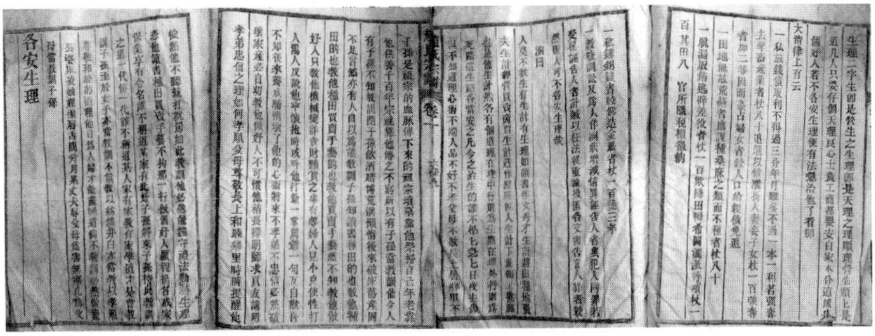

黄山市档案馆藏《赵氏宗谱》之《圣谕六条》之“各安生理”

第六条“毋作非为”，涉及的法律条文比较多。演化部分解释何为“非为”：“非为者，非礼非法而妄为之者。”中国传统社会是礼法社会，所以，非礼非法就是非为。《圣谕六条》前三条反过来做，都属于“非为”范畴。

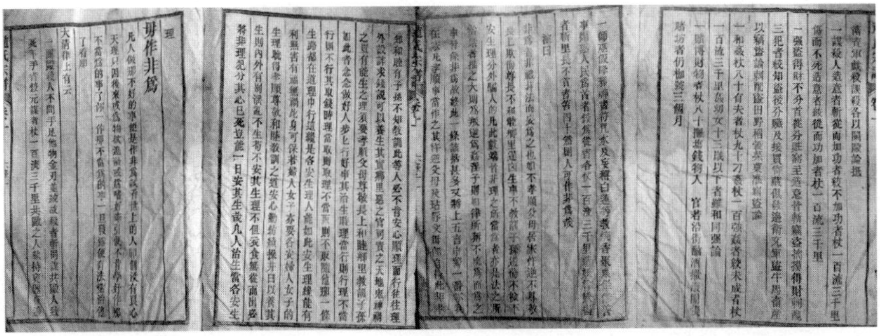

黄山市档案馆藏《赵氏宗谱》之《圣谕六条》之“毋作非为”

将皇帝圣谕放到家谱中，搜集与之有关的法条，并进行演化，等于是将家族与主流意识形态、国家法律连接起来，让族人翻看家谱就能明白，自己在社会上要做什么样的人，法律会惩治哪些人，个人、家族、社会、国家通过家谱成为一体。

关系到家族祖墓、财产的一些官司诉状往往也保存在家谱中，如《施氏宗谱》中记载了他们家族与看守祖坟的僧人之间所打的官司。施氏家族因为从浮梁迁徙到婺源，祖坟委托给僧人看管，为此捐田，后来看管僧人竟然将施氏祖坟的田产盗卖给当地的富豪势要之家，施氏族人扫墓发觉后，遂引发一场官司，当地里老介入，僧人供认，被要求赎回盗卖施氏墓田。施氏修谱时将正德三年（1508年）所立的一些契约、状词如《宗众议约》《投里甲词》《僧人供状》《逆僧戒约》收入宗谱中。

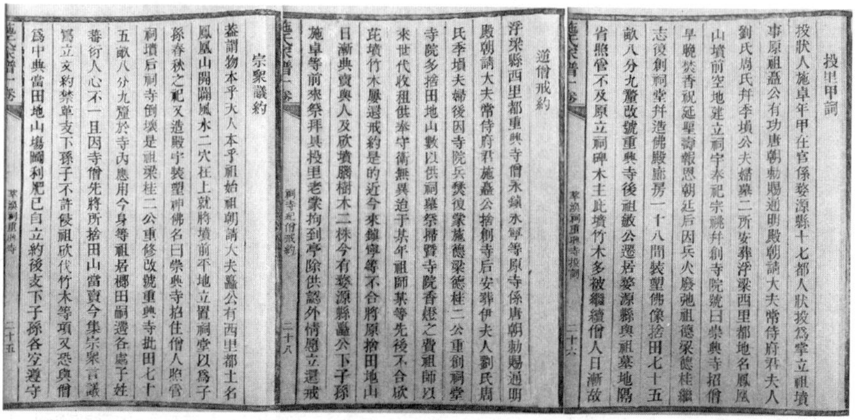
宗衆議約
蓋謂物本乎天人本乎祖始祖朝請大夫矗公有西里都土名
鳳凰山關闢風水二穴在上就將墳前平地立置祠堂以爲子
孫春秋之祀又造殿宇裝塑神佛名曰崇興寺招住僧人照管
祠墳后祠寺倒壞是祖梁桂二公重修改號重興寺批田七十
五畝八分九釐於寺內應用今身等祖居鄱田嗣遷各處子姓
蕃衍人心不一且因寺僧先將所捨田山當賣今集宗衆言議
寫立文約禁革支下孫子不許侵祖砍伐竹木等項又恐與僧
爲中典當田地山塲圖利肥已自立約後支下子孫各宜遵守
施氏宗譜一卷　草源祠重興寺　二十五

逆僧戒約
浮梁縣西里都重興寺僧永鎮永寧等原寺係唐朝勅賜通明
殿朝請大夫常侍府君施矗公捨創寺后安葬伊夫人劉氏周
氏李墳夫婦後因寺院兵燹復業施德梁德桂二公重創祠堂
寺院多捨田地山數以供祠墓祭掃暨寺院香燈之費祖師以
來世代收租供奉守衛無異迨于某年祖師某等先後不合砍
芘墳竹木屢違戒約是的近今來鎮寧等不合將原捨田地山
日漸典賣與人及砍墳𦡄樹木二株今有婺源縣矗公下子孫
施卓等前來祭拜具投里老衆拘到亭除供認外情愿立還戒
施氏宗譜一卷　祠寺逆僧戒約　二十八

投里甲詞
投狀人施卓年甲在官係婺源縣十七都人狀投爲掌立祖墳
事原祖矗公有功唐朝勅賜通明殿朝請大夫常侍府君夫人
劉氏周氏并李墳公夫婦墓二所安葬浮梁西里都地名鳳凰
山墳前空地建立祠宇奉祀宗祧并創寺院號曰崇興寺招僧
早晚焚香祝延聖壽報恩朝廷后因兵火廢弛祖德梁德桂繼
志復創祠堂并造佛殿廊房一十八間裝塑佛像捨田七十五
畝八分九釐改號重興寺後祖敏公遷居婺源縣與祖墓地隔
省照管不及原立祠碑木主此墳竹木多被緇續僧人日漸故
施氏宗譜一卷　草源祠重興寺投詞　二十六

黄山市档案馆藏《施氏宗谱》卷1《宗众议约》《逆僧戒约》《投里甲词》

据《施氏宗谱》记载，施氏祖坟遇到了麻烦，因为族人迁徙离开去婺源，难以照看祖坟、佛殿、祠堂，于是守坟僧人与施氏脱离关系，并将寺田资产盗卖给当地势豪。正德三年（1508年）施氏后裔婺源十七都人施卓来祭扫时，发现此事，于是召集宗众，订立议约，约束族人不得与逆僧勾结，图谋族产，侵害祖坟。同时，施卓到地方里甲告发僧人的不当行为，迫使僧人重新与施氏家族订立戒约，作为守坟僧人承担一系列义务，并要赎回寺田。

宗众议约

盖谓物本乎天，人本乎祖。始祖朝请大夫矗公，有西里都土名凤凰山开辟风水二穴在上，就将坟前平地立置祠堂，以为子孙春秋之祀，又造殿宇装塑神佛，名曰“崇兴寺”，招住僧人照管祠坟。后祠寺倒坏，是祖梁、桂二公重修，改号“重兴寺”，批田七十五亩八分九厘于寺内应用。

今身等祖居榔田，嗣迁各处，子姓蕃衍，人心不一。且因寺僧先将所捨田山当卖，今集宗众言议，写立文约，禁革支下孙子不许侵祖砍伐竹木等项。又恐与僧为中，典当田地山场，图利肥已。自立约后，支下子孙各宜遵守。如有不遵弃祖违约者，一听宗众理论，公罚食谷五十石，入寺修理祠宇。仍以此约为准。

今欲修理原坏祠堂，以备崇奉，以序昭穆，岂不谓之光前续后哉！嗣后倘有同宗无故被人欺辱，会众争之，如有妄行集众戒之，岂不又为美乎！今恐人心不齐，故立斯约，以为万世之规。诫！

正德三年岁次戊辰，同宗立约人杭溪施允贤，榔田驯祥、廷奉、金受，鸦桥日新，西里汝仁、茂奇，汝哲、汝纲、汝道、炯寿、最桢、谢宗。

逆僧戒约

浮梁县西里都重兴寺僧永镇、永宁等，原寺系唐朝敕赐通明殿朝请大夫常侍府君施矗公捨创，寺后安葬伊夫人刘氏、周氏、季埙夫妇，后因寺院兵燹，复蒙施德梁、德桂二公重创祠堂、寺院，多捨田地山数以供祠墓祭扫暨寺院香灯之费。祖师以来，世代收租供奉守卫无异。

迨于某年祖师某等先后不合砍芘坟竹木，屡还戒约是的。近今来镇、宁等不合将原捨田地山日渐典卖与人，及砍坟脑树木二株。

今有婺源县矗公下子孙施卓等前来祭拜，具投里老，蒙拘到亭，除供忍外，情愿立还戒约，日后自当守卫坟茔祠宇，长管芘坟竹木，再不敢似前侵害，所是典卖田亩自当行取赎入，本照寺管收租，不致疏违。寺院倘有漏坏，僧即修整。

如有不遵守此约，听檀樾执此造官，甘罪无词。今恐无凭，情愿立戒约为照。

正德三年戊辰八月十八日立还戒约僧永镇、永宁 约

本都里长计 中

2. 教化中的国家角色

国家角色几乎反映在家族教化体系的每一个层级。家训中涉及国家的部分，有畏王法、早完粮、息争讼、守臣道等等。

畏王法、息争讼就是要遵守国家法律，不要轻易打官司。徽州人“沐朱子遗泽”，号称“文物之邦”，一些世家大族不屑于进入衙门，“凡人一生不入公门便是福人”。但徽州人打官司很多，讼风反比他处更甚。徽州官司中，坟山、风水官司大概要占一半。而且这类官司最容易演变

为家族与家族之间的长时间的斗争，甚至不少族人为此献出生命。一旦与人争讼，无论曲直，无论结果如何，都要笼络官府，受到胥皂的斥责，让自己和家族难堪不已，甚至家破人亡，祸及身后。尤其不能听讼师棍党挑唆，在一般人眼中，讼者之言辞都是虚浮无实之语，足以坏心术、费钱财以致倾家荡产。族人内部的纠纷一般都要求先在族内调解，族内调解不了，还可以请求族外调解，最后才诉至官府。然而即使官府接手处理，一般也是本着调解的原则给予处理。传统社会，官方触角不愿也难以深入宗族社会内部。

早完粮就是要及时缴纳赋税。按时完纳国家的正赋钱粮，这是职业之人的本分，不可刻意拖欠官府的赋税，躲避差徭。乱世不完粮，尚可谅解，如果太平之世等粮差上门催粮，一是耗费很大，自己破产倾家，甚至牵连全族；二是受到官府的追责，败坏名声。因此很多家族规定，每年要先完粮，然后再计划其他方面的开支，即使遇到天灾，如果朝廷没有蠲减，也应当想方设法予以完纳。

守臣道就是谨守作为臣民的本分。“普天之下，莫非王土；率土之滨，莫非王臣。”徽州人文昌盛，入仕为官的非常多，宗族与国家的关系，还体现在族人作为臣子，应该遵守为臣之道。在家者，做个好百姓；入仕者，就要效力朝廷，为良臣，为忠臣，身后配享先祖之祭。如果有人在任上贪赃枉法，严重的要从谱上除名。

家礼更是受到官方正统思想的深刻影响。明代嘉靖年间的大礼议之争，朝廷推恩于臣民，民间的祭祀仪式与祭祀组织得到极大的发展，并突破了对先祖、始祖的祭祀。民间以某一祖先为祭祀对象的祀会组织如清明会、某某公祀会等得到迅速发展。这些组织不同于祠堂祭祖，祠堂祭祖是严格以祠堂为单位的，体现族人权利与义务关系的，具有强制力的祭祖仪式。而祀会则往往独立于祠堂之外，是某一祖先的后裔自行组织起来的，有着自己独立的经济基础和共同遵守的契约合同。如果说祠堂整合了地域社会，祀会也同样有此类功能。有的祀会甚至是几个祠堂的联合，在更大范围内影响着地域社会的整合。

家政关系到家族具体仁政的实行，但是往往超出了血缘群体的范畴。对于具有修齐治平理念的儒家精英来说，家国一体，家国相通，国有政，家亦有政，治国本乎齐家。对于徽州的精英来说，治国本乎收族，收族本乎齐家，家、族、国一体而相通。

家法族规弥补了国家法律在民事纠纷方面的法律欠缺，家族垄断了对家务事的解释权，与国家法构成了极强的互补关系。徽州家族通过家法族规，取得了自治权，既防御官方过度干预家族，也协助了官方治理地方社会，正因为如此，徽州社会才会长期保持着比较稳定的秩序。

家族教化体系自成一个系统，是基层社会教化的重要组成部分，也是维护基层社会秩序的必要手段，反映了传统文化在基层的传承与实践的过程。正如家族所宣称的，“每年宣讲家训，每岁遵行家礼，每事举行家政，然后可以行家法。若不讲家训，是不教而杀；不行家礼，是无风化；不举家政，是无恩泽。专行家法，恶人未必感服也。”一些世家大族、儒家精英深知家族教化必须要有系统性。

家族教化体系从各个方面规范着明清时期的家族建设，以达到乡村善治。当我们今天把目光投向曾经辉煌的徽州古村落，投向无处不在的文化遗存，投向被学术界视为瑰宝的徽州文书和家谱，我们可以从中看到徽商故里处处存在着教化，处处存在着规范性的管理制度，从经济发展到人文关怀，从家族治理到村落建设，从人际关系到区域整合，正是因为种种教化的存在，徽州社会才会长期保持着和谐稳定的发展，很少发生内部动乱。

（二）和谐：凭族理说与守望相助

1. 宏村汪氏店屋纠纷

徽州是一个家族社会，在家族事物的处理和人际关系的协调方面，特别强调族谊。为了顾全族谊，族人之间不能随便兴讼打官司。

实际上，明清时期的徽州是一个诉讼非常频繁的地区，诉讼主要集中在经济、婚姻和丧葬等方面，但是徽州社会并没有因为诉讼多而影响到社会秩序的稳定。地方社会发生纠纷时，宗族发挥着重要的协调作用，形成了一套民间调解机制，与官方形成了密切的互动。

清光绪二十七年（1901年），徽州府黟县十都宏村汪氏家族内部就打起了一场官司，而且一打就是三年。

事情缘起于位于宏村前街的一所店屋的归属。

据原告汪集元的陈述是：其高祖辈于康熙五十一年（1712年）花九十两银子买汪百福铺屋一所，于道光末年（1850年）用六十两元银转典给了同族之荫隆会。没想到就在年限已满可以回赎的时候，忽然发生了火灾，铺屋被烧。当时可以减半价取赎的，但当时他们躲避战乱而奔走远方，所以没有及时取赎。而荫隆会的管会者见他们全家未归，就重新建造了该铺屋，分为二所，独自收租，并以此为由不同意他们赎回。由此引起了一场经济纠纷，后来虽然经过多次协调仍无法解决，最后只好诉诸官府。被告方也随之反控原告贪谋世业、捏词诬控。由此双方形成了控告与反控的互控状态，以及随后长达一年的僵持状态。

官司期间，由于地方官员的更换，官司起起伏伏。直到光绪二十九年（1903年），原告再次越级上诉到徽州府，知府做出批示："房屋因乱被毁，后复重建，兵燹之余，彼此不相顾，固非可以寻常典业概也。"批示对原告、被告各打五十大板，强调双方"谊属同宗"，不应该互不让步而“伤族谊”。

徽州府的批示内容主要有三点：

第一，肯定了该店屋为原告出典之业；

第二，指出这是特殊时期的典业，因为经历了战乱，并且被烧毁过，所以不同于寻常典业，原告控被告措赎和被告置之不理这两种态度都有失当之处；

第三，为了彻底解决，既不伤族谊，又能保护族会善举，决定由原告估价给被告另外选择地方重建，店屋则由原告收回。

这次府批是一个非常重要的转折点，基本上给此案定了调，使其回归调解之路。

后来经族绅和邻村绅董的多次协调估价，最后由官方取折中价四百元。这期间被告仍在上诉想翻案，但知县指责被告无意求息，而且争执愈烈。在这种情况下，双方具结供单。原告补偿被告鹰洋四百元，被告交还店屋给原告。案件就此了结。

2. “凭族理说”以“全族谊”

在官司审理过程中，官方多次要求两造“凭族理说”。所谓“凭族理说”，就是双方当事人在族内进行论辩与协调。这是解决族内民事纠纷最重要的一道程序，其目的就是保全族谊。

宏村汪氏家族的这次官司经历了多次族内协调和调解。在官司开打之前，已经经历了族内协调，但没有成功。随后，诉状呈到县衙，地方官员一开始拒绝审理，一再要求两造族内调解。这个时候的调解还是非正式的，地方官希望通过族内调解，官司可以不要进入正式审理程序。但随后族内非正式调解失败，进入了正式调解阶段，由本族的族绅和邻村十一都的四个异姓绅董一起负责调解。

“凭族理说”是地方官员审理户婚田宅等民事案件时非常重视的一道程序，尤其是当纠纷发生在族内时，更是必须经历的一道重要程序。在诉讼之前要先进行族内协商，在诉讼过程中还要进行多次的协商，在官方做出某种决断后还要进行族内协商。

这些都说明，“凭族理说”贯穿了整个族内民事诉讼的全过程，也是族内民事纠纷解决的必经之路。两造也总是打着“凭族理说”的旗号为自己争取最大的利益，谁也不敢公开抗拒这道诉讼过程中的道义程序。

历时三年的汪氏族内民事诉讼，让我们看到了族内民事纠纷中的国家与社会之间的一种良性互动。与“凭族理说”一样，“全族谊”也成为解决族内民事纠纷必须遵循的道义原则。

在这种原则指导下，官方无意涉足宗族内部民事纠纷，从而表现得不作为。官方在断案的过程中，也无意严格遵循法律规定，尤其是在某些关键证据缺乏的情况下，一切以不伤族谊为原则。这反映出在家族社会中的族内民事纠纷中，国家法律所起的作用是有限的。宗族与官方一起维持着传统社会的稳定。

“凭族理说”是为了保证族人最大程度参与诉讼，这是保证诉讼不触动家族根本利益的最好办法。只有以“全族谊”的名义，才能说服两造让步，让官司消弭于调解之中，保护了家族利益，保持了家族稳定。最终，保证了社会秩序的稳定。因此，族谊有时甚至高于公论、事实之上。在族谊面前，官方律例的作用是微弱的，我们看到的是官府和民间社会种种超出法规之外的互动。

国家与家族有着密切的互动，家族中随处可见国家的影子。

3．守望相助

《孟子·滕文公章句上》：“死徙无出乡，乡田同井。出入相友，守望相助，疾病相扶持，则百姓亲睦。”

宋代《蓝田吕氏乡约》：“德业相劝、过失相规、礼俗相交、患难相恤。”

家族作为一个血缘组织，具有极强的凝聚力。但这种凝聚力需要用心去维护，只有这样，才能达到人际关系的和谐，宗族和谐了，社会才和谐、安宁。

光绪《仙源杜氏宗谱》中《家训十条》有一条是“睦宗族”，认为，宗族虽有亲疏，往上追根溯源，都是一本所出，所以要“出入相友，守望相助，疾病相扶持”。这是对《孟子》的引用。古代同井者都这样，何况都是一本之亲的族人。凡我同姓，务念亲亲之谊，遇到“匪特盗贼水火之患”，必须要竭力相助；即使遇到族中偶有孤贫者，务必设法周济他们；有流离失所者，务必设法收养他们；没钱嫁娶丧葬的，务必设法资助他们；疲癃残疾无依无靠的，务必设法扶持他们。另一方面，贫苦者见族中有显宦富厚之家，亦当生羡慕心，但万不可生妒忌心，如此才是和宗睦族之道。

守望相助、彼此扶持，是传统社会人们聚族而居的最大好处。个人的力量是渺小的，但集体的力量是强大的，尤其是同一个血缘的集体，一旦团结一心，将力量无穷。

要构建和睦关系必须是双向的。在富人周济穷人的时候，穷人也不可妒忌富人的富有，更不可暗中破坏、窃取。

民国歙县《蔚川胡氏家谱》之《规条》，也谈到“睦宗族”，而且是“宗族乡里”要和睦。这里的宗族乡里，指的是“本属同宇一气”的同族和同乡，已经超出了纯血缘范围，明确指向地缘。“宗族乡里”之间怎样和睦呢？“贵恩礼相维，和好相接。群居稠聚，毋得以强凌弱，以众暴寡，以富欺贫。”要靠“恩礼”，“恩”是经济关系，经济之间要互助，如同前面家政所述，要对同族同乡之人患难时刻伸出援手，给予救助。“礼”是礼仪，通过礼仪，规范人际关系，以此整合社会，维护社会秩序。施恩、维礼之后，感情关系自然加深，“和好相接”就是一种自然的结果和状态了。人际关系好了，自然就难以发生以强凌弱、以众暴寡、以富欺贫的事。

宗族乡里之间如果发生了财产争论，族房长及公直贤能者要尽力处理，免得他们擅自告官，以全宗族恩义。

乾隆《休宁古林黄氏重修族谱》在《祠规》中也规定“宗族当睦”。和睦宗族最主要要做到三点：

一是“尊尊”，要尊敬那些辈分高的长者，对他们要恭顺谦逊，不能触犯他们；

二是“老老”，那些辈分不高，但是年岁较高的老者，则要对他们扶持保护，以高年之礼对待他们；

三是“贤贤”，有文化有品行的人，为族中的彦贤，这些人是宗族的标杆性人物，对他们要特别加以亲近，要忘掉年龄和辈分的约束去爱敬他们。

除了尊尊、老老、贤贤外，还要做到四务：“一曰矜幼弱，二曰恤孤寡，三曰周窘急，四曰解忿竞。”常人之情最易怕强欺弱，又好幸灾乐祸，千万不能这样做。范仲淹说过：宗族于吾固有亲疏，自祖宗视之，固无亲疏，人能以祖宗之心为心，知睦族矣。那些富贵骄悍、聪明算计、凶顽放泼的人，皆自种罪孽，他们的后代很少有能发达的。

4. 热心公益

徽州多世家大族，多行商坐贾，相对其他地方来说，在公益行为方面更有组织性，也更有资金方面的投入。家族和方志文献上记载的“尚义”“乡善”“处士”之类的多是具有善行之人。

绩溪《东关冯氏家谱》记载了一些热心公益的人物。东关冯氏乾隆时便有“尚义之门”的美誉。善行之一就是为乡里修桥建路，造福于一方百姓。东关冯氏族人对修桥较为热心。成化年间，冯瑊出资在火烧坦下首建造一洞石拱桥——德生桥，该桥是绩、歙通往旌、泾驿道之主桥，几经修建，后称成功桥。弘治元年（1488年），冯瑊出资建造了单孔石拱“安仁”桥。嘉靖戊戌年（1538年），冯瑊之子永传讳旨携其子孙在十里荒无人烟的七坎岭头，建造石拱亭，让来往行人歇脚避风雨。胡茂才、秉祥等为方便行人，倡建王郭门外迎春桥，并立桥会，“以规久远”。壬寅岁，又与胡君铭绅、族侄斗南等，倡修大屏山关帝庙，儒学杨公邦感其义举，题其庐曰“尚义之门”。

善行之二就是赈济灾民。对东关冯氏来说，很早就宣扬族人的尚义之举。早在明代东关冯氏即有大批尚义之士名垂青史。伯荣公“居家勤俭，义方教子”，时值江北凤阳水荒，乱民数十逃至城内，嗷嗷待哺，“公捐米十石，每日午后于天王寺内每人给粥两碗赈之”。

明代正培公，曾客居庐州，往来于界河、三河间，为义之声早已远扬，他“置有母业于庐，遇凶岁悉蠲其租，族里有困苦者，尤加矜恤，岁饥平粜，力不能粜者，并给以米”，一直以行善积德为己任。

明弘治四年（1491年），绩溪县遭遇了极为严重的灾荒，很多普通的黎民百姓因无粮而断炊。绩溪县知县高梁书致书冯理，要求他捐款赈灾。冯理积极响应，带头捐粮一百四十石，其下八兄弟亦如数献粮，“膺冠带之荣，一门朱紫，焜耀乡邦”，同受恩荣义官。冯村村内的楠木牌坊即根据高梁书的承诺“竖立碑牌，允表门闾之观望，扬芳千载，流誉四方”而建造，又因父老口传“旌封尚义之门”，遂以其义立横匾悬挂于牌坊之上。

还有瑞城公“慷慨仗义，有干济才”，乾隆丁卯年，坐船行驶到浙江严州府淳安县时，山洪陡发，沿河居民的房屋都被冲荡进水中，瑞城公于是号召其他的舟船捐资施粥，救活了灾民不下千计。乙亥年，县里爆发大饥荒，知县较公捐资施粥厂，瑞城公负责施粥赈灾，昼夜勤劳，获得了知县的嘉奖，被首选为乡饮宾。晚年闲居家中，凡修建祠宇、老屋以及桥梁、庙宇，无不慷慨捐助。

善行之三就是兴办教育。传统社会教育主要由民间倡办。东关冯氏族人在这方面也很热心，景泰年间，义观、信观兄弟尝筑“云庄书堂”于居东隅，以教诲宗族子弟读书明理。成化年间，主事冯瑢与族人在象山麓，辟地半亩，又重修云庄书院。嘉靖丁酉年（1537年），冯理之子清理云庄书院田产，光复云庄书院，培养出许多廉洁清正的人才。

《颜氏家训·涉务篇》曰：“士君子之处世，贵能有益于物耳，不喜高谈虚论，左琴右书，以费人君禄位也。”[1]东关冯氏子孙以其实际行动将忠义、尚义、乡善表现得淋漓尽致，为徽州地方社会的和平与安定造下了不朽的功绩，为世人称颂。

明清时期也是中国历史上文化加速传播时期，大量知识分子滞留民间社会，成为地方精英，他们怀抱着修齐治平的入世理念，在修齐与治平之间寻找属于自己的人生舞台。

同时，家族组织因为兼具血缘和地缘特性，在中国传统社会晚期得到高度普及和组织化建设，在传统社会有着巨大的影响力，在徽州等地方成为实际控制者。

于是，庞大的知识精英阶层与遍布各地的家族组织有了自然的结合，这种结合为中国传统社会的发展带来了巨大的改变。家族成为中国

[1]（北齐）颜之推：《颜氏家训》卷4《涉务篇》。

传统文化传播、实践和创新的主要基地，儒家伦理道德思想通过家谱纂修、祠堂建设、家训、家礼、家政、家法等教化体系得以渗透到每一个族人心中，家族维系着地方秩序的运转。知识精英在其中发挥着主导作用，他们在齐家与治国之间，自觉承担起了“收族”的重任。

宋以降直至明清，这场浩浩荡荡，持续近千年的“收族”，夯实了中国基层社会的经济和文化基础，凝聚起了人心，在接下来发生巨变的中国近现代，在一个世纪的外强入侵中，保持了中国文化的延续。

如今，中华民族在经历了深重苦难后，再次走上崛起、复兴之路，悠久而灿烂的中华文化，将一如既往地包容、吸收其他民族的优秀文化。真正的民族复兴，必将是扎根传统、拥抱现代的中华文化的复兴！中国几千年的家族文化，如何在未来的新农村建设、城镇建设、和谐社会建设乃至在文化、政治生活中发挥建设性作用，值得我们深思！

六　荣辱叠加的性别控制

血缘组织对基层社会的控制模式是非常值得探讨的传统中国发展机制和发展道路的问题。明清时期徽州家族数量大，组织完善，结构稳定，他们在地方上有着相当大的控制力，通过控制家族成员的欲望和行为，有助于增强内部凝聚力，也有利于地方社会的稳定。

一些清代学者如顾炎武、魏源等也意识到，政府在民生事务方面的无所作为，导致教化权下移，而宗族的教化功能，则有助于国家强大。宗族通过义庄建设，佐助国家“教民”、“养民”，端正风俗，维系人心，是地方社会秩序的维护者。

家族的教化权是以家族经济为后盾的，教化权的直接彰显是以家谱编纂体现出来的。家族通过教化权，对地方社会实施控制。本文主要利用家谱文献，探讨家族对女性欲望与行为的控制。

当然，家谱文献反映出的是一种家族精英所希望达到的理想状态，或是对前代相关规范的一种盲目延续，与现实生活相比，可能会有相当大的差距，这种差距的程度需要综合利用其他文献来探讨。

（一）贵男贱女的生育控制

1. 溺女的现象与原因

中国传统社会重男轻女的观念长期存在，家族作为血缘组织，尤其强调血缘关系要一脉相承，“不孝有三，无后为大”。表现在生育观念上，就是贵男贱女，以生儿子为荣耀，以生女儿为耻辱。徽州社会在这种文化影响下，再加上实际生活中的生存困境和某种生育信仰，往往对生育进行性别上的有意控制，抚养男婴，溺毙女婴。导致男女性别失衡，产生一系列社会问题。

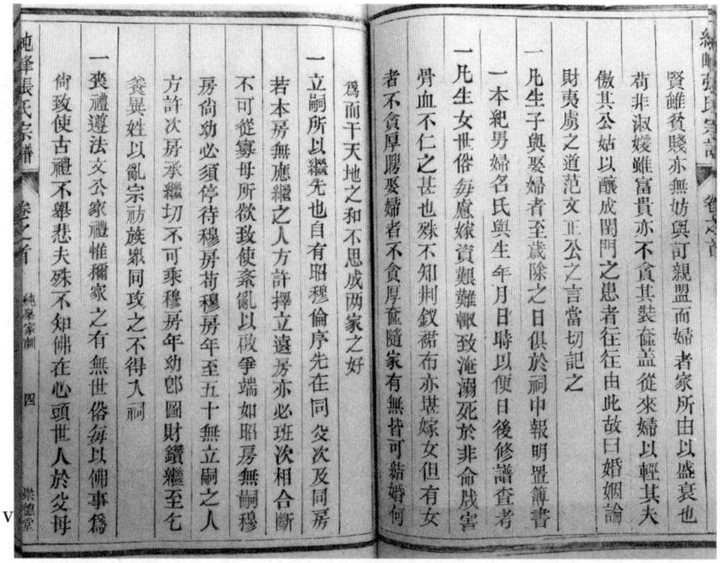
賢雖貧賤亦無妨與訂親盟而婦者家所由以盛衰也
苟非淑媛雖富貴亦不貪其裝奩蓋從來婦以輕其夫
傲其公姑以釀成閨門之患者往往由此故曰婚姻論
財夷虜之道范文正公之言當切記之
一凡生子與娶婦者至歲除之日俱於祠中報明登簿書
一本祀男婦名氏與生年月日時以便日後修譜查考
一凡生女世俗每慮嫁資艱難輒致淹溺死於非命戕害
骨血不仁之甚也殊不知荆釵裙布亦堪嫁女但有女
者不貪厚聘娶婦者不貪厚奩隨家有無皆可結婚何
爲而干天地之和不思成两家之好
一立嗣所以繼先也自有昭穆倫序先在同父次及同房
若本房無應繼之人方許擇立遠房亦必班次相合斷
不可從寡母所欲致使紊亂以啓爭端如昭房無嗣穆
房倘幼必須停待穆房苟穆房年至五十無立嗣之人
方許次房承繼切不可乘穆房年幼郎圖財鑽繼至乞
養異姓以亂宗祊族衆同攻之不得入祠
一喪禮遵法文公家禮惟爾家之有無世俗每以佛事爲
尚致使古禮不舉悲夫殊不知佛在心頭世人於父母
純峰張氏宗譜 卷之首 純峰家訓 四 崇德堂

黄山市档案馆藏《纯峰张氏宗谱》卷首关于“溺女”的记载

因为文化影响和经济方面的原因，溺弃子女的历史很早就存在。“东南数州之地……男多则杀其男，女多则杀其女，习俗相传，谓之薅子，即其土风。宣、歙为甚，江宁次之，饶、信又次之。”[1]朱熹的父亲朱松也说，婺源地方的人大多只生育两子，“过是不问男女，生辄投水盆中杀之。父母容有不忍者，兄弟惧其分己赀，辄亦从旁取杀之。”[2]

女性更容易受到遗弃，面临的死亡威胁更大。溺弃女婴的原因是很复杂的，有文化上的贵男贱女方面的因素，也有生存困境方面的原因。潘侃的妻子程氏连续生3女，无子，丈夫纳妾徐氏又生一女，家人不想要这个女儿，程氏仍将妾女保留下来。后来，程氏又生2女，有人劝程氏溺女，但她不忍心这样做[3]。当地民俗贵男贱女，女主人因为心肠好，才没有溺死自己和妾的女儿。胡德昌有5个女儿，有人劝他溺女，他拒绝 。吴用良见野外有被抛弃的女婴，则自己提供粮食，将她托付给里中的妇人去抚养 。从这些事例当中，都可以看出，溺弃女婴是很普遍的行为。

徽州很多家族有禁止、反对溺女的条文，表明徽州地区溺女现象比较多见。针对这一陋习，徽州家族提出了严厉的道德批判。《纯峰张氏宗谱》（黄山市档案馆藏）对溺女提出了批判，认为人们考虑嫁资艰难而溺女，“戕害骨血，不仁之甚也”，人们只要不贪厚聘，不贪厚奁，随家有无而结婚，就不会发生这种人间惨剧。

绩溪县梁安高氏家族有“禁溺女”的祖训：

上帝有好生之德，人之善事莫大于救人命，人之恶事莫大于杀人命。然有心杀人罪更深于无心杀人，有心杀无怨之人罪更甚于杀有怨之人，杀无怨而为至亲之人尤甚于杀疏远之

[1] 《宋会要辑稿》“刑法二禁约”之58。
[2] （宋）朱松：《韦斋集》卷10“戒杀子文”。
[3] （明）汪道昆：《太函集》卷30《潘孺人传》。

人。世俗之溺女者，父子至亲，婴孩何怨，乃竟立意杀之而不肯宥，其恶极矣。夫物之凶狠者莫过豺狼虎豹，然皆不食子；乃至人而自杀婴女，是凶狠过于豺狼虎豹。彼呱呱者方待乳待衣，而忽投之于水，此事能下手，亦何事不能下手。恶至于此，天理岂容？若谓恐分子乳故杀女以育子，是爱子而先为子杀一人命，其子亦必不昌。若谓家贫不能育，彼婴女所食者乳，并不食膏粱。既生女必有乳，即乳或不足，米汤粉糊亦可助乳。试观乞丐之徒，亦能襁负儿女，安在贫不能育？至谓免他日出嫁赔妆奁，此说更是可恶。既不能忍薄其妆奁，何独忍其性命。天道昭昭，无恶不报，凶狠至此，言之酸心。故宗族中有溺女者，其罪通天。虽别人戒杀放生，皆是无益。盖在他处有育婴堂，尚免载胥。吾乡无之，惟赖宗族设法禁止，随时告诫，功德无量[1]。

华阳邵氏、祁门凌氏都有类似的规范，反对溺女的观点认为，杀害女儿的人罪过更大，比豺狼虎豹更凶残，天理难容。对于溺女的种种原因，如：生女儿不能带来好处，家境贫寒不能抚育女儿，女儿长大结婚没钱陪嫁妆，女儿分走了儿子的乳汁，溺死女儿好早投胎生男孩，等等，反对者也予以驳斥。反对溺女者认为，由于徽州地区没有收留弃婴的育婴堂，所以禁止溺女主要依靠家族力量。

虽然在徽州一些家族族谱中有反对溺女的条文，但是需要做具体分析。家谱中反对溺女的文字大多集中在“家训”、“祖训”、“家规”等条文中，基本上只具有道德约束力。而在徽州家族的家法条文中，则没

[1] 光绪绩溪《梁安高氏宗谱》卷 11《高氏祖训十条》。

有见到对溺女行为的具体惩罚措施。家法是有强制约束力的，违犯家法法条是要接受祠堂惩罚的。由此可见，家族反对溺女并没有从道德劝说层面上升到法律禁止层面。这样，家族对溺女的反对到底有多大的效果则值得怀疑。因此，道光年间，绩溪县依然有人耿耿于“吾乡多溺女”[1]。在清末所修的族谱中，依然看到禁止溺女的条文。

2. 男多女少的性别失衡

溺女婴的传统使我们有理由怀疑明代中后期徽州社会的性别比相对较高。从有关记载中可见，徽州的性别比例是失衡的。笔者对《歙南吴氏族谱》中的明代家族人口的性别、婚姻及生育进行统计，侍人或侧室大多生有儿子，生有女儿的很少见，这表明她们由于自己地位不高，所生的女儿要么被歧视，要么死亡。

吴氏宗族七代共有247户，其中有男性后代的为192户，有55户不见有男性或女性后代的记载，这其中可能有的只生有女儿，但作为绝户没有登记女儿人数。对于女儿来说，卖为妾婢的不被记载，婚后改嫁者也没有被记载，有其他道德亏损的显然也不会被记载。

这192户中，共有男性后代412人，户均2.15人。女性后代则仅有103人，户均0.53人。男女后代之比为4∶1，即每5个子女中有4个儿子，1个女儿。

另外按家庭来统计，在192户中，有女儿的共63家，而没有女儿的则为129家，有女户不到无女户的一半。也就是说，每3个家庭中，有2家无女。如果按户均计算，192户生有儿子412人，户均生子2.15人；63户生有女儿103人，户均生女1.63人，户均生子与生女的比例为1.32。

[1] 《明清徽商资料选编》第1378条，黄山书社1985年。

1928年安徽进行了一次人口普查，男女性别比为1.28，在生育方面有性别选择倾向的徽州地区性别比显然高于这个比例。有女户63户，户均有女1.63人，这表明女性大都集中在比较富裕的家庭中。而且越是在早期人口较少的时候，女性所占比例越大；而到后来人口大量增加，尤其是男性人口大量增加的时候，女性后代所占比例就越来越小。

很明显，有相当一部分女婴死于未成年，而这其中，肯定有不少是被溺弃的，还有一些女性有可能流向人口市场被卖为妾或婢女。总之，贵男贱女所导致的生育性别控制，已经产生了较为严重的性别失衡。

3．家族内部的纳妾之争

贵男贱女的观念，还影响到了一妻多妾制的婚姻形态。

在传统社会中，夫妻关系要从属于父子关系，因为夫妻关系本质上是男女关系，父子关系本质上是血缘关系，儿子是延续家族血脉的唯一途径，这是贵男贱女的典型体现。

蔚川胡氏特别强调纳妾问题，指出，如果妻子不生子，又阻止丈夫纳妾，是让丈夫家族断绝香火，这样的妻子即使休掉也不算过分。该家族对男性继承人的保护，甚至超越尊卑等级，它认为，如果男子丧妻再娶，继母与继子之间的关系大多数比较紧张，这种紧张关系要归咎于继母的不贤惠，对继子冷漠不关心[1]。

仙源杜氏将阻止丈夫因无子而纳妾的现象称为“乡愚恶习”，因为没有儿子的妻子已经触犯了“七出”之条，丈夫就有理由休妻，如果这样的妻子还阻止丈夫纳妾，使丈夫蒙上无后不孝之名，就要由房长将她带到祠堂内进行斥责[2]。

---

[1] 民国歙县《蔚川胡氏家谱》卷2。

[2] 光绪《仙源杜氏宗谱》卷首《家训十条》。

钱氏宗族在宗规中从宗祧继承的角度强调纳妾生子的重要性，对于阻挠丈夫纳妾生子的妻子，要请妻子娘家人劝说，宗族也要对其讲明道理，如果无效，就要把她休回娘家。

传统礼法有七个休妻的理由，无子就位列第一。但是在很多开明士绅眼中，因为无子而休妻过于不人道，所以主张以纳妾代替休妻。血缘继承文化影响下，纳妾生子被视为必然[1]。

如果有妻子因为无子而主动为丈夫纳妾，甚至是劝说或亲自为丈夫选妾。这样的女子就会受到赞扬。为无子的族人置妾生子也成为一件善行。孙亨“见族属年已长，无子，贫不能置妾，出金为买妾。”[2]还有大量在外地经营的徽州商人也置妾，这种置妾行为客观上有助于徽州商人的生育和他们在外的生活。

贵男贱女的观念，能够直接影响到母亲的身份地位。妾和奴婢作为家族内的弱势群体，生育儿子的欲望更强烈，希望能够母以子贵，但是她们在生育行为方面却往往受到妻子方面的控制，有时她们所生子女可能由于没法确定血缘关系，更难以存活下来。妾一旦生子就危及到妻子在家中的地位，还会影响到家产的继承，因此，妻子往往溺杀妾生子。

歙县商人汪才兴在外地经商，他的妻子吴氏生了一个儿子，5个月后，侧室范氏也生了一个儿子，吴氏妒悍，“抑令溺杀之”；范氏再生一子，吴氏又不举[3]。在有些文献中，也特别记载了妻子像抚养自己的孩子一样抚养妾生子，这被视为一项妻子的美德而受到赞扬。

---

[1] 光绪《徽州彭城钱氏宗谱》卷 1。
[2] （清）徐卓《休宁碎事》卷 4。
[3] 弘治《徽州府志》卷 12。

（二）男女有别的日常控制

1．内外有别

传统社会强调男女有别，主要是在教育、日常生活与家族事务上的内外有别。

女子的受教育经历对女子的欲望和行为有着决定性的影响。徽州号称礼仪之邦，在儒家文化渗透之下，尤其重视教育，女性尤其是上层社会的女性普遍受到良好的教育。朱熹《家礼》在徽州影响非常大，其中也涉及了女子教育问题，强调从六岁开始，男女教育开始出现差异，女子要练习初步的女红。七岁，男女不同席，不共食，女子也要诵习《孝经》《论语》。八岁，女子不出中门，生活空间受到限制。九岁，女子要知晓《论语》《孝经》《列女传》《女诫》。十岁，女子要从德、言、容、功四个方面接受更高级的教育。

顺从是女性主要的行为特点。“女红”包括了纺织、编织、缝纫和刺绣等内容，一向被视为典型的女性工作，很早就被赋予了经济层面和道德层面上的意义。“女红”产品既能满足家庭日常所需，还能满足国家与社会的需要，是一项重要的生产活动。在纺织品生产专业化之后，家庭女红在经济上的贡献基本上被边缘化；国家鼓励妇女从事女红，主要出于稳定社会秩序的考虑，女红的道德意义被强化。为了培养女性美德，女红成为所有女性的必修课。因此，女红是体现了女性性别身份和女性美德的一种活动。

徽州是宗族控制之下的社会，家族女子受教育机会比较多，很多的家规和家训中都有关于女子礼教的内容。明代著名学者歙县人汪道昆在刘向《列女传》的基础上编辑了新的《列女传》，对徽州女子的教育颇有影响。受到良好教育的女子是被世人所赞赏的。徽州文献中关于才女的记载比比皆是。孝女许淑玄自幼聪慧，随母亲诵习《论语》《孝经》《列女传》[1]。

民国《重修婺源县志》卷63记载了一些才女，有跟随女师学习的，如金环秀，出生于维扬，从小就跟随老师学习《内则》，聪慧能诗。有入私塾读书的，如江峰青继妻王氏入塾读书，记忆力非常好，过目不忘；潘家骧妻俞氏幼入塾读《女诫》诸书。

对于来自外姓的族人——媳妇，徽州家族尤其强调要进行特殊的教育，三田李氏宗族规定，新婚第三天举行庙见礼，庙见礼是新媳妇第一次在夫家祠堂祭祀祖先的礼仪，庙见礼之后，表明新媳妇已经正式成为丈夫家庭的一员。然后丈夫带妻子到中堂见长幼亲属，明确大小尊卑关系。第五天后接受家族规范方面的教育，要求她们做好自己的分内之事，掌管内室，不可干预属于男人的外政。

2．控制女性的欲望与行为

妻子在日常生活中的表现，决定了家庭是否和睦，家庭和睦决定了家政的好坏，关系到家庭是否兴旺，所以家族对女子在日常生活方面的欲望和行为控制很严密。如：

> 家之和与不和皆系由妇人之贤否，其贤妇侍舅姑必孝顺，事夫主必恭敬，处娌妯必温和，抚子侄必慈爱，御奴仆必宽恕。家有此等贤妇，则子孙必昌。其不贤者，逆舅姑，凌夫主，渐渐狠戾妒忌，恃强欺弱，摇唇鼓舌，面是背非，争长竞短，家政既坏，祸亦随之，为长妇当预警饬[2]。

[1] （明）程敏政：《新安文献志》卷99《许孝女刲股传》。

[2] 道光《婺源长溪余氏正谱》卷首《祖训》。

梁安高氏家族强调“别男女”：

欲正人伦，先别男女。男女虽同胞，自八岁以上即使有别，所以远嫌辨疑而防微杜渐也。男子不得入内室，男女不得同坐，不得笑谑；妇女不得入寺观烧香，三姑六婆不许入门。闺风正则风俗隆，而家门昌大矣[1]。

歙县蔚川胡氏家族强调，在日常生活中要“正风化”：

夫妇所以正家道，为风化之原也。夫纲不可少弛，闺门不可不肃。切禁妇女出外闲游，即庆吊当行，须令婢女小厮先导避人，方见大家气象。即农庄商妇，或不能净坐深闺，亦必循规蹈矩各事其事。若妇人狮吼，致内外不分，惟家之索，试问其夫安在？有于此者，族房长公治其夫，令治其妻，以端风化，违则削其世系[2]。

仙源杜氏家族强调“闺阃宜严”：

古者男女不杂坐，不同椸枷，不同巾栉，不亲授，叔嫂不通问，嫌疑之间，《礼经》言之甚详。今酌定家规：妇人年未五十者不准干预外事，到老不准入庙烧香，不准与三姑六婆通往来，不准僧道入门，不准长大男子入内室，不准男女同场赌博，不准妇人凌辱养媳及婢女，不准与人辨斗图命，妇女无论

[1] 光绪绩溪《梁安高氏宗谱》卷 11。
[2] 民国歙县《蔚川胡氏家谱》卷 2。

贫富须课以女工。如此方是有礼之家，而无渎乱之患矣[1]。

休宁茗洲吴氏有比较详细的针对女性的“家规”：

妇人必须安详恭敬，奉舅姑以孝，事丈夫以礼，待娣姒以和，无故不出中门，夜行以烛，无烛则止。如其淫狎，即宜屏放。若有妒忌长舌者，姑诲之，诲之不悛则出之。

妇人媟言无耻及干预阃外事者，众共叱之。

嫌疑之际，不可不慎，非丧非祭，男妇不得通言。卑幼之于尊长，有事禀白宜于厅事，亦不得则入内房。

家道贫富不等，诸妇服饰但务整洁，即富厚之家，亦不得过事奢靡。

主母之尊，欲使一家悦服，切不可屏出正室，宠异侧室，为之以乱尊卑。

诸妇之于母家，二亲存者，礼得归宁，无者，不许。

妇人亲族有为僧道者，不许往来。

少母但可受自己子妇跪拜，其余子弟不过长揖，诸妇并同。

内外最宜严肃，男仆奉主人呼唤入内供役，事毕即退，见灯不许入内室。姻家僮仆至，除传视问安外，妇人不许接谈。

女子小人最能翻斗是非，若非高明，鲜有不遭其聋瞽者，切不可纵其往来，一或不察，为祸不浅。

三姑六婆概不许入门，其有妇女妄听邪说引入内室者，罪其家长。

[1] 光绪《仙源杜氏宗谱》卷首。

妇女宜恪守家规，一切看牌嬉戏之具宜严禁之，违者，罪家长。

侧室称呼及一应行坐之礼，不得与正室并[1]。

中国传统社会特别强调五种人伦关系：父子、君臣、夫妇、兄弟、朋友，夫妻关系号称人伦之首，所谓有天地然后男女，有男女然后有夫妇，然后才有父子、君臣等其他人伦关系。夫妻关系为儒家所看重，夫妇由男女构成，因此要正人伦，首先要别男女。对女性日常生活的控制，中心思想是恪守妇道、男女有别。作为“主母”、“少母”和“侧室”的女性要尊卑有序地谨守各自的社会、家庭角色，孝奉公婆，礼事丈夫，和待妯娌。女性做好自己的分内事，就是要控制自己的欲望，谨守自己的行为，在家内事物上要男主外、女主内，女性家长是族内女性的管理者。

3．女性空间与社交

女性家庭生活空间讲求私密性，注重性别隔离。一般以家庭中门为界，中门以内为内室，是女子的主要日常活动空间。

成年男子不得随意进入内室，女子也不能随意跨出中门以外，即使是家中卑幼有事禀告，也要在厅堂进行。妻子娘家来人，也只可在中堂相见，不能进入内室。只有外甥、女婿等才可进入内室。

徽州条件较好的家族，住宅一般有二进或三进，女子的闺房大多建在二进以内的阁楼上。在建筑设计上，阁楼靠近天窗，容易采光。闺房窗户一般使用烦琐的雕饰，从窗外难以看到窗内。一楼入口处有一扇小

[1] （清）吴翟：《茗洲吴氏家典》卷1。

门，可以锁上，通向二楼的楼梯往往又陡又高，且极其狭窄，只容一人行走。

女孩子在出嫁前，不轻易下楼，终日待在阁楼里，学习女红或者抚琴绘画，或去家族私塾接受教育。

在社会交往上，男女授受不亲，随时防范与男子的近距离接触，也不得随意交谈。禁止女子入庙烧香，禁止与三姑六婆、僧道人士往来，禁止与男子同场赌博，禁止出门闲游。

如果妻子要出门参加婚、丧活动，就要让自己的婢女和小厮在前面引导开路，并处理随时发生的突发情况，避开自己和路上陌生男性的直接接触。父母去世之后，就不许再回娘家。娘家如果有人做了和尚、道士，不许与他们往来。

4．夫妻关系与商人妻

在夫妻关系上，不可做悍妻，不可对丈夫不顺，如果违反夫为妻纲这条礼教原则，族房尊长就要惩罚丈夫，责令丈夫管治自己的妻子，如果管不好，就要从家谱上除名。

很多家族强调，闺门整肃，要从男子做起，丈夫守正，妻子谁敢不正。同时强调，妻子不准凌辱童养媳和婢女。女子不分贫富，都要从事女红。

徽州由于很多男人出去经商，死亡率也很高，留下娇妻弱子，造成大多数商人家庭长期处于残缺状态。这种家庭如果不进行有效约束，可能会严重影响社会稳定。所以徽州家族特别关注男女风化问题。徽州人一般在外出谋生之前要成家，其中有些年龄不大，往往娶一个年龄比较大的媳妇以操持家务和伺候双亲。

商人常年不归，导致年青女性也独守空房，女子被要求必须严密控制自己的性欲。有一个歙县萧氏女，结婚后丈夫在别的地方又另娶妻子，十年不归，萧氏孝事公婆，长斋绣佛以终老，她在诗中哀叹自己命薄错嫁。

> 半规残月照枝空，黯黯飘零薄命同。自瀹龙芽聊当酒，碧桃花下祭春红。雨妒风吹损玉肤，惜花人远倩谁扶？衰红巧绊鸳鸯线，莫嫁如兄戏小姑。偶折残枝上镜台，惜花憔悴替花哀。自怜花瘦人还瘦，人瘦争教花惜来？错嫁东风悔莫留，月媒还向月娥求。愿为侍婢偷灵药，不愿银河织女收[1]。

正如一首民谣所唱：“悔不该嫁给出门郎，三年两头守空房。图什么高楼房，贪什么大厅堂，夜夜孤身睡空床。早知今日千般苦，宁愿嫁给种田郎，日在田里忙耕作，夜伴郎哥上花床。”商人妻子贪图物质享受，就必须降低自己在情感和性生活方面的要求。

徽州流传有催人泪下的“纪岁珠”的故事：新婚一月后，丈夫外出，妻子在家以刺绣谋生，每年买一珠，称为“纪岁珠”。丈夫回来时，妻子已死了三年，打开箱子，看到妻子已经积累了20多颗珠。歙籍诗人汪于鼎为之赋诗曰：“几度抛针背人哭，一岁眼泪成一珠，莫爱珠多眼易枯。小时绣得合欢被，线断重缘结未解。珠累累，天涯归未归？”《歙县志·风土》评论道：“只此一事，而其事礼教之谨严，生计之迫压，家族之苦痛，交通之闭塞，皆可见矣。其通常三岁一归者，固不敢怨，商人重利轻别离也。”

女子要谨守内外之别，一般只涉足家族的内部事务，禁止女子干涉

[1] 光铁夫：《安徽名媛诗词征略》，黄山书社1986年，第136–137页。

外事，但是有的家族规定，一旦女子过了50岁，就不受此限制。女子到了50岁，多数已经成为家族内的女性长辈，甚至可能因为丧夫而成为一家之主。当家的女性可以干预外事，包括子女的婚姻和职业。

徽州是一个重商和重儒的社会，支持丈夫经商致富和科举成名的妻子，享受到很高的荣耀。有一位金母做七十大寿，汪道昆为她写了一篇祝寿文，高度赞扬她的才智和博洽多闻，并帮助丈夫经商致家业兴旺[1]。女性的倾力参与，使得徽州商人兴起为明清时期中国最大的商帮。徽州士绅对这点认识很清楚，故而大力赞扬，给予这类女性很高的荣耀。

还有很多女性，全心治理家务，免除丈夫后顾之忧。徽州家庭的高度残缺性，导致了对女性持家能力的倚重。女性牺牲小我，成就丈夫的事业，丈夫不在家时，要付出更多的艰辛，照顾公婆，操持家务。这样的女性也被作为典型范例，被记载入各种文献，如地方志、文集和家谱，成为一种荣耀。

徽州家族的家法对女性在日常生活中的某些行为制定了惩罚措施。如仙源杜氏家族的家法规定，对通奸的女子要休掉；妇人得罪公婆，要跪香、笞责甚至休掉，或罪其夫；女子凌辱童媳及婢女，罪坐其夫；妇人好斗，责令跪香或笞责；悍妇理屈图命以致自尽者，不准入祠入谱；妇人无故夜哭者，跪香。徽州家族对女子的惩罚有很多是落实在丈夫或婆婆的身上，因为丈夫和婆婆是媳妇的监管人。

（三）从一而终的婚姻控制

婚姻关系是中国传统社会除了血缘关系之外的最重要的一种人际关

[1] （明）汪道昆：《太函集》卷11《金母七十寿序》。

系。婚姻是人伦关系的开端，它所关系的不仅是当事男女，更重要的是关系到两个家庭乃至两个家族。“昏礼者，将合二姓之好，上以事宗庙而下以继后世也，故君子重之。”（《礼记·昏义》）所以家族在婚姻方面有很多规范，要求族人对婚姻要慎重。

1. 门当户对

传统中国社会的婚姻强调门当户对。社会的发展，导致身份拥有者与财富拥有者不一致的现象越来越多。一些身份地位高贵的人，家境可能趋于贫寒，有贪图财富的欲望，希望通过婚姻获得财富。而一些原先地位低贱的人则利用经商富裕，希望通过婚姻提高地位。一些家族婚姻正是这两种欲望的结合，所以出现了很多门不当户不对的情况。这种情况也引起了一些有识之士的警惕，在本族中加以防范。如：

《朱柏庐家训》曰：嫁女择佳婿，毋索重聘；娶妻求淑女，勿计厚奁。凡娶须择门第相当，不得娶下姓及娼优隶卒素无家教之女。嫁女亦然，不得攀高门富贵之家以致伤财，不得许势豪纨绔之子致琴瑟不调。俾女失所不得许下姓优隶之家，不得鬻女为妾。违者治以家法，责令改正。议婚男女须十岁以上，不得太早，恐家道一有变迁，以致互生嫌隙也[1]。

婚姻，宗族之门楣所系至重，故婚娶者不但取其阀阅，尤当择良善。有家教人家，则妇之事舅姑必孝，事丈夫必敬，自不肯毁行辱身以违姆训。若豪强、逆乱、刑人、恶疾之家，其女多非柔顺，鲜有不欺丈夫而傲舅姑者，断不可轻结丝萝。族

[1] 光绪《仙源杜氏宗谱》卷首。

女字人，不第求其胜吾家者，更须选觅佳婿而归之，庶女终身仰望；苟利其赀财，以致阀阅不称、良贱不伦者，众议罚其改正，违则削其宗系[1]。

“下姓”、“娼优隶卒”都属于贱民阶层，所娶之女不可来自这些家庭。同样，女儿也不可许配给这些家庭，不可把女儿卖给别人做小妾，降低自己的身份；不可把女儿嫁给纨绔子弟，导致婚姻不和谐。女方的家庭出身，关系到家族人际关系的和睦。如果女方家庭不善，女方家教不好，会出现欺压丈夫、傲视公婆等有违儒家伦常的现象。一旦出现这种情况，女子就要受到家法制裁，并被责令改正。拒不改正的，就要从家谱上除名。

由于异姓过继的原因，所以徽州有些家族特别禁止与某个异姓通婚。绩溪县梁安高氏因为曾经从当地胡姓过继了一个后代，高、胡两姓有血缘关系，所以禁止与当地胡姓通婚。

2．奴婢的婚姻

门当户对不仅针对官宦和普通百姓，也针对贱民和半贱民阶层。徽州存在大量的世家大族和官宦家庭，所以奴婢、佃仆在徽州也有广泛的存在。他们在婚姻上受到主人的控制，有些人终身不得婚配。休宁县有一种恶俗，婢女至四、五十岁也不准婚配，甚至有终其身也不许嫁者，“家家如是，视为故常”。此种恶俗谓之“痼婢”。

奴仆即使被允许结婚，也不能决定自己的婚姻对象。一般情况下，婢女只能和男仆结婚。如果男子入赘给了某个主人的婢女，那么，他也

[1] 民国歙县《蔚川胡氏家谱》卷2。

就丧失了原先的自由身份，也成为这个主人的仆人。在中国，由于男女性别失衡和一妻多妾制，适婚年龄的女性相对比较紧缺，一些家境贫寒的男子为了结婚，只好自降身份，入赘给了婢女，从此成为给主人服役的仆人。

奴仆也不能决定自己后代的婚配，“国初定，凡家仆将女子私嫁于人，不问本主者，鞭一百，不论年份远近，生子与未生子，俱离异，给予本主。”康熙八年、十二年、二十四年、嘉庆十三年等都有规定，奴仆不经过主人，私嫁女儿超过5年的，赔偿妇人一口，并罚银[1]。

拥有奴仆是财富和地位的象征，世家大族和官宦家庭集中了徽州大量的财富和各种资源，他们对女性的需求也最大，不仅需要女性的服役，还由于他们拥有大量的男仆，所以也需要能与之婚配的婢女。婢女的人身安全有时难以保障，有因栽赃而被主人杀害的，有因遭女主人妒忌而被毒打致死的，更多的遭到家主的欺凌，有的甚至被主人变卖以获利。

3．从一而终与旌表

从一而终是对女子贞节的要求。守寡是从一而终的正常表现，殉身是从一而终的极端表现。不少的烈女，主动或被动地选择了以死殉夫，这是礼教下的死亡。

获取政府的旌表是贞节烈妇大量产生的一个原因，徽州各地的贞节牌坊就是见证。但是，徽州的这类女性太多，不但需要申请，甚至还需要打通上层的关系，因此一般的贫民是难以获得这类荣誉的。所以，下层社会在金钱与贞操的选择上，更容易受到物质诱惑。

[1] 《清会典事例》卷 756“刑部 · 户律婚姻”。

《二刻拍案惊奇》卷28中讲到一个徽州的小本商人李方哥，他为了30多两银子就让妻子委身于徽商程朝奉，并且劝他的妻子："而今总是混账的世界，我们又不是什么阀阅人家，就守着清白，也没人来替你造牌坊，落得和同了些。"

但是，家族作为贯彻儒家伦常的组织，对女性的贞节极为看重。在宗族聚居的地方，就是贞节烈妇最多的地方。道光《徽州府志》总共记录了4617个烈女，其中宋代4人，元代6人，明代209人，清代213人，殉身的形式多以自经、绝食、投水、服毒为多。实际上，府志中收录的人数远远少于实际数。其中一门数烈的有120门，这120门望族又分布在21个地区，如岩镇就有255人，槐塘有118人，许村有111人，徐村有107人，江村有106人。这21个地区的120门中共产生了1591个烈女，占总数4617人的34%多。

虽然礼教下的死亡是由男性所推动的，但在现实生活中，对于一些没有子女就做了寡妇的妻妾来说，与其受到漫长而冷酷的禁锢，还不如选择死亡。有些寡妇守寡，要么是因为有后代，要么是因为要奉养公婆。她们似乎都是为别人而活着。

贞节女性是家族荣耀，一旦被朝廷旌表，就是家族莫大的光荣，会给家族带来各种各样的利益，因此很多徽州家族鼓励寡妇守节，并提供经济救助。

绩溪县南关许余氏在家族救助对象中，要求对贞节寡妇，要特别加以优待，寡妇同残疾人一样，可以终身享受家族救济[1]。

在中国传统社会，家族救济实际上是对寡妇守节的配套措施，有了家族的经济援助，寡妇可以安心守寡，一方面伺候老人，同时抚养孩子

[1] 光绪绩溪县《南关惇叙堂宗谱》卷8。

长大成人。

在徽州这样一个经商人口众多的社会里，一方面商人死亡率很高，另一方面有更多的商人夫妻实际上处于两地分居状态。所以许多徽商家庭是残缺不全的，如果不能稳定住商人妇这个群体，徽州社会将会动荡不安。因此，对待寡妇是徽州社会必须面对的一个大问题。对寡妇加以经济援助，同时给以礼遇，甚至上报朝廷给予旌表，以示荣耀，在徽州也具有极强的针对性。

从整体上看，徽州贱民和半贱民基层的女性基本上不受从一而终的限制，她们再婚是一个普遍现象，甚至不比男性少。有的女性甚至经历了多次婚姻，如：

> 立文书人程氏爱香因夫毕社得无子，曾将次女春弟招赘本都张宅地仆吴社孙为婿养老。今因口角，社孙不幸身故，伊母方氏老来衣食无靠，身自情愿将女春弟过婆方氏之门，另行择婿以为膳给终身。所有张宅照旧应役，四甲吴弘茂户下照旧当丁。日后生育毋论男女，将壹个继毕氏之后，祭祀不致有缺，应役当丁悉照旧规。自议之后，各无异说，如有违议，听将此文呈官理论。立此文书存照……康熙十三年玖月[1]。

在这份康熙十三年的文书上还留有康熙三十四年的批字：

毕春弟于康熙卅四年十一月吴用昭、吴有林等眼同批与李天时为妻，其吴社孙户丁弘茂户得银叁两以为递年应役之费，日后永无异说。此照。

[1] 《徽州千年契约文书》“清民国编”，花山文艺出版社 1994 年，卷 1，第 79 页。

毕春弟先是招赘地仆吴社孙，康熙十三年，吴社孙因家庭口角之争身亡，在这种情况下，毕春弟的婆婆，也就是吴社孙的母亲，可能以年老无依为由，迫使毕氏由娘家过门婆家，招婿养老，承担门户。康熙三十四年，毕春弟又被卖给李天时为妻，她身上所承担的差役被买主用3两银子的价格注销。

在这里，毕春弟这个女人先是招赘婚，然后又经历了买卖婚。这可能是徽州很多下层社会女性再婚的一个缩影，表明了徽州下层社会的女性再婚现象非常普遍。

除了正式的妻子外，像侧室、小妾、侍人和婢女之类的性伴侣的贞操则不被人所看重。她们一般都被卖来卖去，有的甚至是被赠送。如果我们把这类的小妾、侍人和婢女也统计进去，那么下层社会女性再婚的比例还会提高。

另外，由于商人特殊的职业环境和职业风险，商人之妻也有可能随时遭到被抛弃的命运，正如歙县一商人妇所写道：“柳叶青复黄，君子重颜色。一朝风露寒，弃捐安可测？”[1]这类被抛弃的商人妻妾也会成为再婚的对象。

总而言之，对于下层社会女性的再婚比例我们不应低估。下层社会广泛的再婚现象是徽州文化多元化的一个突出表现。在理学和礼教鼓吹贞操节烈和从一而终的同时，下层社会以它特有的方式向这种说教和禁锢表达了否定。

相对于女性的从一而终，男性再婚、纳妾的现象就非常多。男性的婚姻由于财富和社会地位的不同而有着显著的差异，经济实力对婚姻的影响越来越重要。男性纳妾所受的限制越来越少，多妻妾的现象在明代

[1] 光铁夫《安徽名媛诗词征略》第132页。

就很普遍，到了清代，只要有钱就可以了。

笔者对明代《歙南吴氏族谱》中的妻妾和再娶现象做了一个统计。在该谱中，1—7世共192个有男性继承人的家庭，其中有侍人、侧室、次室的29家，占15%左右。要注意的是，按谱例，这里记载的侍人、侧室都是生有子女者并成人婚配者，否则不记载，如果算上没有记载的那部分，则肯定要超过15%这个比例。

这表明了有侧室或侍人的家庭确实不在少数，在经济条件比较好的家庭或者缺乏子女的家庭，纳妾确实是普遍现象。

另外，在192个家庭中，男子再娶的共40家，占21%，其中再继者（再娶之后又再娶）9人。这表明在家族中，男性再娶比女子再嫁更多，男性占有女性的欲望能得到充分满足。

（四）上谱入祠的精神控制

1．女性上谱控制

所谓女性上谱，是指女性作为妻子、女儿或母亲而被家谱登记。家谱中妻子基本上是作为配偶记载在丈夫的简介中，妻子姓名一般书在丈夫的葬地之后，然后才是继娶及小妾。杰出的女性，往往立有传记。

明清以来，家谱由族史文献发展成为带有强烈劝惩功能的教化文本，在诸多方面对族人进行控制。族谱对女性的控制主要是精神上的。家族以能否上谱、如何上谱对女性在现实生活中的欲望和行为进行控制。

女性能否上谱，有三个条件：一、是否贞节；二、是否传宗接代；三、是否婚姻失类。清代徽州女性上谱规范是以儒家伦理为基础的，贞节是儒家伦常对上谱女性的基本要求，传宗接代突出了母以子显的血缘意识，婚姻失类则是对门第方面的要求。女性上谱突出反映了谱法的教化功能。

家谱记载夫妇关系一般都要严格遵守夫为妻纲的儒家伦常。出嫁从夫，一旦妻子出嫁到夫家，妻子的地位就根据丈夫的地位而加以确定。妻子只能作为丈夫的配偶而以姓氏不以名字上谱，家谱一般不记载妻子的名字与行次。

母以子显就是指女性作为儿子的母亲而能够在家谱上得到显现。女性作为男性的配偶，其最大的贡献是传宗接代，因此，妾能否上谱则要看她是否育有子女，生有儿子的妾一般都可以同正妻一样上谱，没有生儿子的不可上谱。

原配、继娶和妾分别以娶、继、纳（或又娶）予以规范，一目了然，不致产生混淆。妾总是在正妻之后，名分和尊卑不容紊乱。一些被排斥在家谱之外的女性如被休掉和再嫁的妻子，她们得以上谱也是因为育有后代。

家谱一般规定，如果只有一个妻子，则不注明儿子的母亲；如果有几个妻妾，对儿子的生母要加以特别的注明。具体做法是，如果妻妾都生子，就在儿子的小传里进行说明。对于出身下族的母亲，不注她们的姓，只注她们的名。

妻子生子后改嫁了，就在家谱中注明“改适某氏生”，加上“改适”两字，以示耻辱。如果生子后，妻子被休，则不注明姓名，只注“出氏生”，以“出”代姓，以示耻辱。妻子如果不准上谱，就要用“某”代姓。在徽州，居住地和姓氏往往就代表了出身，身份往往因此而显。对上谱的女性而言，不注姓而注名，显然是一种耻辱。

有的规定，女子不能守寡而再嫁，如果有儿子的，就以“○”代姓；没有儿子的，就不许上谱。误娶同姓女子，该女子不可上谱，故意违反的，男子也要从谱上除名。娶本族再嫁的妇女，也同此处理。

虽然母以子贵，但是子并不因母而贱。由于社会身份与财富的分离，以及实行诸子均分继承制，所以，一般家庭中的嫡长子并没有什么特别的优待，嫡庶之间的差别已经模糊了。正因为如此，在上谱的规范上，母亲可以因为嫡庶而有明显的不同，但儿子却并不受到母亲的影响，而是按照父系的血缘关系来记载的，可能仅仅在排列的先后上而有所不同。

在对妻子的书法中要彰显门第。强宗大族总是挑选风水比较好的地方，聚族而居，地名就是族名，意味着门第的高低。“良贱千年不结婚，布袍纨绔叙寒温。相逢哪用通名姓，但问高居何处村。”[1]对媳妇的出身，一般要书写其父，尤其是有官爵的，更要彰显。有的以“某官女”、“某处士女”、“某人女”区别女方的家庭出身。但是，彰显门第的书法不适用于妾，妾后面不加地名与父名。

族女嫁人也遵循与娶妇差不多的书法规范，体现出重门第和同姓不婚、良贱不婚的原则，如果女婿有学行官职，或者出身名门望族，都要加以注明。嫁给身份低贱的人，家谱上不能出现女婿的姓名。再嫁的族女，只在家谱上书第一个女婿姓名，后面的女婿姓名不得上谱。有的还有更严厉的处罚，甚至被开除出族。

未婚而亡的妻子上谱一般书“聘”。有的家谱规定，男子聘妻后而死亡，妻子不可以上谱，防止招来争端，也免得女子日后再嫁招来羞辱。族女已经订婚，但未嫁而亡，在家谱上注明未婚夫的姓名。有的家谱笼统规定，女子没有许配就死亡的不书。

夫为妻纲最为严厉的体现是要求妻子一切以丈夫及其家族为中心，

[1] 许承尧：《歙事闲谭》卷 7。

要求妻子从一而终，因此一旦妻子被出、改嫁或赘婿，则对她们的书法非常严苛。

妇人有朝廷的封典也是家族的荣耀，必须要记录在谱，以光宗耀祖。有的要立传，或以“合传”为夫妇立传，以“内传”为妇人立传，或将妻子的传记附于丈夫的传记里。有的家谱专门立有节孝图，“妇人四十以前夫故，矢志奉养翁姑，育藐孤成立者，年过六旬，不论存殁，悉入节孝图。”[1]这种彰显必须要符合某种条件，有的以地方志的记载为依据，“至于男子有功业者，妇人有守节者，皆从县志，所载者书，不载者不书。”[2]

大公孺人王氏
德成公孺人江氏 元至正年間旌表
尙絅公宜人宋氏 明洪武辛巳旌表
以道公孺人汪氏
善成公孺人謝氏
太和公孺人程氏
孟和公孺人俞氏

本宗節婦據舊譜所載及蒙旌異者既載於小傳後復表而出之有年未三十喪夫守節無瑕及撫孤有功者雖未蒙旌異亦同在表出之列以示閨範

六公孺人鄭氏

本宗節婦人名 四

黄山市档案馆藏《新安鲍氏上村派宗谱》卷1《本宗节妇人名》

[1] 同治婺源《湖溪孙氏宗谱》卷1。
[2] 道光黟县《西递明经胡氏壬派宗谱》卷1。

明清徽州宗族日益注重女性节烈事迹，请求朝廷旌表，以增加宗族的名声。因此，有的宗族略为放宽了节烈女性上谱的范围，凡是宗族请求给予旌表的都收入，即使该请求没有得到朝廷的批准。这样，一些没有得到旌表的，但守寡多年的，也给予立传。“按司徒谱云：妇之守志有终，常表扬数语，以励风化。今于新例符合者，虽未请旌，理宜作传；即不合例而守志多年者，亦当表扬。”[1]

有的家谱规定生不立传，遵循盖棺论定的原则。有的家族则规定女子到了50岁，可以据实记载节孝情况，对战乱中的女性死亡者要大肆表彰，通过家谱给予荣耀，以倡导礼教。

寡妇立继也要视其贞节，尤其是无子守寡及为未婚夫守贞的女性，宗族承认她们具有可以为早亡丈夫立嗣以延续后代的权利。

2．女性神主入祠控制

除家谱外，祠堂的控制功能在徽州也是显而易见的，死后牌位能否入祠也是对女性的一种精神控制。祠堂是祖先神灵的栖息地，如果不准入祠，则神灵无所依归，是一种莫大的耻辱。节烈妇女死后，其神主往往在祠堂获得一席之地，这是一种莫大的荣耀。

女子能否入祠，不同的家族有不同的规定，这里选择一些家族规范，列表如下：

[1] 乾隆新安《岑山渡程氏宗谱》卷首。

条文	出处
康熙以前定例，三十岁内夫亡，历三十年终节者，始邀旌典。雍正年间优崇妇行，改以十五年终节者为合例，祠中节烈祔食中龛神主亦应凛遵定制，庶为得宜。	嘉庆《歙县桂溪项氏族谱》卷22“祠祀·女神主”
嗣后凡幼殇冥配，僧道娼优，与夫出嫁招夫之妇，均不得入祠，以严礼法而重宗祏。至婚姻嫁娶，须择阀阅相当者，不可下配匪伦，致辱祖先。违者，即不得入祠。	光绪绩溪《华阳邵氏宗谱》卷首“新增祠规”
殇亡及室女均不许进主，如有隐瞒冒进者，即将木主当众涂毁，仍罚大周箔壹把，对祖烧化。 派丁男妇有忤逆乱伦及犯奸为匪经官者，并卖妻女与人为妾者，即行革出，生死不许入祠。倘有族长、斯文狗情党庇，不即鸣众驱逐者，罚胙五年。	光绪《绩溪城西周氏宗谱》卷首“祠规”
妇人醮亲毋许入祠，自缢寻亡毋许入祠，乱伦乖舛毋许入祠，妇人改嫁毋许入祠，娼优隶卒毋许入祠，配人为妾毋许入祠，外姓接继毋许入祠。	民国《冯氏族谱》“本祠老家规”
凡再醮之妇与奸娶之妇俱不得入祠；再议，再醮之妇如无后者不许入祠，或有后而为子者不忍父之无配享，又不忍母之无祭祀，愿出银五两入祠者通情准入……凡出嫁母及妾僭妻位者，不许入祠。	民国《旺川曹氏续修宗谱》“祠规”

闺阃之间必严分内外，慎重其出入，限其进止。务使家庭严肃，毋致渎伦。倘有奸秽不道，贻玷宗风，祠正、副即会同门尊，令自引决，仍削本枝，不许入祠。	隆庆《溪南江氏宗谱》“祠规圣训六条·正闺门”
悍妇理屈图命以致自尽者，不准入祠入谱。	光绪《仙源杜氏宗谱》卷首“家法”

从上表中可以看到，女子能否入祠，与能否上谱有些类似。在有些特殊情况下，只要不违背大的原则，可以用金钱疏通。

在歙县棠樾村，有一座女祠——清懿堂，建于清嘉庆年间，是鲍氏世祖鲍启运创建的。明清时，鲍氏家族孝贞烈女竟达到59人，她们为徽商的辉煌功绩做出了牺牲和贡献。为嘉奖这些贞烈的鲍氏妇女，破例为其建祠堂、立牌匾以流芳百世。徽州其他地方还有一些女祠，据说祁门历口倪氏祠堂“贞一堂”西侧有座“庶母祠”，供奉家族里的多位小妾。

（五）荣辱相重的控制模式

1. 儒家伦常与性别控制

儒家伦常的世俗化自唐代就开始了，宋代以来徽州家族组织持续扩张，世俗化的儒家伦常成为家族精英实施家族控制的必然选择。礼教向基层渗透的力道通过家族建设，尤其是家谱编纂而变得空前强大。家谱通过荣耀与耻辱的人生价值评判，对家族女性实行着从出生到死亡、从肉体到精神的全面控制。

女性由于出身不好或者再婚或者名分低下或者不能生子等原因，成为耻辱性规范的打击对象，而礼教还美之名曰“正人伦”。在生育上以生儿子为荣，生女儿为耻，重在传宗接代；在无子的情况下，主动为丈夫纳妾的妻子受到赞扬，阻挠丈夫纳妾的妻子则受到严厉斥责甚至被休掉。优待妾生子被视为妻子的美德。贵男贱女所产生的溺女恶俗也因为非人道而被家族所抨击，保全女婴的行为被赞扬。

大大小小的儒教精英不遗余力地试图将日常生活的方方面面笼罩在儒家伦常之中。他们积极建设宗族组织，用宗族来控制女性，在日常生活中强调男女有别，严密规范女性的日常行为，限制女性的日常生活空间。恪守妇道、持家有方、助夫兴家的女子往往被记载入各种家族文献，成为荣耀的享受者。而违背这些的女子则成为耻辱的承受者。

儒家伦理是家族建设的核心原则，谱法对女性的控制深刻反映了这一点。家谱虽然强调为尊者讳、为亲者讳，但是这基本上是对男性的一种隐讳，而不是对女性。而且恰恰相反，对女性的规范有着更多的耻辱性，它更体现出礼教向基层渗透的强度和深度。

清代徽州家谱对女性上谱的规范基本上是趋于严密和复杂的。这里以光绪婺源《紫阳堂朱氏宗谱》为例做个具体的说明。在该谱中，有《世系例》和《世系续例》,《世系例》约作于康熙四十八年（1709年）左右，而《世系续例》作于道光十九年（1839年）左右，前后相差130年。《世系续例》就是在《世系例》的基础上进行了补充和修改，其中补充和修改的部分基本上就是针对女性的。先看看《世系例》中的规范：

> 书娶，正其配也。书子某某，嗣其传也；自右而左者，示嫡庶之分，本朱子实纪例也。妾有子者书，以有继也；无者不书，微之也。母继出者不书，示正家也。妇嫁者不录，绝之也。孀妇来嫁者不录，丑之也；来而有子者不得已而书之也……女子适人

者书婿，重婚姻也。再嫁者不录，励女节也[1]。

再看看《世系续例》的规范，其中下划线文字就是增加和修改的部分：

> 书娶，正其配也。若聘而未婚者则书聘某氏，其□娶者则书娶某氏，不书继者，明正始也。书子某某，嗣其传也；惟娶不弥月而生者，不书。自右而左者，示嫡庶之分，本朱子实纪例也。妾有子者书，书妾某氏，其子即从之，即易得妾以子之义，以有继也。若无子而服勤至死者，仍书妾某不书氏，不没其劳也。母继出者不书，示正家也。若在继母，则仍当书继娶某氏，以有出也；无出者，则书继某不书氏。妇嫁者不录，绝之也。凡妻已生子，夫在为夫所出，或夫亡而改嫁者，只书妻某不书氏，并去其生卒葬，下书出，义在夫也。若夫亡而改醮者，下书改易，节在妻也。书妻者，明子有自，非抚他人之子也。不书氏而去其生卒葬者，恶其志不终，义与庙绝也。未出□而氏未详者，书娶氏二字，疑则阙之也。孀妇改适，原为例所不禁，其有再醮为吾家妇者，无论有子无子，概得书之。既为吾家妇，则义无可绝也。若出赘生子须查明的实，方可入谱；若出赘妇仍是他姓之妇，则不得书娶氏，不得比例入谱。但妇或归家服翁姑之丧者，仍许……女子适人者书婿，重婚姻也。再嫁者不录，励女节也[2]。

[1] 光绪婺源《紫阳堂朱氏宗谱》卷1。
[2] 光绪婺源《紫阳堂朱氏宗谱》卷1。

从上面引文可以看到，女性上谱的规范用语，具有相当的耻辱性，且在不断地强化之中。从下划线部分增加和修改的文字看，《世系续例》在《世系例》的基础上进行了全面的增加，更加严谨和复杂。这种严谨和复杂首先体现在妻子的身份上，一是体现在作为母亲的身份上。家谱里的妻子和母亲正常书法为“某氏”，如王氏、张氏等，但是紫阳堂朱氏对女性有一个耻辱性的书法，就是“书某不书氏”，也就是在女子的姓后面不加“氏”字。比如，继娶的妻子王氏如果没有生儿子，家谱中的记载就是“继王”，而不是“继王氏”。

同样，虽然生了儿子，但被丈夫所休，或者丈夫死后改嫁的妻子也是记载为“妻某”，并去其生、卒、葬，就是“恶其志不终，义与庙绝也”。作为妻子，更强调她的“义”和“节”，绝义和失节者，在书法的用语上给予耻辱。这种耻辱和强化是在宗族不断组织化，儒家礼教日益世俗化的历史背景下发生的。

一般来说，男女族人一旦违犯家法被驱逐，或违犯国法，或自寻短见，或出家为僧、道、尼，都不予上谱。但是对女性的规范范围要比男性大，尤其是对女子名节的关注，男人可以一妻多妾，而女人都被要求从一而终。

另外，在惩罚手段上，对女子的惩罚更具有耻辱性。不许女性上谱，本身就是对女性及其父家的一种耻辱，也是对女性最为严厉的惩罚。其次是削姓，妇人削姓犹如男人削名，也是一种耻辱。这种耻辱性还体现为书“某”不书氏，书名不书姓，或直书妇名，或书生不书殁。

同姓不婚和良贱不婚是婚姻中的两个原则，违犯者要削名，故意违犯，连夫名也要削去。妾的地位很低，蔚川胡氏家族道光二年（1822年）规定妾只能“书妾某而不书氏”，但是如果妾生子，说明对家庭贡献比较大，就书“某氏”。

这种耻辱性规范也同样笼罩在被休的妻子、再婚的妻子以及夫死招夫的妻子的书法上。一般来说，妻子一旦被休或再婚，就与丈夫及夫家绝义了，她们的姓名是不能上谱的。但是如果被休妻子无子且丈夫没有再娶，就用一种耻辱性的书法“娶氏出”，说明该男子的婚姻情况；如果该男子继娶，则被休妻子不被记载。再婚女子情况也差不多。对这两类女子的书法，基本上是从她们的丈夫和儿子方面考虑的，说明了这个男人已经结过婚了或者说这个儿子的母亲是谁。这是儒家伦常夫为妻纲和家谱世系“尊所自出”的体现。

对女性的婚姻还有特别的规定，如族女赘婿或族妇夫亡招夫养子，都不予上谱。对娶他族再醮妇的，可以记载，对于娶本族再醮妇的，则严禁上谱。

一般家谱都喜欢彰显妇人、女婿出身门第，但是，这种书法不适用于再婚再嫁者。虽然母以子显，但对妻、妾及下族女子和再嫁女子所生之子，在注明生母时也要有所不同。

礼教的强势渗透也使得有些家谱对族人配偶上谱规定了年龄上的限制，规定女性如果到了50岁还谨守妇道的，就可以上谱；如果已经改嫁者，则不能上谱。50岁在这里似乎又有了一道门槛，超过50岁的女性，即使守寡，也没有再嫁的可能。虽然国家律法不能禁止女性改嫁，但是将上谱年龄限制在50岁以上，表明在家族，谱法代替了律法，谱法控制家族女性要谨守妇道，实现了律法之外的礼教束缚。光绪祁门《善和程氏宗谱》规定：

本谱书配必至五十者方才书之者，何也？盖谓有天地然后有万物，有万物然后有男女，有男女然后有夫妇，有夫妇然后有父子，有父子然后有君臣，有君臣然后有上下，有上下然后礼义有所错，夫妇之道不可以不谨。故《易卦·咸则》："受之以恒，恒者久也。物不可以久居其所，故受之以遁。"遁乃退之谓也。但律例妇女自行改嫁，属在不禁，而谱法何以御之？惟以其年定为限制，则无论现在之有夫、无夫，一本大公，不偏不倚。其寓意似薄寔厚，亦笃宗族以重人伦之正也，永为成法，嗣后修辑不可变更。

徽州商人众多，商人本身的行为对儒家伦常有一定的冲击，但是由于宗族日益扩张和普及，宗族借助传统上强势的儒士阶层和徽商回输的商业资本强力推行儒家礼教。在宗族内部，儒士和商人互相利用，甚至很多人集儒士、商人、地主于一身，他们日益看重儒家礼教对宗族和自身利益的维护。宗族成为礼教扩张的肥田沃土，对女性实行全面和严谨的控制，说明了儒家伦常已经深入基层，日益世俗化。

耻辱彰显礼教的强势攻击，而荣耀则彰显礼教的温柔渗透。能够得到官府旌表，或者能够在家谱中立传，或者能够神主入祠永享祭祀，是礼教统治下女性所能得到的最大的荣耀。彰显荣耀，就能推广礼教。清代家谱对于节烈女性的记载有着明显的增多。这一方面说明节女烈妇确实有了增加，同时也说明了礼教在从荣耀和耻辱两个方面，以软、硬两种手段向基层渗透，并占据了整个社会的舆论导向。

2. 贞节牌坊

徽州现存孝贞节烈牌坊多，牌坊上一般有题字和被褒扬者姓氏，后来因为节烈女性数目巨大，因此，有的只记数字不刻姓氏。位于歙县城南街的贞烈砖坊宽约6米，高约6.5米，坊额石条上的文字说明，它表彰的是徽州府属孝贞节烈65078名。

现存旌表明清徽州节妇牌坊表

名称	时间	位置	题刻
鲍氏节孝坊	明天启	歙县城内	节孝
节孝坊	明嘉靖	绩溪家朋村南侧	
黄氏孝烈门坊	清顺治	歙县城斗山街	
胡氏节孝坊	清康熙	歙县琳村东头	纶褒贞节 天赐孝慈
宝婺中天坊	清康熙	歙县溪村北面	宝婺中天 峻节纶首
姚氏贞节坊	清康熙	歙县昌溪村西首	节孝
古林节孝坊	清雍正	休宁县古林村	
黄氏节孝坊	清雍正	歙县新管村	彤史流芳 女贞崇祀
蒋氏节孝坊	清雍正	徽州区徐村下街	霜松青荫
竺川节孝坊	清雍正	徽州区×村东侧	
伍城石坊	清雍正	休宁县伍城桥头	荣褒冰节 恩奖幽贞
恩谌松筠坊	清乾隆	休宁县富溪村东	恩谌松筠
吴家节孝门坊	清乾隆	徽州郑村后街	
含贞蕴粹坊	清乾隆	歙县城内北大街	含贞蕴粹
屯田汪氏节孝坊	清乾隆	歙县屯田村村口	
兰田汪氏节孝坊	清乾隆	歙县兰田村村口	松虬雪古
吴氏贞节坊	清乾隆	徽州南头村口	纶音褒节 潜德馨闻
仇氏贞节坊	清乾隆	徽州区高金村东	青年守节

许氏节孝门坊	清乾隆	徽州大里村	
黄氏节孝门坊	清乾隆	徽州郑村后街	
富溪节孝坊	清乾隆	休宁县富溪村西侧	
彤史垂芳坊	清乾隆	歙县东沙村南	冰寒玉洁
王氏节孝坊	清乾隆	徽杭公路北侧	
汪氏节孝坊	清乾隆	歙县郑村镇	慈而兼严 节以成孝
吴氏节孝坊	清嘉庆	徽州区洪坑村南	
吴氏节孝坊	清道光	歙县深渡镇	
悟竺源石坊	清道光	竺源村山路边	
徐氏节孝坊	清咸丰	歙县慈姑村头	雪荫贞松
柔川三石坊	1668年、1743年、1851年	歙县柔川村外岭道	
程氏节孝坊	清末	绩溪城北大街	光照彤史
方氏节孝坊	清末	绩溪城北大街	节凛冰霜

从“现存旌表明清徽州节妇牌坊表”上可以看到，牌坊上的题字，如“纶褒贞节”、“宝婺中天、峻节纶首”、“彤史流芳、女贞崇祀”、“霜松青荫”、“含贞蕴粹”、“荣褒冰节”、“纶音褒节、潜德馨闻”、“节凛冰霜”，等等，带有强烈的价值导向。这样褒扬性的话语，这些冷冰冰的石刻建筑，是传统社会所能给予贞节女子的最高精神奖励，女性因此而不朽，家族也因此而荣耀。儒家礼教透过贞节牌坊，穿越时间和空间而强势彰显。

中国传统社会有不少开明人士非常关注家族对女性的规范，强调要对女性的欲望和行为进行控制，因为女子一旦出嫁为人妇，如果在婆家行为举止不得体，可能给家族带来耻辱，所以，汉代著名才女班昭才会说："男能自谋矣，吾不复以为忧也。但伤诸女方当适人，而不渐训诲，不闻妇礼，惧失容他门，取耻宗族。"正是对女子因为缺乏教化、不知妇礼而为家族带来耻辱的担心，才促使她编写《女诫》教育家族女子，以避免家族蒙受耻辱，希望给家族带来荣耀。

中国历史上著名的"女四书"——东汉班昭《女诫》、明成祖徐皇后《内训》、唐代宋若莘《女论语》和明代王相之母刘氏《女范捷录》（四本书由王相一一加以笺注，于明代天启四年（1624年），合刻为《闺阁女四书集注》，成为一套女子教育的系统教材，后简称为《女四书》）都是针对女子的教材。

家族对女性欲望和行为的控制是确实存在的。这种控制在徽州更具有现实性，文本中也随处可见。文本上的规定虽然可能与现实生活有相当大的距离，但是至少反映了家族精英利用儒家伦常进行收族的强烈企图。

人类历史上，男女之间的性别战争是永远也不会结束的。同样，只要家庭存在，家庭内夫妇之间的控制与反控制也不会停止。家庭和谐永远只是追求的目标。

徽州号称"程朱阙里"，朱熹以他系统的理学思想以及他与徽州地区独特的历史渊源，成为徽州人所崇拜的对象。朱熹《家礼》成为家族制定规范的指导思想。明朝政府和士大夫对《家礼》尤其是祭礼的提倡和改革，使祭祖礼制进一步深入民间。明代徽州宗族组织化和乡约化也是以宋儒重建乡里社会秩序、移风易俗的主张深入基层社会为历史背景的。

徽州宗族将宣扬传统道德，厘正社会风俗，巩固宗族统治作为家族建设的主要目标。徽州儒士和理学之士众多，儒家入世观要求修身、齐家、治国、平天下，而女性作为家庭、家族的另一半，如何从思想上去教化、从行为上去引导和管束，以及从符合儒家伦常规范方面去鼓励她们，一直被视为齐家、收族的一个重要内容。

士大夫们通过其所拥有的文化资源，加强家族建设尤其是建祠、修谱活动，把儒家伦常渗透到生育、婚姻家庭和日常生活的方方面面，从而深入地推动了徽州社会以礼教为核心的思想文化与社会秩序整合，促成了徽州社会家族的普及化和礼教的世俗化，礼教的扩张与宗族的扩张在徽州进行了完美的结合。

家谱文献出自男性之手，对女性的规范自然格外在意，反映了男性控制女性的欲望。从这点上看，这些规范是男性价值观的一种反映，不一定是女人真实思想和愿望的表达。但是，上层社会的男女在物质利益和价值追求上高度一致，对女性美德和儒家伦常的认识并没有明显的差别。因此，女性的真实思想和愿望与男人的价值观有多大的差距，还需要从文献编纂和具体内容两方面进行具体考虑。

从文献编纂的角度看，文献是哪些人为了什么目的而编写，文献的受众是哪些人？从文献的具体内容看，对女性在某些领域的规范，是否意味着女性在这些领域触犯了男性的价值观？或仅仅是对早期规范的延续，是一种泛文化的表达，不具有现实意义？如果是真实现象的反映，需要了解，这是礼教趋于僵化后的过度反应，把原先认为是正常的现象也纳入到礼教范围内进行规范了？还是原先的个别现象发展成为严重的社会问题，威胁到社会秩序了？

问题还有很多，可是历史离我们已经远去，从现存的文献中我们看到的只是历史的皮毛，永远无法窥探历史的全貌，也无法还原历史的绝对真实。

七　内外有别的宗祧继承

宗族内部的血缘问题比较多，阻碍着收族目标的实现。宋以后，大宗宗法被破坏，宗族组织开始重建。“宗法废而谱牒兴”，谱牒成为收族的重要手段之一，修谱也彻底转变为民间行为。民间通过修谱实现尊祖、敬宗和收族的血缘性社会功能。明清时期，谱牒编纂更加普及。虽然宗族本质上是血缘团体，但是长期以来，异姓承继和赘婿补代的现象非常普遍。而异姓承继所产生的血缘问题，则使修谱陷入困境，血缘争议干扰修谱的现象广泛存在，甚至导致一些世家大族长期无法修谱，从而妨碍了收族目标的实现。

知识分子和精英阶层在血缘观念与收族理念之间往往面临着两难的选择，最终可能会导致在宗祧继承方面的混乱甚至表里不一。

（一）从“正本清源”到“异姓宜浑”

1. 血缘继承上的“正本清源”主流观念

徽州是一个血缘观念非常重、宗族组织非常普及的地方。但由于种种原因，嗣续维艰和乏嗣的现实又迫使很多生活在血缘宗族中的人们选择没有血缘关系的异姓作为自己的继承人。在宋明以来的民间社会中，存在着极为普遍和复杂的异姓承继现象。民间修谱不可避免地碰触到这一非常敏感的血缘问题。这一问题如果解决不好，势必影响到宗族内部的稳定与和谐，直接冲击到修谱活动，某些世家大族因此长期无法修谱。因此，大多数家族在修谱时都在族谱的凡例、书法或条例中对血缘问题进行说明，从中可以看到收族理念的变迁。

宗族最大的血缘问题是异姓承继。主流观念都表现出对国家法律的认同，认为宗族不当过继异姓子，族谱中更不该收录异姓子。大多数族规家法禁止异姓承继，规定承继之异姓不得上谱，免得混乱血缘关系。“抚异姓为嗣者，不书，恐乱支也。”[1]“本族家法，异姓不得乱宗，倘有螟蛉一概不书。”[2]国家法律对宗族抱养三岁以下的异姓则是网开一面，这点也为很多宗族所认同。

也有的宗族同样是从防止“乱宗”出发，但不是要求不上谱，而是要求必须上谱。“本人无子，养异姓为子者必书，防乱宗。”[3]异姓承继者一定要上谱的目的就是为了要族人记住他们是异姓后代。还有从异姓的出身决定收录或不收录。清华胡氏宗族规定：“异姓承继者有三。良家子则书，贱家、逆家子不书，觅寄不明者不书。”[4]

异姓不予上谱是宗族最为严厉的惩处方法之一。这种做法虽然“正本”了，但是并没有“清源”。因为族谱中虽然没有异姓的记载，但是并不等于实际生活中没有异姓承继。既然异姓承继不但客观存在，而且非常普遍，如果族谱中不加以记载，则后人如何辨别？要真正达到正本清源的效果，则是在谱中给予有差别的记载。《腴川程氏宗谱》对异姓

[1] 光绪《紫阳堂朱氏宗谱》卷1《世系例》。

[2] 宣统《仙石周氏宗谱》卷2。

[3] 乾隆《萧江复七公房支谱》编首。

[4] 民国《清华胡氏宗谱》卷首《旧条例十一条》。

的处理最具有正统性和典型性，该族宗谱将承继之异姓另编一卷《清源录》附于谱后。“清源”即正本清源之意。下面转引《清源录序》：

> 夫继绝世，此王政也。立继以绍宗祧，大义昭然。我族自先世以来，间有异姓入绍者，世系之下注明本姓，祀祖之日，不派主祭，祖例如此。前次修谱因之，此次续修宗谱，恪遵祖例，异姓继枝照旧登谱，注明本姓，祀祖之日，不派主祭分献大赞，其余执事，酌派襄事。倘继枝又有乏嗣，立继本宗者，是异姓之义已绝，本宗之谊复联，照本宗入继之例办理。且如祖父等有功于国家，合邀荫袭酬庸例，以宗枝承之，异姓入继者不与。恐世远年湮或失其源，致启争端。因查明异姓各继枝另汇一卷，名为《清源录》，附于卷末，以便稽览。盖嗣续维艰，应由亲及疏，择其昭穆相当者入继，总以本宗为重。异姓入继，此不得已之举。窃详查之有可立应继之枝，或以小嫌故以异姓入绍，或应承继之枝不愿入绍，或已生亲子仍立异姓入绍，皆失敦本之谊。汇《清源录》一卷，使孝子顺孙触目警心，知宗枝为重，庶能务本，以绵祖泽，是所谓清其源也[1]。

腴川程氏的做法虽然明确了承继之异姓的身份，达到了所谓正本清源的效果，但是异姓的后代却承担着难言之痛。在宗族内部，他们不能在祭祖中担任主祭、分献、大赞的重要事务，也不能荫袭酬庸。这样界限分明的血缘群体有多大的凝聚力，显然是一个疑问。

《仙源杜氏宗谱》卷首也同样有类似的“附谱”规定：

---

[1] 同治《腴川程氏宗谱》卷32《清源录序》。

立异姓子为嗣者，另为附谱列传，不修入宗谱，但于宗谱继父传内书子某，下注“系立螟蛉子，传见附谱”。如并无亲生子，于宗谱图内继父名下注“子见附谱”。从此以后，凡螟蛉子不许与本宗互相过继，如违，责令改正，即已入附谱之螟蛉，亦不许再立异姓子为嗣。

族谱中记载族人出继异姓，也有正本清源方面的要求，一方面是希望他们以后有机会归宗，同时，也是为了防范他们与本宗之间的通婚。《西递明经胡氏壬派宗谱》规定：

旧谱凡例曰：本族出继异姓者，注其名于父下，别为图于后曰《明经胡氏谱附编》，庶有识者得所据以复氏，未能复者亦知举李氏、唐氏，并不得再为婚也。按旧谱例，本族出继异姓者，别为图于后曰《明经胡氏谱附编》，以示李唐之婚姻必别，归宗之世次尤明，返本寻源，法良意美。今则只注出继异姓者之名于父下，使知陇西李、明经胡、槐塘唐三姓皆不得为婚姻也。若归宗则只收出继者之本身，至在异姓所生之子孙，我族向不收入，故不别为图于后。以示凡属一本者，虽贫贱之极而不遗；若有攀缘者，虽富贵之极而不附也。”[1]

2. 檀岭王氏的“异姓宜浑”主张与实践

但是，与正本清源的主流看法不同，民间也存在着另一种声音。在《檀岭王氏宗谱》中，有一篇该族裔孙承波所作的《驳谱例不收螟蛉

[1] 《西递明经胡氏壬派宗谱》卷1《明经胡氏壬派宗谱凡例》。

议》，通过反对者的质问和作者自己的回答，全面阐述了族谱如何收录螟蛉子的问题。反对者首先从族谱体例方面指责他“徇情违例”：

壬午春，谱稿既成，出示合族，或问于余曰：“族有谱犹国有史也，体例綦严，笔削惟谨，故异姓不得乱宗，螟蛉毋庸齿录，故家遗俗莫不皆然。而子独徇情违例，并蓄兼收，合污同流，不分泾渭，无乃昧春秋之旨欤？”余曰：“唯唯！否否！窃闻之，仁至则义尽，理得则心安。帝典必因时制宜，王章亦援情定律，国法犹是，家法应然。夫人子之有螟蛉也，必垂老乏嗣，家业无主，选亲择爱，日暮途穷，不得已而抚他姓儿以延似（嗣）续。”《诗》曰：“螟蛉有子，蜾蠃负之。教诲尔子，式穀似之。”言之痛矣！当其勉为抚养也，保抱提携，饮食教诲，何如其艰辛，为父母者初不以为非类疏之也。及其幸而成立也，奉养服劳，生事死葬，何如其亲爱，事父母者亦不以为异姓去之也。且镌碑表墓则书曰“奉祀男某题主入祠”，又书曰“奉祀男某庆生吊死”，其戚同休。序齿燕毛，随行逐队，又何如其名正而言顺，所生之族、所后之家均不以为乱宗阻之也，独至事后追求，一发千钧竟断于秉笔者一人之手，非假公以济私，即忍心而害理耳。且今之螟蛉者众矣，有在襁褓者，有成室家者，有育子生孙绵延数世而成大族者，且有一再传而亡，五七传而绝，全赖同祠合祀，分享蒸尝。若必不准上谱，不使入祠，在襁褓者将因而割爱，有家室者必从而生心，成大族者且聚而鼓噪，彼覆宗绝祀者不更鬼哭人嚎也哉。若谓法所不容，例宜遵守，则古来主仆之分、嫡庶之别、大宗小宗之殊，无非寓春秋之旨者。而今则尚德论功，以抑勒仆户为薄行，引臣僎同升为美谈，嫡庶之家更多忌讳，宗子之法久不遵行。独至螟蛉之说犹哓哓于浇薄之口，果何为哉？将使仍归本宗耶，沧桑屡变，故迹难寻，即有遗踪，离久何能复合？将使自成一家耶，认本生则抚养之恩难割，仍旧贯则派行之系无从。且曩或坟茔合造，祠事同修，今将使同穴者掘其尸，合祀者毁其主耶？生而名分犹存，死则享祀无主。鬼其馁尔，亡也忽！诸心其安乎？义焉取哉？夫帝王立法，圣贤传心，垂戒将来，不追既往。若螟蛉之必不可为也，诗书应有明文，朝廷必立厉禁。宁有宽于事前、促于事后者乎？

作者则反驳了族谱不能收录螟蛉的理由：

第一，异姓承继为不得已之举，古已有之，且行之有序，符合人情、事理。

第二，当今社会异姓承继非常普遍，数量不菲，把他们排斥在血缘团体之外，将引起宗族内部的不和谐，甚至导致更大的混乱。

第三，禁止异姓承继的法律，已经脱离了社会发展的实际。

第四，异姓承继者因时间过长，既不能回归本宗，也不能自成一族，而且“坟茔合造，祠事同修”；如果强行排斥，是不义之行。总之，族谱收录螟蛉，是收族的必然需要。

反对者接着指责他，即使收录螟蛉子，也应该明白标示，不可真假不分：

或曰：“子之言近夫情矣，未尽夫理也。斩根截节纵不忍为，亦当于某名下注明‘螟蛉某姓子某为嗣’，示有真赝之分，岂可一概抹却耶。”余曰：“嘻！此月攘一雉，自谓彼善于此，终未比于义也。夫人不幸而为异姓嗣，其身及裔讳莫如深，群居狎处之中，偶尔流露，强者怒于言，弱者怒于色矣。若复大书特书，凭为铁案，后必有藉端诟病同室操戈者，抑或有蹈隙抵瑕饱食扬去者，与其同舟而为敌国，非种而害良苗，曷若浑于无形，历久相忘，璧合珠联之为愈也。昔齐彦槐先生宦归修谱，族有以螟蛉子、夜来子、奸生子龂龂聚讼者。”先生慰之曰：“但得天下人皆肯姓齐，岂不甚妙。”闻者解颐，其争遂息。斯言也，何其大而远也。且子言故家遗俗矣。间尝见簪缨世胄，总总林林，问其谱，则曰万不能修，盖由螟蛉之族梗议其中，年远事湮，反致嫡派真传荒坠厥绪，后虽有孝子慈孙通权达变，而稽考无从矣。此皆泥古而不通今者，阶之厉也。子欲复蹈其覆辙耶？

作者认为不可在谱中对异姓承继者加以注明：

第一，如果注明血缘关系，反而可能导致同室操戈，宗族涣散；不注明，则可达到“浑于无形，历久相忘，璧合珠联”的效果。

第二，有些世家大族因为固守血缘之见，导致螟蛉之族反对修谱；而长期不修的后果，导致真正的嫡派子孙世系湮没。这是对宗族更大的伤害。

反对者将指责的目标转向作者本人，质疑他为何为螟蛉说话：

或又曰：“子之说可谓强词夺理矣，顾使身为螟蛉之后，于势不得不争。今子自始祖以迄本身一脉真传，正宜力挽狂澜，清源正本，何反为非族者留之地也？”余曰：“然。此正余千载一时得成夫强恕行仁之事者。夫抉剔之非，世岂无知者，知之而不敢极言其所以非；浑融之是，人岂无行者，行之而不肯昌言其所以是。盖或出螟蛉之口，则群起而攻之，不啻关其口而夺之气也。惟余心本无他，事原为祖，荷本宗世泽，明收族正谊，破千古不释之疑团，兴奕世难为之义举。非余言而谁肯言？非余行而谁欲行？此所以身至宝山而不忍空手也。且人若不自返耳，富贵或可勉图，宗祧万难自必。倘及子身而门祚衰薄，亲族式微，宁绝人遗世以达观乎？抑立后承祧以存祀乎？子试设身处地。万代属望一笔勾销，既劳费于生前，仍奚落于死后，子心甘乎？否乎？”

作者认为，正因为自己不是螟蛉，所以不能以正本清源为由，排斥螟蛉；同时也正因为自己不是螟蛉，为螟蛉说话才不是出于一己之私，而是为了宗族的长远考虑。作者自认这是“破千古不释之疑团，兴奕世难为之义举。非余言而谁肯言？非余行而谁欲行？”从而一劳永逸地永久性地解决宗族在异姓承继问题上的是是非非。

继而，作者认为，族谱对异姓承继不加注明，族内之间过房却要加以注明。因为兄弟过继，其本同根，加以注明并不妨碍他们之间的关系，而且荣誉共享。

问者语塞，既而曰：“异姓宜浑，既闻命矣，子独于本族过房必书所出，何也？”余曰：“兄弟过继，不用财求，其本同根，原无蒂芥，故螟蛉不肯自道过继，无妨其明，且令后嗣科名履历连类并书，既可慰本生者之心，亦不失所后者之分。岂若螟蛉之属，一经识别，启他人觊觎，失本地风光，裕后光前，反谓借材异地哉。此又行仁于比义之中，立法于原情之外者也。”

反对者最后被成功说服，也明白了作者的良苦用心：

言未，既问者爽然自失，瞿然而兴曰：“余诚小人，囿于俗而薄夫仁，蔽于私而悖夫理，今而后知子之平心立论，固不独识之远而且虑之周，不独心之慈而实法之尽也。以此类推，各姓之谱皆可兴修，生死衔恩，子言之利溥矣。奉令遵行，请自隗始。”

这篇议论说明了，面对异姓承继的普遍存在，在血缘与修谱之间存在着冲突。世家大族虽然门第高贵，却总是不能修谱，“盖由螟蛉之族梗议其中”。螟蛉及其后代们的反对，说明了民间修谱面临的血缘困境。修谱作为收族的一种手段，如果不能有效发挥，必然严重影响到收族目标的实现。所以，为了“各姓之谱皆可兴修”，民间开明知识分子从正本清源的血缘立场后退，主张“并蓄兼收”、“异姓宜浑”，实际上是希望实践儒家的齐家收族之理念，将异姓融化于宗族之内，消弭于血缘之中。他们相信，只有不留下任何异姓的痕迹，才能够彻底解决长期困扰宗族发展的异姓承继及其后代的身份地位与权利义务问题。

实际上对异姓承继的不反对还有其他方面的原因，“然以异姓为后者，虽云紊宗，但伊自断其本根，再来承接我枝叶，气虽不相连，而恩实相洽也。”[1]

檀岭王氏在光绪年间修谱时对异姓承继采取了宽容和同质化的立场，

[1] 乾隆《萧江复七公房支谱》卷4《削除赘婿承祧补代文》。

“异姓宜浑”的思想被贯彻到族谱凡例之中，从而被付诸行动。该族在族谱《凡例》中明确规定：“有过继者所生父母下书曰‘第几子某继嗣某某’，所后父母下书曰‘以某某第几子某为嗣’，示有亲亲之杀也……惟螟蛉之子断不可斥言，与其杀不辜，宁失不经。故著驳议以附于后。”《驳谱例不收螟蛉议》就是对这段简短凡例的长篇解释。根据这种内外有别的继承书写，在该族谱中见到的过继都是族内过继，异姓过继的现实被有意识地掩盖住了，后人再也无法弄清该族有多少异姓承继。作者显然认为，修谱是收族的重要一环，排除了血缘问题的干扰而成功修谱，必然强化尊祖敬宗的意识，能收到极为显著的收族效果。

（二）从防乱宗到重伦常

1. 批判“妄行过继”

民间社会虽然对异姓承继有开放、默许的趋势，却对有血缘关系或亲属关系的异姓承继持更加反对的态度。有些有亲戚和血缘关系的异姓，如外甥、外孙等，关系非常密切，因而民间普遍以他们为继承人。“凡嗣自宗人而继者则书之曰‘继’，外此而继自亲戚者则必书曰‘某公者以某氏之子嗣也’，俾异世子孙各有所据而本宗不为外云。”[1]

但是反对亲戚承继的声音也很强大，绩溪许余氏《南关惇叙堂宗谱》激烈批评这种“妄行过继”：

过继之事，国家已有成例。爱继、应继，例之所准也。异姓过继，例之所禁也。本祠许余一家，继之正理也。我祠向不

[1] 民国《大阜吕氏宗谱》卷1。

准外甥继舅氏，近有无知妇女欲图继立外甥，妄援上世，藉口不知上世文福公之祀余，与近世他姓之继舅者异。近世是合杂姓为一姓，我祠是分一姓为两姓，并无异姓入祠乱宗。至兵后族中继立，往往糊涂妄继，有抛亲继疏，志在继产，有跨祧远房为兼祧，有一继两家为兼祧。今理世系概删改之。间有以兵后人丁稀少从权办理者，皆不甚越礼，如提起殇丁以继孙之类。此后殇丁亦不准提。凡抛亲继疏、抛长继次、一子继两家、跨祧远房，皆不准。至他祠入继各家，世数讹错不同，不得入继，恐颠倒尊卑。惟水村与本祠最亲，世数明白，如昭穆相当、年齿相符，准其过继。必议拟其人于宗祠功劳如何，不准滥继[1]。

更激烈的批判是针对赘婿的。赘婿在民间有半子之称，与女方族人一同生活，虽构成亲属关系，但没有血缘关系。因为彼此亲近熟悉，赘婿承祧的现象在民间也比较多，但是关于这方面的争议非常激烈。乾隆《萧江复七公房支谱》凡例规定：“本人无子，养异姓为子者必书，防乱宗。出绍异姓为子者得书，慎婚姻也。以婿为子补代者削，重伦常也。”“防乱宗”、“重伦常”是家族内对异姓承继者一定要加以注明和对赘婿补代者一定要加以除名的两个基本理由。

2．批判“赘婿承祧”

乾隆《萧江复七公房支谱》中还有一篇《削除赘婿承祧补代文》，为其裔孙江如松所作，明确指出赘婿乱宗甚于异姓，是对相关凡例的具体

[1] 绩溪《南关惇叙堂宗谱》卷 10。

解释。全文如下：

鸿蒙之初，教化未行，民多野合，知有母而不知有父。父母尚不知全，又何论乎姐妹为婚、紊宗乱伦之说也。厥后圣人迭出，制礼作律，尊重所生，异姓不得以为后。譬诸花木千枝万朵，皆系一本所发。如有非其种者，则必锄而去之。所以紫阳夫子家训首严族类之当辩也。盖椒联蕃衍，溯厥同根，气类相连，则祖宗亦乐而享祀。如以异姓承祧，毋论非种之当锄，即弃其祖而宗我祖，先人亦不相安于地下。奈后代世风不古，礼教沦亡，无子者率绍异姓为后。噫！揆诸礼无此文，准诸律亦不合。始作俑者应其无后乎。然移花接木，遍地皆然，非独我江氏一族也。此俗相沿已久，在绍子者视为成法。先贤修谱，悯其斩祀，俱作存而不论不议之例。松今从众可也。

然以异姓为后者，虽云紊宗，但伊自断其本根，再来承接我枝叶，气虽不相连，而恩实相洽也。乃迩来竟有甚于异姓乱宗者，法淳于髡之赘婿，兼易姓以承祧，以女之夫比于子，俗名为招补代。嗟乎！此仁人君子所深恶而痛绝之事。论以女妻之谊，是云胥也，胥虽称为儿，例不能实作为儿，服制缌麻，从其分也。若以易姓承祧，古来无姐妹为夫妇之礼，外甥呼外祖父母为王父母之仪。以一身承两家之后，即以绝两姓之烟，气类相隔，名分无称，乱宗败伦，莫此为甚。其与禽兽奚异哉？

吾宗自萧相国酂侯公建功于汉，厥后金貂八叶，世家之盛，古所未有。节度公避地黄墩，指江易姓，其子迁婺，八世孙徙今云湾，瓜瓞绵绵，明德相尚。至我房祖菊庄公，考盘溪上，抱道嘉贞。后裔文学之士，豪杰之英，接踵而出。堂堂大族，岂容赘婿承祧，乱宗败伦，不急锄而去之，辨明族类哉？查吾族以女夫为子者共若干家，他房赘疵自有伊房删削。我房仅廿九世兆栢之女名就，赘泾县查九。按：九未赘亲之先，兆栢继有郑氏子为儿，名承桂，桂往金花，卒于外。栢欲不忍先人斩祀，□再择同宗一人承祧，不得，以查九为后。今栢死矣，查九亦亡，九虽有子，栢女所养，然九本身尚不能系吾江，九子更不得从吾姓，锄而去之，礼也，亦律也。昔夫子作春秋，笔削为严，毫无阿徇。谱亦一春秋也，松承父老之命董墨，修本房支谱，敢有私蓄，故特直书以削之，并录文以为后来戒[1]。

作者江如松虽然反对异姓承继，但也指出了异姓承继是一种普遍现象，非独江氏一族，而且相沿已久，视为成法。该族先贤修谱时也对族内的异姓承继现象不讨论不争议。作者也遵从先贤的做法，默认异姓承继，但是却激烈反对“招补代”这一民间习俗。所谓“招补代”，即民间社会无子之家把女婿视为儿子作为继承人，也就是赘婿承祧。虽然这也是一种异姓承继，但在亲属关系上有着天壤之别。从五服制度上看，儿子为父亲服最重的斩衰丧服，而女婿为岳父只服最轻的缌麻丧服。在亲属称谓上，因为女婿成为继子，与自己的妻子构成了兄弟姐妹关系，所生后代也称呼外祖父母为祖父母。所以，赘婿承祧不仅混乱了血缘关系，而且严重破坏了亲属伦理。作者强调，女婿继承的后果，表面上是一身继承两家，实际上是断绝了两姓的香火，行为与禽兽无异。

作者高调宣称，萧江氏为世家大族，不容许赘婿承祧，一定要辨明

[1] 乾隆《萧江复七公房支谱》卷4《削除赘婿承祧补代文》。

族类。作者查明了族内有赘婿的人家，并且特别指出，本房有一户赘婿是在族内继承不得的情况下才招赘入户的，现在赘婿已经死亡，其子虽然和其母生活在本族内，但不允许他继承。

在江如松为该谱所作的自序中，表明了异姓承继同样曾经对该族修谱造成了困扰，使得统宗谱因此而没有修成。引文如下：

> 乾隆癸酉，族之贤者议修统谱，举董墨于慎斋先生。昔人谓修谱牒非时弗举，非人弗任，此正及时而任人矣。时余次秣陵，父老遗书召归，赞襄其事，惜为异姓讳绍物议终止。嗟乎！此诚吾族之大罪人也。尔祖既来于异姓，应特书所自出，不忘其本，何必为之隐讳。昔我周发祥姜嫄履巨人迹而生弃，周公尚播咏于诗歌，以祀宗庙，若以讳绍之心讳之，姜嫄不本人道，且事近于幻，正当隐而不传。噫！此人又诚吾族之至愚者也。尔力能阻今日之春秋，不能阻后来之笔削，今世未远，文献尚足，犹可特书尔出某氏子，再越百十年，讹传滋甚，又转而属他氏子，则更可悲矣[1]。

该族在乾隆年间倡议修统宗谱时，显然没有解决好异姓上谱的问题。异姓及其后代要求不要在谱内注明自己的异姓身份，显然这个要求与该族谱例相违背，可能遭到了主持修谱者的拒绝，因而异姓之支不愿配合统宗修谱。作者非常痛惜统宗谱由于“异姓讳绍物议终止”，可见，萧江氏族内异姓承继现象已经相当普遍，承继异姓之后代已经在族内有了相当大的发言权，直接影响到统宗谱的纂修。由此可见，在异姓承继

[1] 乾隆《萧江复七公房支谱》编首《萧江复七公房支谱序》。

的问题上，异姓的身份是一个非常重要且敏感的问题。江如松虽然反对异姓承继，但是他也不得不承认这个普遍现象的存在，他的主张只是把异姓的身份加以注明，但是这种身份的注明已经不再表现出对异姓承继的赤裸裸的反对和歧视，而是换上了一种“不忘本”和防止讹传的血缘温情面纱进行说教，作者认为反对注明异姓身份的人是“大罪人”（忘本）、“至愚者”（现在不注明来自何姓，有可能被后人以讹传讹冠上别的姓氏）。

该谱有一篇《议修复七公房支谱引》，也是得到族人认同的关于修谱的纲领性文字，作者可能也是江如松。这里就明确指出了：“其本身无后绍外氏为子者，仍循旧书所自出，不必非而去之，惟以女婿为儿名招补代者法在必削。”[1]这里对异姓承继做出了解决，仍然注明异姓身份，但不必“非而去之”，只是对赘婿补代一定要从谱上除名。

从《萧江复七公房支谱》中的争论及其解决可以看到，萧江氏家族对于异姓承继的态度有一个转变，从反对异姓承继到默认再到反对赘婿承祧，经历了一个从防乱宗到重伦常的改变。没有任何关系的异姓承继逐渐得到认可，而有着亲戚关系的赘婿承继，反而招来了严厉批判，被指为“乱宗败伦”，主张“锄而去之”。

从正本清源到异姓宜浑，从防乱宗到重伦常，民间关于异姓承继的声音有很多，但对这两种论调进行对比则是很有趣的现象，它反映的不仅是传统文化中的血缘观念问题，还是传统社会中的宗族治理问题。这些问题产生的根本原因还是各种原因所导致的乏嗣现象，不论是国家法律，还是民间社会，都必须面对乏嗣困境而做出相应的调整。

面对各种继承现象，地方精英往往采取内外有别的政策，从广泛意

---

[1] 乾隆《萧江复七公房支谱》编首《议修复七公房支谱引》。

义上说，内即是合乎宗法伦理的继承，外即是违反宗族伦理的继承。面对民间社会普遍面临的乏嗣困境，宗族从正本清源的血统观念逐渐向强调人伦的伦常观念转变。

（三）乏嗣困境下的国家法律与徽州社会

1．法律规定

唐宋元明清以来对异姓承继的法律既有一脉相承之处，也有适应时代的变通之处。《唐律疏议》已经明确反对收养异姓。唐律中“养子舍去”条：“诸养子，所养父母无子而舍去者，徒二年。若自生子及本生无子，欲还者，听之。”疏议曰：依户令：无子者，听养同宗于昭穆相当者。“即养异姓男者，徒一年；与者，笞五十。其遗弃小儿年三岁以下，虽异姓，听收养，即从其姓。”疏议曰：异姓之男，本非族类，违法收养，故徒一年；违法与者，得笞五十。养女者不坐。其小儿年三岁以下，本生父母遗弃，若不听收养，即性命将绝，故虽异姓，仍听收养，即从其姓[1]。疏议的重点是异姓收养问题。

反对异姓承继一直是传统社会的主流思想，宋以后的法律也是一以贯之的。《宋律·户婚律》中关于异姓承继的法律条文，完全承袭唐律。但在具体的案例中，审案官员对收养异姓的法律条文有自己的解释。《名公书判清明集》中就有关于收养异姓的议论：

> 诸无子孙，听养同宗昭穆相当为子孙，此法也。诸以子孙与人，若遗弃，虽异姓，三岁以下收养，即从其姓，听收养

[1]　《唐律疏议》卷12“户婚”。

之家申官附籍，依亲子孙法，亦法也。既曰无子孙者，养同宗为子孙，是非同宗不当立矣。而又有一条曰虽异姓，听收养，依亲子法者，何也？国家不重于绝人之义也。如必曰养同宗，而不开立异姓之门，则同宗或无子孙少立，或虽有而不堪承嗣，或堪承嗣，而养子之家与所生父母不咸，非彼不愿，则此不欲，虽强之，无恩义，则为之奈何？是以又开此门，许立异姓耳[1]。

此段议论表明了唐宋时期当政者对收养三岁以下异姓这条国家法律有不同的解释。唐代的解释是“若不听收养，即性命将绝”。宋代的解释是“国家不重于绝人”，所以允许养三岁以下异姓。宋代是中国宗法社会发生巨大变化的时期，传统宗子宗法制度的影响已经式微，新兴宗族开始成长，收族理念也有了新的转变。法律的执行者越来越意识到为户绝之家“开立异姓之门”的必要。说到底，传统社会并没有一个能够保证同宗随时有人继承的机制。

元代律令对养异姓子的规定无大的变化，但是从《元典章》中可以看到赘婿承继和收养异姓的普遍。《元典章》中在继承方面有一条“禁乞养异姓子”：

南方士民为无孕嗣，多养他子以为义男，目即螟蛉。姓氏异同，昭穆当否，一切不论。人专私意，事不经久，及以致其间迷礼乱伦，失亲伤化，无所不至。有养诸弟从孙为子者，有不睦宗亲、舍抛族人而取他姓为嗣者，有以妻之弟侄为子者，

[1] 《名公书判清明集》卷7《户婚·双立母命之子与同宗之子》。

有以后妻所携前夫之子为嗣者，有因妻外通以奸夫之子为嗣者，有由妻慕少男养以为子者，甚至有弃其亲子嫡孙、顺从后妻意而别立义男者，有妻因夫亡、听人鼓诱买嘱以为子者，有夫妻俱亡而族人利其赀产、争愿为义子者，由是民间氏族失真，宗盟乱叙，争夺衅作，迭兴词讼。始谋贻患，终致破家，亦绝蒸尝，莫保立垅。纵有异姓之子奉香火，然神不歆非类，宁得感通？有后名存，实为绝嗣。人情至此，孰不哀怜。切照旧例，诸人无子，听养同宗昭穆相当者为子，如无，听养同姓。皆经本属官司告给公据，于各户籍内一附一除。养异姓子者，有罪。古人思患，预防立法，如此存亡继绝可行无弊。看详南人立嗣不经官司，致此多端乱伦伤教，若不早图禁止，非惟祸败私族而已，深恐渐将官司所抄户籍坏乱难整，又致改名过房，贩卖良人者得以籍口遂其奸计。如酌旧例，更定教条，除在先已立者姑听外，此后悉令依例布告远近，一新污俗，庶几民习还淳，尽革前弊[1]。

《元典章》已经进一步说明了，国家的继嗣法所关心的已经不纯粹为“私族”，而是户籍人口，“若不早图禁止，非惟祸败私族而已，深恐渐将官司所抄户籍坏乱难整，又致改名过房，贩卖良人者得以籍口遂其奸计。”

明清法律中有关异姓承继的条文亦大致承袭前代。但在实际的司法审理中，承认族人在某些条件下有立贤和立爱的自由，也保护义男和女婿的权利。弘治十三年（1500年）首次修订的《问刑条例》中有

[1] 《元典章》之《户部・户计・承继》。

如下条款：凡无子立嗣，除依律令外，若继子不得于所后之亲，听其告官别立。其或择立贤能及所亲爱者，不许宗族指以次序告争，并官司受理。若义男、女婿为所后之亲喜悦者，听其相为依倚，不许继子并本生父母用计逼逐，仍依《大明令》分给财产。若无子之人家贫，听其卖产自赡[1]。

2. 徽州现实

徽州社会在继承方面的纠纷非常多，徽人程敏政曾说："夫徽州之讼虽曰繁，然争之大要有三，曰田，曰坟，曰继……田者，世业之所守；坟者，先体之所藏；继者，宗法之所系，虽其间不能不出于有我之私，然亦有理势之所不可已者。"[2]可知，当时徽州有关宗祧承继的诉讼位列民间社会三大诉讼之一，和有关田地、祖坟的诉讼同样多。

徽州关于异姓承继的现象也很普遍，如黟县习俗："黟俗居民恒因人丁稀少，价买异姓男孩承继宗祧，其字约内必载明'生死听命，永不归宗'等语。按：此项习惯系据黟县知事调查所得。"[3]异姓承祧已经成为民间惯例，甚至在族内公开推行。

金紫胡氏家学渊源深厚，在继嗣方面，从礼的角度，反对过继之子称呼所后父为"继父"，因为从礼法的角度，继父是专指"父死母嫁之夫"。金紫胡氏反对为了财产争继，也反对一子兼祧二房。

[1] 《皇明制书·问刑条例》卷 13。

[2] （明）程敏政：《篁墩文集》卷 27《序·赠推府李君之任徽州序》。

[3] 前南京国民政府司法行政部编：《民事习惯调查报告录》，第 4 编"亲属继承习惯"第 9 章"安徽省关于亲属继承习惯之报告"第 28 节"黟县习惯"。

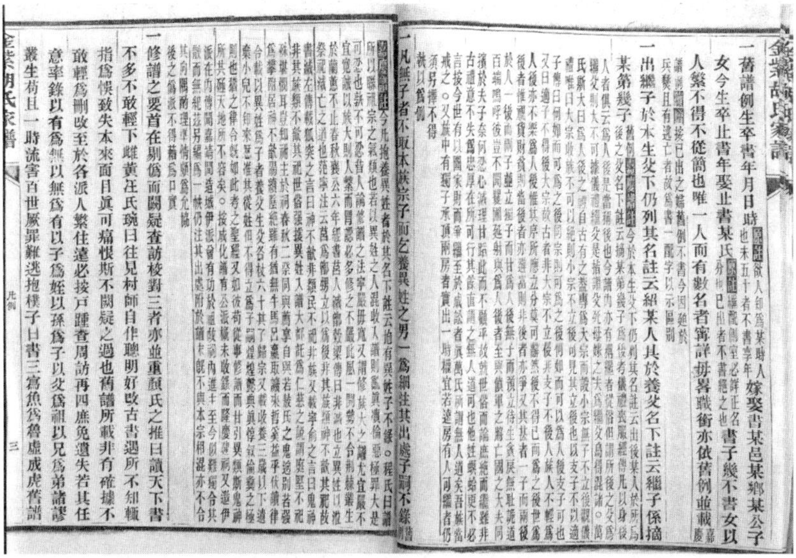

黄山市档案馆藏《金紫胡氏家谱》之《凡例》关于继嗣的规定

修齐治平是儒家的入世理念，然而在宗族社会中，家和国之间还存在着宗族这一中层组织。宋以后的文人士大夫大量滞留民间，宗族为他们提供了发挥的空间。因此，凝聚族人、治理宗族就成为宋以后很多儒士的自觉选择。如何达到收族，建祠堂、修族谱、赡养族人是主要的手段。修谱作为尊祖、敬宗、收族的有效方法而在民间广泛推行。张载在《张子全书》卷四《经学理窟·宗法》篇指出："管摄天下人心，收宗族，厚风俗，使人不忘本，须是明谱系、世族与立宗子之法。"在世族衰微，宗子法失去根基的时代背景下，族谱的功能被强化，修谱作为宋代宗族重建的重要手段之一，被寄予收族之厚望。明清时期是宗族快速普及的民众化时期，家族组织纷纷建立，并成为某些地域社会的实际控制者。家族的稳定关系着地域社会的稳定，收族被知识分子和地方精英纳入了治国、平天下的整体目标之中。在这种整体目标之下，对家族内部血统纯正性的要求在不断降低。围绕着异姓承继与上谱之争，逐渐产生了转向，异姓承继被默认，甚至被有意识地掩盖；而违反儒家伦理道德的赘婿承继则被严厉禁止。

很多开明知识分子和地方精英也认识到，在宗族发展的漫长历史中，血统的纯正性其实一直是种主观理想，而血缘困境则一直客观存在，很多谱牒所反映出来的宗族并不是一个继嗣关系清晰可考的有共同祖先的血缘组织。因此，血统的纯正性不再成为至上的宗族原则，而实践儒家伦理道德，达到乡族社会的善治，成为他们的主要思考。

八　乱后重生的近代变迁

（一）太平天国战争重创徽州宗族

太平天国运动给徽州社会经济造成了严重破坏，其中对徽州宗族的破坏几乎是毁灭性的。咸丰十年（1860年）前后，清军与太平军在徽州展开多次激烈战斗，造成了大量的人口死亡和逃亡，庐舍、祠堂被损毁，田地荒芜，宗族田地也因为田契的丢失，而面临失去的危险。徽州宗族遭受到前所未有的破坏，也面临着前所未有的困境。

1.宗族人口的消减与乏嗣困境

咸同兵燹造成徽州宗族人口大量消减。虽然对于太平天国造成安徽人口的损失有多种说法，但人口下降一半以上是比较公认的看法。自1853年初太平军进入安徽，至1864年太平天国运动失败，12年间安徽始终是农民军与清军反复较量、斗争十分激烈的地区之一。太平军和清军在战争中都大肆屠杀。据民国二十二年《安徽通志稿·大事记稿》统计，11年中黟县和绩溪都被反复攻占达15次之多，祁门和婺源各11次，休宁10次。徽州府是安徽省遭兵最频繁的地区，所属6县共被攻占66次，平均每县11次。战争期间还时有大规模饥荒发生，人口大量死亡或逃散。皖南地区的徽州首县歙县在太平天国期间人口至少减少了一半，即从战前的近62万人降至战后的31万人。徽州各县不能幸免，胡适的父亲胡传曾于1865年（即太平天国失败后一年）被族人推选负责统计幸存的族人，经过数月的彻底调查，他吃惊地发现，战前的6000多族人仅剩下1200人。幸存者只有原来的1/5。曹树基推测徽州在太平天国战争后人口约损失60%左右，而其中的70%死于瘟疫。（曹树基：《中国人口史》第五卷《清时期》，第499–500页）更有甚者，有的族谱记载族人消减情况达到70%以上，宣统《枢密葛氏宗谱》之《谱跋》记载："自咸丰十年粤匪犯境，人丁惨遭七八，乃数百年来一大劫也。"

人口的大量消减必然带来宗族正常的继嗣问题。在《徽州文书》（第一辑）第一册收录了黟县榆村邱氏文书，其中有一份徽商遗嘱，主要讲述的是继嗣问题，其间包含了颇为丰富的内容，现将遗嘱全文抄录如下：

立遗嘱祖应书字集文。我祖世林公生余父兄弟两人，伯父嘉成，父讳嘉满。伯父不幸仙游于道光十二年，所生一子应爵亦于咸丰年间病故。时有三子，次、三均早逝，惟存长子国大，行年已花甲外，尚乏子嗣，令人言之无不堕泪。又况年前频遭兵燹，我族各股支丁半遭浩劫。此邱氏所以愈叹凋零也。

第我父辛苦一生，无多产业，与我伯父各分得房屋一角，典首园坦各一块。迨我年十五就业北门城外，在汇源布号始作学生。道光戊子时已弱冠，颇能立志成家。而我母常多疾病，娶媳胡氏得以侍奉汤药。不期是年冬，母竟见背，享年近六旬。方赖椿庭垂庇，不数年，岁在甲午，我父又沉疴不起，春秋古稀有五。斯时痛不欲生，惟以嗣续为念，不得不苟延残喘，果获我父母灵爽，此后连举两男，未逾年，先后均殇。

壬寅移居瑜村，是冬归葬我父母于郭隅外碧阳书院之右，敬立墓阡。越三年，儿国邦生。岁丁未，谢福元店事。我年已四旬，捐资纳监。比年王姓邀开同和布号，配搭小股。咸丰三年，粤寇窜扰。店中交易虽盛，而东避西迁，几难安业。数年中，我复加捐贡生。旋又为国邦纳监。时儿年十四，娶媳项氏。忽忽者，我年五十矣。差喜同和生意日有起色，讵料同治二年，大股贼过，银钱货物不下万余，焚掠一空。店事如此，家事更不堪言。父遗房屋悉被贼毁。因国大见商，我将老屋基地凑于大侄，断卖于金铃，且侄又不能经营，并置园坦与其耕种，裨糊口计，以尽亲亲之谊。同治三年，旧同事邀开兆成布号，分栈屯溪。国邦在屯理账。

四年，邦儿产一女，次年又产二女，时未抱子，而我六旬以外。邦儿性尚敦笃，谨慎可嘉，方期光我门闾，胡天道难知，突于同治癸酉得内伤症，医药罔效，延至光绪元年冬月病故，惜年三十一。悲哉！痛哉！壮者既殁而衰者独存，家门不幸卒至于此！承族房怂恿立继，劝以族内二房春隆侄次子承国邦之嗣。族议已定，二房以妇人意见争论纷纷，不肯承继我三房。此事遂罢。春隆侄复借去洋拾员。复蒙族长应楠兄劝以他姓入嗣，援本族上年二房应沛、应根兄等承祧之例，只得于光绪二年春间负此从承祧之例，为祖宗血食之计，名唤百寿。四年夏间又继一孙，名唤百和。光绪六年，众祠捐资，合族立有字约，惟以后加继再不必另输银两。五年春间，与寿孙聘礼项朝祥翁女为孙媳。不意光绪五年冬月，百寿病殇，不育。后于光绪九年春间，加继一孙，名唤百福，俱为项氏媳抚育教养。

所有我一生历来辛苦，一一书明，俾汝辈长大成立，方知我的笔亲传；则汝兄弟亦须同气支持，经理以安，汝继父之灵亦稍慰焉。窃念我贸易五十余载，从无苟且欺人之事。至今吾年八旬有三，日薄西山，朝不保暮，不得不急为谆嘱，故将我自置田地、屋宇品搭均分，抑俟我及媳项氏百年后归各管理。惟愿两孙恪遵家训，生事死葬，视若己出。异日门楣有庆，瓜瓞绵绵，我邱氏有厚望焉。所分田地、屋宇，族房人等如有寻衅争论，两孙将我祖遗嘱鸣公理论。而汝辈亦各宜谨慎保守，勿争勿竞，深念我先人基业之不易。幸甚！幸甚！光绪十六年岁次庚寅，孟夏月吉日立遗嘱祖应书，经见孙婿范守箴、余德芝、张崇禄（画押），依口代笔世愚侄吴天送（画押）。[1]

从这份遗嘱中最先得到的印象是立遗嘱者的乏嗣困境。先理清此邱氏的世系情况。遗嘱叙述的家族历史始自祖父世林公，世林公生嘉成、嘉满。嘉成生子应爵；应爵生三子，次子和三子均早逝，长子国大年龄已到花甲之外，还没有儿子。嘉成一支似乎至此已绝。

再看嘉满（也就是立遗嘱者的父亲）一支，嘉满似乎也只生有一子应书。应书生三子，长、次先后早殇，三子国邦。国邦31岁即死，有3个女儿，没有儿子；过继百寿、百和、百福。

乏嗣的主要原因就是家族人口的凋零。人口凋零一是因为婴幼儿的死亡率非常高，也就是早殇与早逝者比较多。嘉成一支绝后的主要原因

[1] 刘伯山主编：《徽州文书》第一辑第一册，广西师范大学出版社 2005 年，第 200 页。

就是独子应爵的次子和三子均早逝，长子国大已过花甲年龄仍没有儿子。嘉满一支也是如此，独子应书的长子和次子也都早殇。二是成人死亡率也比较高，这主要是因为疾病与战乱所导致，尤其是咸丰年间的太平天国运动，对徽州的影响极大。立遗嘱者的三子国邦31岁就因病而死，死时也是没有儿子。三是因为生育率不高，嘉成只有独子应爵，嘉满只有独子应书。人口史研究者认为徽州、江西与江南作为流动的商业性社会，“人们对于生育的控制是具有相当理性的”，“商业区域预防性人口控制的社会经济背景大体与现代西方相似”。这种看法无法得到有力的佐证，但商业人口因为两地分居、高死亡率等原因，在生育率上明显低于其他职业人口。这点与商人为了续嗣而在外广置侧室进而造成两头大的婚姻家庭状况是相符的。

乏嗣就要继嗣，普遍的认识是宗族继嗣制度遵循昭穆承继的原则，即在本族内选择辈分相当、年龄合适之人过继为后。虽有爱继与应继之分，但爱继也多局限于宗族。但从这份遗嘱上我们看到的却是另一个方面。确实继嗣的第一对象是本族二房的后代，而且在族内也得到讨论达成了共识，然而却因为二房妇人意见不统一，族内承继之举只好作罢。只好由族长建议，将继嗣目标转向他姓，而且还要向宗族交纳一笔费用。这里反映出了一些民间继嗣文化及其变迁，略述如下：

第一，妇人意见扭转了原先的族内共识。我们不清楚原先的“族议已定”是如何形成的，但是妇人因素显然是要考虑的，而且从“妇人意见纷纷”可以看出，不是一个妇人的问题，过继者也许有母亲、祖母、伯母、叔母等，这些人之间的意见也许不统一，最终否定了原先的“族议”。当然，如果深入考虑，二房不愿承继，也许只是以“妇人意见”作为借口而已。如果真是这样，那么原先的“族议”显然没有得到二房的充分认可，甚至仅仅是三房的“房议”。应书属于三房，三房从二房过继，理论上应该没有问题，其中所隐藏的也许有兵燹之后的人口数量不多，继嗣后的财产继承问题，等等。

第二，族长劝以他姓入继。一般的认识是，家法族规严禁他姓入继，族长更是宗族严厉的执法者，保证宗族血缘关系的纯洁。然而这份遗嘱竟然是族长劝应书过继他姓为孙。不论是族长还是房长，这样的建议都具有反宗法原则的性质。也许严禁他姓承继仅仅是一纸空文，过继他姓的事例也确实不胜枚举，在宗族内部也确实是防不胜防。尤其是在徽州经历了巨大的人口损失之后，绝大多数宗族和房支都面临着乏嗣的困境，这样，宗族也就撕开了那层已经很薄很薄的面纱，开始公开主张他姓入继了。实际上，二房也同样面临着乏嗣的困境，并已经进行过他姓入继，这也是族长劝三房以他姓入继的根据之所在。从遗嘱里可以看到，族长主张他姓入继，是在本族昭穆入继因二房妇人意见而无法实现的情况下发生的。而在徽州面临一些大的灾难时，这种乏嗣的困境是一个普遍的现象，因此可以合理想象，在太平天国战乱之后，徽州社会普遍陷入乏嗣的困境，也普遍存在着他姓入继的现象。从这个意义上说，族长劝以他姓入继虽然有悖于宗法原则，却也是徽州社会对宗族延续的一种主动调适。

第三，他姓入继也是“为祖宗血食之计”。遗嘱所言，“为祖宗血食之计”，故被迫他姓入继。然而，宗法原则拒绝他姓承嗣的一个理由也是“为祖宗血食之计”，因为如果祭祀者是入继来的他姓，祖宗因为与他没有真实的血缘关系，无法享用到祭品。“为祖宗血食之计”既成了严防他姓入继的理由，也成了被迫他姓入继的理由。由此可见，历史上的宗族制度有着相当大的弹性，刚性的宗法原则也有着柔性的甚至是完全相反的变通。

第四，继嗣中的“加继”现象。高死亡率始终是徽州人心头挥之不去的巨大阴影，乏嗣也始终是徽州人难以摆脱的困境，为了保证后继有人，徽州乏嗣者才需要采用“加继”的手段。所谓加继，就是在已经过继了后代的情况下接着再次、甚至是第三次过继。遗嘱中，应书于光绪二年过继百寿，光绪四年又继百和，光绪九年加继百福。

第五，继嗣的费用问题。应书当初准备过继二房春隆侄的次子，同时被春隆借去大洋十元。遗嘱特意点明这点，说明了此次的“借”就是过继中的一种变相收费，也可以说是一种彩礼银。族内过继收取费用的情况是一种普遍现象。那么，他姓过继该如何收费呢？一般情况下，彩礼银还是要付给对方家庭的，除此之外，过继之家还要向本宗族内的祠堂缴纳一定的费用。遗嘱记载，在过继了百寿、百和之后，过继者于“光绪六年，众祠捐资，合族立有字约，惟以后加继再不必另输银两。”这说明了，过继他姓的家庭，必须得到宗族内部的某种认同，其手续就是，先向宗族祠堂捐资，然后合族订立字约，保证过继来的他姓子孙可以合法地继承他的门户与财产。

第六，乏嗣者的道德辩白。按照中国人普遍接受的观点，绝后之家往往因为某种过错而遭受到了上天的惩罚，才导致后继无人。立此遗嘱者是无法回避这种道德折磨的，应书是商人，而商人也多是唯利是图之辈，因此，他才为自己辩白：“窃念我贸易五十余载，从无苟且欺人之事。”事实到底如何，当然无从考究，但这种道德拷问，说明了中国传统文化中的确有很多独立于法律之外的制约人们行为的道德力量。

第七，如何确保他姓子孙顺利承嗣。他姓子孙继承门户和财产，必然引来很多的是非，立遗嘱者显然已经想到这些，所以才立遗嘱以防范可能的冲突。立遗嘱是一种法律手段，也是非常直接的证据，正如遗嘱所言：“族房人等如有寻衅争论，两孙将我祖遗嘱鸣公理论。”对于过继来的他姓子孙，立遗嘱者也要求他们首先是和睦相处，“汝兄弟亦须同气支持，经理以安，汝继父之灵亦稍慰焉”。同时还要求他们低调从事，以守住先人的基业，“而汝辈亦各宜谨慎保守，勿争勿竞，深念我先人基业之不易”。立遗嘱者有三个孙女，她们的家庭也是潜在的冲突者之一，因此，立遗嘱者煞费苦心地让三个孙女婿全部作为经见人。种种安排，的确让人感叹不已！

异姓承嗣虽然为传统宗法所不容，但在很多特殊的时候，却又是宗族延续的一个保证，这种悖论，的确困扰了很多族人，尤其是乏嗣的族人。在家谱中，对于异姓承嗣，有一些特殊的规定，如有的明确规定，异姓螟蛉子不入宗谱，“本族家法，异姓不得乱宗，倘有螟蛉一概不书”。[1]

有的在制度上加以变通，于宗谱外另立一附谱，专收螟蛉子，如仙源杜氏宗族：

> 立异姓子为嗣者，另为附谱列传，不修入宗谱，但于宗谱继父传内书子某，下注“系立螟蛉子，传见附谱”。如并无亲生子，于宗谱图内继父名下注“子见附谱”。从此以后，凡螟蛉子不许与本宗互相过继，如违，责令改正，即已入附谱之螟蛉，亦不许再立异姓子为嗣[2]。

由于大环境的不同，对于战乱所导致的某一个时期大量异姓过继现象，则采用一些临时性的变通办法，只是作为暂时的特例处理而收入宗谱，如仙源杜氏宗族：“异姓不许乱宗，一子亦不许双祧。旧例綦严，兹因咸丰中遭粤逆之乱，迫于时势，姑从权收录，此后仍永禁止，不得援此为例。”

[1] 宣统绩溪《仙石周氏宗谱》卷2《凡例》。

[2] 光绪《仙源杜氏宗谱》卷首《凡例》。

还有一些宗族，对异姓承嗣者有选择性的收录，如清华胡氏宗族："异姓承继者有三，良家子则书，贱家、逆家子不书，觅寄不明者不书。"[1]

除此之外，也有一些宗谱，把异姓过继子完全收录入宗谱，只是在后面注明来自何姓。如西递明经胡氏宗族旧谱收异姓承嗣者，但新谱则明确不收：

> 旧谱凡例曰：……其有异姓来继者，传代已久，仍旧书之，但注其所出之实，亦明经公氏胡而不泯本李之义，以推及之之意也。按：……异姓入继有紊宗枝，尤为我族所不收者也[2]。

还有一种最开明的做法，就是收录异姓子，而且在家谱中不注明他的异姓身份；与之不同的是，同宗过继者则要注明出处。修于光绪年间的《檀岭王氏宗谱》中有一篇《驳谱例不收螟蛉议》就是这种观点的代表，主张"异姓宜浑"，反映了民间开明知识分子抱持另外一种齐家收族之理念：将承继之异姓上谱，不注明异姓身份，不留下任何异姓的痕迹，将异姓包容进来，然后融化于血缘宗族之中，从而彻底解决长期困扰宗族发展的异姓承继及其后代的身份地位与权利义务方面的纷争。

以上六种宗谱收录螟蛉子的办法，即一概不收入宗谱、不入宗谱而收入附谱、特殊时期暂时收入宗谱、有选择性的收入宗谱、收入宗谱但注明本姓、收入宗谱但不留下任何异姓的痕迹，可能颇具代表性。咸同兵燹后，徽州宗族继承方面的最大变化，就是对异姓承继保持的开放态度，这点从光绪年间的邱氏遗嘱、《仙源杜氏宗谱》和《檀岭王氏宗

[1] 民国《清华胡氏宗谱》卷首《旧条例十一条》。
[2] 道光黟县《西递明经胡氏壬派宗谱》卷1《明经胡氏壬派宗谱凡例》。

谱》中对异姓承继的处理可以看出来。

2.宗族经济的破坏

太平天国战乱导致徽州宗族经济受到严重破坏。族田是宗族的经济基础，关乎祭祀、教育、救济等众多宗族民生问题。徽州宗族人口的消减，加上买卖契约的毁坏，导致族田大量丢失或转手。

> 我族自咸同间粤寇扰乱，流离迁徙，会簿被焚，一是失所依据久矣。幸吾父丽春公视祖宗事如己事……夜则访问于老农世祥，日则如其所指，周览而厘订焉。弊弊月余，始复旧物。[1]

鹤山李氏因为战乱，会簿被焚，以后很长时期失去证据。该族有一个热心的丽春公，把族事当做家事，他为了恢复各祀产，日夜走访当地老农，查勘田产范围，经过了一个多月的时间，最后终于恢复了祖上的祀产。光绪三十三年（1907），丽春公的儿子世禄再次进行仔细检查，“列成字据、契默、案卷三项。命长男昭仁用楷书分条抄录，俾后人开卷了然，非徒残阙无虞，而祀事亦可绵延勿替”。据该谱《利济会序》载，李氏宗族在咸同兵燹后，“惟会内簿据遭寇遗失，当经先后呈请前邑宪张及今邑宪谢批准立案，各存在案”。

族田还可以清理，失去的还有可能收回。真正对徽州宗族经济打击最大的是徽商，正如邱应书遗嘱中所说的，同治二年，“大股贼过，银钱货物不下万余，焚掠一空。店事如此，家事更不堪言。父遗房屋悉被贼毁”。兵乱对商业的破坏是毁灭性的。不仅太平军如此，清军同样如此，

[1] 民国黟县《鹤山李氏宗谱》卷末《敬德堂字据契墨案卷簿序》。

曾国藩为了筹集军饷，曾在徽州挖掘徽商在家乡窖藏的银两，对徽州宗族财富进行了打劫。除了本土，在商业最繁华的江南地区，徽商最集中，损失也最惨重。徽商王元奎，从小就和父兄一起在浙江淳安经商，跟随湘军，以为可以一边经商一边避乱，没想到他的父亲还是死于太平军之手，太平天国之后回归家里，家徒四壁。

经济被破坏之后，战乱还造成了家族财富的大转移。很多小家庭遭到灭门之祸，还有些家庭只遗留下老弱女性。因此，家族结构被破坏，经济基础丧失，其统治能力也不复存在。残缺家庭往往重新组合，造成家庭财富的转移。《清稗类抄·婚姻类》记载：

> 同治壬戌，粤匪难作，江南几无孑遗，徽、宁、池、太等郡男丁百无一二。有妇女随人，不计一文钱，而任人选择者，且有潜藏金叶珠宝于身，以购妇而致富者。先是，皖南山多于田，人习懋迁，重商贾，轻稼穑，俗尚奢侈，家蓄资财，急金银，缓谷米，岁恒仰给于外，稍歉缺，即有钱无食。闻寇入境，恋家而不谋远徙，坐以待毙，老幼男丁非杀则掳。惟余一二妇女，无所依归，故携其劫掠余资，以苟延残命耳。

3.宗族礼仪被破坏

徽州宗族最重礼仪，礼仪之中又最重祭礼。咸同兵燹使得徽州宗族的祭祀功能不复以前。民国黟县鹤山李氏宗族就有这种情况：

> 吾族之中冬至祀会始于康熙乙亥之岁，共二十股，一应祭祀悉有成规，历数十传世世相继，日增月盛，无怠无荒，可谓美善已备。迨咸丰之际频逢危难，人心离散，所有簿据、祭器

等物，遭寇遗失，零星散落，兼司理者相继殂谢，以致各款乖张掣肘。所幸同治二年裔孙有祥等，素在乡里检剩余之簿据，集各房之会长，细查详察，数载于兹，是得条目所缺祭器物件随时增办，一应仍遵原议。惟有嗣后本会子孙增入盆股，续入正股，兼有绝支将盆分替于本会股下者，向未登正详明，尤恐年久无从稽考。兹复公议，重录于左，庶几久远共襄守成而勿替云。

同治五年岁次丙寅仲冬月裔孙有钢谨述。[1]

战乱中的鹤山李氏宗族，首先面临的是生死存亡问题，根本顾不上行使家礼中的种种礼仪。祭礼主要在祠堂举行，而徽州的祠堂是遭受破坏最严重的，祠堂中不仅有各种簿据，还有继嗣用的各种器具，这些东西要么被毁坏，要么遗失，散落各地。同时，祠堂管理者、祭祖主持者也死的死，逃的逃，抓的抓。没有相关器具，没有懂的人，没有经济基础，因此当时鹤山李氏宗族的祭祀礼仪“乖张掣肘”，表现出不合情理，不合规矩，甚至彼此矛盾和冲突的状况。鹤山李氏宗族反映了当时徽州其他宗族所面临的普遍状况。

除了祭祀之外，其他礼仪也自然受到战乱的影响。

（二）民国徽州宗族的近代变迁

1. 中西思想、价值观的冲撞与融合

国门打开后，外来思想对徽州宗族的影响越来越大，很多西方的哲

[1] 民国黟县《鹤山李氏宗谱》卷末《添祥公冬至会序·其二》。

学思想，尤其是进化论思想、民主与科学观念，深深影响了徽州人。宣统《枢密葛氏宗谱》之《枢密葛氏重修家谱序》中涉及了西方思想对中国宗族的影响，“自泰西唱合群之说，中邦人士遂风靡一时，日腾于口而聒于耳。夫群当合也，群之所由合，与合之或有能力或无能力，则大有其道。在家为群之起点，族为群之质点，求起点与质点，群乃能合。近世俗习浇漓，人多流薄。一家之中嚣陵不靖，一族之内诟谇时闻，而浮华之士动曰合群，名非不美也，其实等于散沙乱叶而已矣，奚有于能力？”“合群之说”出自西方对中国家族社会性质的一种理解。

民国年间的地方知识，虽然已经受到了西风思想的洗礼，但是他们还是能够正确看待家族对于中国的意义。1922年，绩溪人黄宗培在一篇家谱序言中，明确提出了族群与国家的关系，就是小群与大群的关系：

尝考人群进化之阶级，莫不本于纲常，继以宗法，而成于国家。宗法社会之时代即所谓家族主义之时代。族必有祠，宗必有谱，尊祖、敬宗、敦族之谊盖最重焉。自世运进于国家，进于大同，而宗法社会不复见重于世界。惟我新安旧俗素重聚族而居……程氏诸君子不惜耗其精神，□力于此宗法社会之事业，揆之世界进化之原理，固不相背，况且群之团结，造端夫妇，有夫妇而后有家庭，有家庭而后有宗族，有宗族而后有乡党，有国家，有世界。小群、大群体制虽殊，而处群之道则一，一族之事务不理，乃欲高唱大同，是直欺人之谈。可慨自欧化东迁以来，一般骛新者流鄙斥族制不遗余力，有所称道不曰世界即曰国家，见解虽是，而其实效安在？反不如程氏诸君子尽瘁于一族事业，犹实益也。[1]

作者认为，大同世界不是空喊口号就能实现的，是需要实实在在建设好各自的家族，建设好自己的小群，这才是真正实现大同世界的阳光大道。

1922年，另一位民国绩溪知识分子方楷也在一篇家谱序言中批评了政府的乱政，由此强调宗族建设的意义之所在：

民国崛兴已十二稔，礼乐失实，纪纲荡然，无怪乎祸乱循环，党雠百变，秦镜不能烛其隐，禹鼎不能铸其奸，国不如家，可胜浩叹！惟愿政客军人能自觉悟，厉行民治，恢复五千年来礼乐纪纲，行见国得道而政举，家得道而族兴，民国与程姓共传不朽。此则余之馨香祷祝者也。[2]

方楷严厉批判了民国政府带来的恶政与乱世，期望国与族都能得其道而振兴。地方知识分子虽然对政府失望，但对家族仍然抱有非常好的期待。

实际上，在欧风东渐的大背景下，仍然有大量的知识分子和地方精英理性、客观地对待旧有的家族组织，甚至在民族危急关头，对家族寄予更大的期望。一些开明人士将民族精神提升寄托在家族建设上，黄山市档案馆藏的《祁门李氏宗谱》就有一页专书“民族精神”四个大字，与另一页“家乘”两字并列。这里显示出了强烈的民族意识，也是一种现代意识，家族不再是家族自己的事情，还与整个民族的命运相关联。

[1] 民国绩溪《洪川程氏宗谱》（黄山市档案馆藏）之《程敦睦堂世系谱序》。
[2] 民国绩溪《洪川程氏宗谱》（黄山市档案馆藏）之《洪川程敦睦堂世系谱序》。

从时间上看，这是1931年秋天，震惊中外的“九·一八”事变已经发生了，远离炮火的徽州人民也感受到了民族的耻辱。

黄山市档案馆藏《祁门李氏宗谱》

进化论与科学观体现在徽州宗族的教育与职业观念方面。民国《鱼川耿氏宗谱》之《祖训·劝学》中关于教育方面，作者在说明民国学制之后，阐发了自己的看法：“子弟无论智愚，皆当受国民教育，然后习一职业，以资身而瞻家，即或无力入中学，入高等小学，国民学校为初基教育所系，要当就学毕业，否则不惟不知书，且不知做人道理，安望有谋生技能，自立于天演竞争之世乎！”很显然，从“天演竞争”这样的字眼，可以看到西方物竞天择的进化论思想影响到了徽州家族，徽州家族的教育观念出现了新的变化。

在职业观念方面，民国《鱼川耿氏宗谱》之《祖训·劝业》在引用士农工商皆可就业的观念后，重点阐发了农工商业的作用：“近世文明日进，职业教育日渐发达，我国顺世界潮流，亦驱重于此，各省现正提倡职业学校，将欲趋普通平民群趋于职业之一途，甚盛事也。夫农生货者也，工成货者也，商销货者也，诚使国民群趋向夫农工商各业，以科学思想发明新理，将见职业精进，大学生财之道即在是矣。”

马克思学说也影响了徽州家族，如民国《坦川洪氏宗谱》之序：“自马克斯氏学说腾播，然后社会问题久成群的各大学之讲座，既设专科，而政客名流亦兢事阐演，考其传嬗，寻其制度，究其学说汲汲弗遑。甚且有醉心基尔特与苏维埃之组织者，推波助澜，若非此不足以策治安者焉，抑知吾国社会导源家族，与暂人军国民主义根本歧义。”

一些普世价值观也渗透进了宗族建设之中，如《鱼川耿氏宗谱》（黄山市档案馆藏）记载的族训涉及了“博爱”普世价值：

> 爱众亲仁为弟子职，西儒则更推之爱国家爱种族。顾使一族之众一乡之人犹且争气结怨，恃强构讼，不特有惭合群进化之义，亦非任恤睦姻之道也。嗣后务率其族之人推爱身之恋以爱其家，推爱家之情以爱其族，更推爱族之义以爱其乡，迨其爱护之观念允实弥满，则进而达于国家种族矣。推其克爱与不克爱之故，一公私之判耳。盖私则争，争则交恶；公则让，让则相爱矣。故次之以博爱。

将中国传统儒家伦理观念与西方信奉的普世价值观结合起来，说明了中国受西方的影响正在逐步加深，同时也说明了中国传统文化中并不缺乏现代思想。

家庭、宗族、国家、世界被更紧密地联系到了一起。民国前后，在家族建设的各个方面，都有着国家和世界的影子。鱼川耿氏家族在《家族规则》中大量涉及了家国关系的新认识。如教育，“环球交通，文明日启，非复闭关时代之可以安常习故也。一国之强弱，一家之盛衰，无非视其人物之知识能力为进退，是教育普及为保国保家惟一之要素，特是新旧相嬗，为之父兄者不免审慎迟回，是延误其子弟也。”交通的发达将地球日益紧密地联系在一起，而文化的传播与发展则将各个不同的民族、国家日益紧密地联系在一起，时代的变迁赋予了教育更大的责任，家之盛衰关系到国之强弱，教育关系到保家保国的重大历史责任。

如劝业，“生货出口少，熟货出口多者，其国强。此西人之言也。吾国生产事业群趋于商之一途，而于工则墨守师承，不知增高审美思想。即其所谓商者，亦不过作外货之分销与原料之转运而已。此漏卮所以日甚，财力所以日绌也。嗣后宜趋重工业，天然品则讲求种植之法，人工品则研究精进之术，使聪明才智之士破除官吏思想，从事实业倡导，兴族强国皆基于此。”所谓的“生货”，大概就是指农产品、原材料之类。所谓的“熟货”，应该指精加工的农产品与机械制造之类。倡导实业，才能实现“兴族强国”的目标。

如储蓄，“奖励其国人从事储蓄，此某国人近十年来之计画也。其言曰：利在眼前，不可不储蓄。盖谓储蓄资力，一为侵略计，一为防护计也。我国民顾梦梦然，日以有用之财为无益之事，一身一家之缓急且不可恃，是可慨矣。嗣后无论何业团体亟须组合公同储蓄会，务令月有所积，岁有所赢，储之既久，资本自厚，即用以扩充其本业，研求其进步，而公司之结合此为其基础，社会之发育亦于此而促进，和众丰财数善备焉。”“某国”奖励国人从事储蓄，这件事也影响了中国人对储蓄的态度，储蓄的重要作用被近代以来积贫积弱和被动挨打的中国人理解为“侵略”和“防护”，正是因为中国人不事储蓄，所以“一身一家之缓急且不可恃”，何况公司之结合、社会之发育和国家之强盛！

2．教育的新变化

晚清政府在被西方列强打开国门后，一些有识之士认识到培养人才的重要性，1905年，延续了千年的科举制被废除，开始在政府内部设立学部，广设新式学堂，建立新学制，重视留学教育，培养了大批各种生产领域内的留学生。科举制被废除后，儒学的独尊地位被打破，人们的思想得到了极大的解放，立宪主义、民本主义、自由主义等思潮纷纷涌现，四书五经的地位渐趋衰微，传统的以经学为主体的学术格局逐渐解体，各门适应20世纪初科技文化发展的分支学科相继独立出来，现代科技知识分子的队伍逐渐壮大，近代新教育获得了空前的发展机会，新式学堂的数量直线上升，规模也在不断扩大。

徽州是中国古代传统教育最为发达的地区之一，尤以明清时更甚，除府学、县学外，各地书院林立，“自井邑田野，以至远山深谷、民居之处，莫不有学、有师、有书史之藏”，形成了“十家之村，不废诵读”和“户诵家弦”的繁荣景象。正是因为徽州地区自古便是理学的发源地，对儒学的重视可见一斑。加之科举取士多以四书五经为蓝本，儒家的伦理教化成为徽州子弟乃至全国文人雅士的终身课本。长此以往，大多读书人除了朗诵诗词歌赋外，手无缚鸡之力，不能发挥其他的社会价值。晚清以后，巨大的社会动荡使得中国社会发生了翻天覆地的变化，工人阶级的队伍逐渐壮大，无产阶级开始登上历史的舞台，社会对知识分子的要求不再单一趋向于理论，对结构性、专业性的要求被提升到了一个高度，拥有专门职业技能的人成为新社会的宠儿。而女性识字读书也成为新的潮流。

绩溪东关冯氏的教育史上，云庄书院一直是头号招牌，它为国家、政府和地方社会输送了很多人才，名扬一时。但是，在以科举考试作为选拔人才的古代社会，学校的教育内容多局限于儒家经典。时代在改变，教育理念也必须顺应时代的潮流。绩溪东关冯氏也在此问题上有了自己的思考与改变。

明清时代，云庄书院几经重修，乡人初等识字较为普遍。太平天国战乱后，经济萧条，衣不蔽体，食不果腹，识字者寥寥无几。至民国初年，书院颓废，私塾又开始滋生，家境较好的宗族子弟都入私塾读书，但学业依旧像往常一样单一，只教授一些儒家经典，如《三字经》《百家姓》《千字文》《幼学琼林》，较深的无非是《四书》《五经》，没有算术、自然之类科目，适应社会发展的人才过于稀缺。教育跟不上，宗族子弟便无法在外面的世界打开局面，宗族自身发展也就只能停留在原来的轨迹上，周而复始的原地循环，没有长足的进步。宗族经济衰退，塾师不规，误人子弟，急需改革。民国十九年（1930年）后，在冯氏聚居地的冯村，“云庄小学”在有识之士冯立本的积极策划筹备下建立起来。云庄小学初建时，便知培养综合型人才的重要性，其训导目标如下：

革命化——见义勇为，牺牲奋斗

人格化——高尚坚强，忠实诚恳

平民化——俭朴勤劳，和平敬爱

纪律化——独立自尊，服从正谊

科学化——精密观察，具体研究

生产化——农工身手，生活自力

艺术化——心境和悦，遇事乐观

社会化——博爱互助，通力合作

科学、生产、艺术、人格、社会等观念已深入人心，作为训导学生的戒律。教育再也不只是为求取功名，生存之道中处处渗透着教育的因素，教育更多地倾向于职业技能的培养。

新中国成立前，冯姓聚居地冯村中，男性识字者不多，女性文盲比比皆是。新中国成立后，国家更加重视教育，子女读书是父母的义务，无论男女，都被列入扫除文盲的行列。宗族内部积极开办扫盲夜校等活动来加强教育事业，青少年普遍接受中小学教育。改革开放以后，普及义务教育，人才更众，为接受农业新科技和外出务工打下坚实基础，促进农村各项事业发展。

同在绩溪的金紫胡氏家族，1907年也兴办了新式小学。《金紫胡氏家谱》（黄山市档案馆藏）记载了学堂建立与运作的情况：

> 为一族姓儿童前途计，而设初等小学；更为一族姓前途计，而设初等小学。诚以初等小学者关系乎族姓前途之兴衰者，为至钜也。人见今日入学堂子弟多染浮嚣习气，遽以是为学堂诟病。不知此非学堂之咎，乃办理学堂人之咎也。盖校风之美否，与教员、管理员有密切之关系。学校教科，修身为重，然修身科非可徒以言教也，必其为教员、管理员者遵循教则，实事求是，以一己之修身示儿童模仿之活标本焉，而感化力乃大。至于教之卫生，以保其生命健康；教之体操，以长其尚武精神；教之国文、算术，以备其日用必需；教之地理、历史，以恢其宇宙知识；教之博物、理化，以达其自然理性；教之图画、音乐，以抒其高尚美情。凡所以为儿童计者，一言蔽之，教成人格而已。而且起居有节，饮食有恒，课本则深浅合宜，课堂则严整有序。

以言乎授课之时：旧法为个人教授，每人每日约派十数分钟者；新法为合班教授，每人每日可得二百数十分钟焉，此则授课之时一多而一寡也。以言乎授课之法：旧法惟求记诵，毋乏心得；新法则重讲解、重试验、重练习、重实行，此则教授之法一虚而一实也。

然则即此初等小学四年程度，而受教育者之未来与未受教育者之未来，其间必大有差别矣。何也？以一有普通之道德智识技能，而一则无之也。夫立足于此五洲竞争、万国交通之世界，而顾无普通之道德技能，则已失其为人之资格。其何以谋生？何以竞存？何以合群？何以进化？彼夫青年子弟，游荡失业，沾染嗜好，昧于公德公义，以致为蠹于其乡者，岂天之降才有殊，抑亦无教育以致之也。

然则吾族初等小学之设，顾可缓乎？吾族之先人竹村农部有见于教育关系之重，尝捐置校舍于城之东北隅，颜曰“金紫胡氏家塾”，功未竟也。岁丁未，族中诸君子以谱系告竣，议兴族学，乃就家塾旧址，按学堂规则制重建筑焉。将以来岁招生开学，特志其缘起如此。

光绪三十三年岁在丁未九月，三十四世系孙晋接谨撰。[1]

该篇记文开篇就提出，金紫胡氏初等小学堂不仅关乎金紫胡氏儿童的未来，而且关乎金紫胡氏家族的未来。小学堂能否办好，与校风有关，校风则与老师及管理有关。在学生人品培养方面，更要求老师以身作则，其示范作用，小学设置了卫生、体操、国文、算术、地理、历

[1] 《金紫胡氏家谱》卷首下《金紫胡氏初等小学堂记》。

史、博物、理化、图画、音乐这些课程。在具体授课方式上，也与旧式教育不一样，更重视用新方法，避免死记硬背。

3.礼仪文化的变化与胡适的丧礼改革

宗族文化受到国家法律影响最为明显的可能是在婚姻与财产继承方面。在婚姻方面的变化，就是不再主张早婚，如民国黟县《鹤山李氏宗谱》：“古者男子三十而娶，女子二十而嫁，近世嫁娶多早，此中有关男女寿夭及子孙体气之强弱，现律亦有早婚之禁。愿我族人各体此意，斟酌适中行之。”

祭礼方面出现了减少的趋势，如民国《鱼川耿氏宗谱》之《辛亥祠规》规定：“每年春分、冬至、伏腊四次为本祠祭祀之期。”有的宗族规定，每年的元旦、春分、冬至、腊八四次在祠堂祭祖。除了四次祠堂祭祀，还有清明祭扫。总体上看，与《家礼》相比，徽州宗族的祭祀出现了简化的趋势。

祠堂的地位不再那么神圣，出现了祠堂出租的现象。如民国《府前方氏》之《祠规》就规定：“家祠现有租客，暂不锁门。”民国《鱼川耿氏宗谱》之《辛亥祠规》规定：“除已议定租金，特别暂时借放屋料外，所有祠裔物件无论何时，一概毋许堆放。祠裔制备棺木，准暂时叠放栅门内中门外两旁，不得移置中门以内。”这同时说明，祠堂已经成为族人堆放棺木的主要场所。

女子礼仪的变化最为明显，在一些家族中，女学已经得到公开的倡导。“女学亦宜并重，惟不必陈义过高，但教之明礼，教以正性情、习书数以理家事，以及手工缝纫、饲蚕缫丝绩麻之学，已堪为贤妇贤母之资。其俊秀而有力者欲求精到之学术，则听其自为之。禁缠足减刺绣，庶男子各得内助之贤，省无限食用，多无限生息矣。”（民国绩溪《鱼川耿氏宗谱》卷5《家族规则》）从“女子无才便是德”的传统社会突破到要求女子明礼义、正性情、习书数，已经把女子视作家庭管理的一个重要角色。有了贤内助的帮助，家庭可以节省很多费用，也可以增加很多新的财源。

丧礼在传统礼仪中极为重要，民国时期徽州在丧礼方面出现了改革的呼声，并有一些行动。徽州家族礼仪渗透于家族的每个角落，尤其是丧礼，徽州人尤其看重。徽州丧礼的变化，由胡适大力推动。胡适好怀疑，尤其是在宗教信仰方面。他对传统丧葬礼仪展开了批判性研究，主要观点见胡适的《我对丧礼的改革》（台湾《胡适文存》第一集第四卷）。20世纪初年以来先进分子倡导改良社会风俗取得了一系列成果，其中包括对丧礼的一些改良。但是胡适觉得改良的力度还不够，“不曾把古代遗留下来的许多虚伪仪式删除干净”，他斥责其为迷信的、虚伪的野蛮风俗，揭露和批判了传统丧礼的种种弊端。

胡适对丧礼的历史发展有着准确而深刻的认识，与先秦时期相比，当今的丧葬礼仪已经简单了很多。胡适主张，礼仪不能影响人们的正常生活、不增加人们的精神负担。“自古以来，礼仪一天简单一天。”丧礼简单化也是自然的趋势。“将来社会的生活更复杂，丧礼应该变得更简单。”

胡适主张的丧礼改良，一是“把古丧礼遗下的种种虚伪仪式删除干净”，二是“把后世加入的种种野蛮迷信的仪式删除干净”，使丧礼“近乎人情，适合于现代生活状况”。

胡适对丧葬礼仪改革方面的很多思考，不仅仅停留在文字上，而且被他付诸实践。1917年，胡适留美归来，被聘为北京大学教授，作为接受了新思想、新文化的新青年，胡适开始大力宣传丧葬礼仪改革。1918年11月27日是胡适应邀去北京通俗讲演所演讲“丧礼改良”的日子，但在11月24日就收到了母亲去世的电报。主张丧礼改良而突遇丧礼，这对胡适是一个考验，也是其朋友、学生对他的一次期待。11月25日在启程离京前就有两个学生向他建言："适之先生向来提倡改良礼俗，现在不幸遭大丧，我们很盼望先生能把旧礼大大地改革一番。"

胡适没有辜负大家的期望，根据自己的改良理念，对母亲的丧礼进行了一次相当成功的实践。

首先是使用简明易懂讣帖。胡适设计了全新的讣贴："先母冯太夫人于中华民国七年十一月二十三日病殁于安徽绩溪上川本宅。敬此讣闻。胡觉、胡适谨告。"胡适认为自己设计的新讣帖革除了三个陋俗：一、不用旧式讣帖中"不孝××等罪孽深重，不自陨灭，祸延显妣"等有罪连带父母的虚文；二、不用"孤哀子××等泣血稽首"等套语；三、革除了"孤哀子"后面排着一大群的"降服子"、"齐衰期服孙"、"大功"、"小功"等众多亲族的姓名和"拭泪顿首"等虚文。与旧讣帖相比，胡适的新讣帖内容简明扼要清晰，令人耳目一新。这一讣闻格式在《新青年》六卷六号登出后，人们纷纷效法。1920年8月，邵力子就曾向友人推介胡适用过的讣闻格式。

其次是祭奠用品简单化。徽州风俗，遇丧之家，收到亲友邻居的祭奠用品有锡箔、白纸、香烛、盘缎、纸衣帽、纸箱担等。锡箱和白纸是家家送的，太多了，烧也烧不完，往往等丧事完了，由丧家打折扣卖给店家。胡适认为这是一种"糜费"。胡适到家之后，先发一个通告给各处有往来交谊的人家。通告上说："本宅丧事拟于旧日陋俗略有所改良，倘蒙赐吊，只领香一炷或挽联之类；此外如锡箔、素纸、冥器、盘缎等物，概不敢领，请勿见赐。伏乞鉴原。"果然没有一家送这些东西过来的，和尚、道士也没有用。

第三是做真实的"先母行述"。胡适离家已久，对母亲的很多事情不了解，就拜访亲戚长辈，收集事实。他不用古文中的套语，而是说老实话，不怕得罪活人和死者。

第四是受吊时哀至则哭，不作伪。老规矩是：外面击鼓，里面启灵帏，主人男妇举哀，吊客去了，哀便止了。有些大户人家吊客多了，不能不出钱雇人来代哭。胡适受吊的时候，灵帏是开着的，丧主在帏里答谢吊客，外面有子侄辈招待客人；哀至即哭，哭不必做出种种假声音，不能哭时，便不哭了，决不为吊客做出举哀的假样子。

第五是简化祭礼。徽州祭礼最讲究，胡适从小就看到各种大大小小的祭祀，非常熟悉。丧家要请一班秀才先生来做“礼生”，代主人做祭。祭完了，每个礼生可得几尺白布，一条白腰带，还可吃一桌“九碗”或“八大八小”。大户人家，停灵日子长，天天总要热闹，故天天须有一个祭。或是自己家祭，或是亲戚家“送祭”。家祭是今天长子祭，明天少子祭，后天长孙祭……送祭是那些有钱的亲眷，远道不能来，故送钱来托主人代办祭菜，代请礼生。胡适认为这些都是装面子、摆架子，不是真正的祭祀。他起初想把祭礼一概废了，全改为“奠”。但是，他的外婆七十多岁了，眼见一个儿子两个女儿死在她生前，心里实在悲伤，所以她听见他要把祭全废了，便叫人来说：“什么事都可依你，两三个祭是不可少的。”胡适只好依她，但是对祭礼进行了改革：一、本族公祭仪节：（族人亲自做礼生）序立，就位，参灵，三鞠躬，三献，读祭文（祭文中列来祭的人名，故不可少。）二、亲戚公祭。胡适不要亲戚“送祭”。他把要来祭的亲戚邀在一块，公推主祭者一人，赞礼二人，其他人陪祭，一概不请外人作礼生。同时一奠，不用“三献礼”。这样，本来可分七八天的祭，十五分钟就完了。仪节如下：序立，主祭者就位，陪祭者分别就位，参灵，三鞠躬，读祭文，辞灵，礼成，谢奠。胡适认为，古祭礼在于人们深信死人的“灵”能真正享受祭品，带着古宗教的迷信。

改良后的祭礼成为生人对死者表示敬意的礼仪。胡适期待这样的祭礼可以为大众采用。

第六是出殡不装模作样。古代出殡特别讲究，主人要头戴高梁孝子冠，手拄哭丧杖，装出一副因极度悲哀导致“扶而后能起，杖而后能行”的半死样子。胡适既然丧礼改良，既不戴高梁孝子冠，也没有其他合适的帽子，遂创新采用现代表示敬意的“脱帽法”，也不拄哭丧杖。

第七，改革点主仪式。人死之后，神主入祠。俗礼有“题主”或“点主”之法，把神主牌先请人写好，留着“主”字上的一点，再去请一位阔人来，求他用朱笔蘸了鸡冠血，把“主”字上的一点点上。这就是“点主”。点主作为一件最可装面子摆架子的事，在丧礼仪式中非常重要。当时家里人问胡适要请谁点主。胡适认为，古礼是请“善书者书主”（朱子家礼与温公书仪同）。这是因为丧主怕自己字写不好，故请一位书法好人来写神主牌，表示郑重。后来的人，要借死人来摆架子，故请顶阔的人来题主。但是阔人未必会写字。胡适表示，自己不配借母亲来替自己装面子、摆架子，不如行古礼。因此，请他的一位老朋友把牌位连那“主”字上的一点一齐写好。出殡之后把神主送进宗祠。

第八是不信风水之说。传统社会的丧葬，相信风水，寻求佳坟吉壤。胡适母亲殡殓之前，村上有人自称有一块风水宝地，胡母若在此下葬，可包胡适官至总长。胡适说自己也看过一些堪舆书，但不曾见哪部书里有“总长”二字，“还是请他留下那块好地自己用罢”。胡适最终将母亲安葬在先父铁花先生的墓旁。乡人以为这个外国翰林看中的一定是极好的地，不到十天，便有人在胡母冢前的田里造坟。有人对胡适说：前面的棺材挡住了后面的“气”。胡适回应说：“气是四面八方都可进来的，没有东西可挡得住。”

第九是改良服制，实行短丧。传统社会中，丧服和丧期是根据五服制度安排的，子女要为父母服斩衰，守丧三年。清初思想家顾炎武曾叹息道："三代圣王教化之事，其仅存于今日者，惟服制而已。"（顾炎武《日知录》卷15）说明五服制度在中国传统社会的深刻影响。正因为如此，连富有反叛和怀疑精神的胡适，在接到凶电的一开始，也糊糊涂涂地依着习惯，把缎子的皮袍脱了，换上布棉袍、布帽，帽上还换了白结子，又买了一双白鞋。时表上的练子是镀金的，所以留在北京。眼镜脚也是金的，但是来不及换，又不能离开眼镜，只好戴了走。里面的棉袄是绸的，但是来不及改做布的，只好穿了走，马褂袖上还加了一条黑纱。到了路上，胡适想想又觉得很惭愧。因为他觉得这时候自己用的丧服制度，是一种没有道理的大杂凑：白帽结、布袍、布帽、白鞋，是中国从前的旧礼；袖上蒙黑纱是民国元年定的新制。丧事完了之后，胡适仍旧是布袍、布帽、白帽结、白棉鞋，袖上蒙了一块黑纱，并且已经习惯了，不觉得这种不中不西半新半旧的丧服有什么可怪的了。第二年五月初，胡适在上海，终于下定决心，自己不是孔教徒，又向来不赞成儒家的丧制，要实行短丧。从五月七日起，胡适就不穿丧服了。前后共穿了五个月零十几天的丧服。

母亲是胡适生平最敬爱的一个人，为什么要对母亲实行短丧呢？胡适提出四个理由：第一，三年的丧服在今天没有必要保存下去；第二，真正纪念父母的方法很多，不是穿着孝服就能代表孝；第三，三年守制是古人遗留下来的，民国法律没有规定丧期；第四，现行的服制有许多说不清的地方，不仅造成"经济上的困难"，而且还带来"心理上的麻烦不安"，可谓"一无是处"。服制应该消除等级亲疏的界限。

综上所述，胡适改革丧葬礼仪的主张洋溢着强烈的时代气息，适应了社会变化，有力推进了传统丧礼的现代转型。通过丧礼改革，胡适表现出一位近代思想家和实干家的勇气和胆识，为振兴民族文化做出了卓越贡献。

4.宗族管理方面的沿袭与变化——以《鱼川耿氏宗族》为例

从民国时期新修的宗谱中可以看到，民国时期徽州宗族制度更为完善，管理更趋精致化。民国《鱼川耿氏宗谱》（黄山市档案馆藏）中开列了一系列的规则，如《辛亥祠规》《祔庙规则》《办祭规则》《保管祠产规则》《祠首规则》《值年司事规则》《惩戒规则》《家族规则》。前面7个规则并没有多大的变化，基本上还是沿袭传统比较多。《家族规则》中变化相对较多，增加了很多近代管理规范。下面就这些规则做一些介绍。

（一）《祔庙规则》

规定了该家族升主的时间、方式、经费及相关记录。具体规定如下：

每年冬至日为宗族规定的各神主祔庙的日子。这天由各家迎主入祠，先推派一位擅长书法的族人把新主按照昭穆世次题于主牌，并登录在祠堂的牌簿上，然后才可以升祔。平时迎主入祠，只能把神主暂时奉祀于龛外，等到冬至日升祔。如果不在冬至日而在平时选择一个吉日升主，要由该孝子孝孙延请礼生祭告先祖，才可以升祔。

祠堂中的寝室龛座不得随便开启，只有到升主的时候才可以启龛。新主入祠要缴纳一定的费用，每牌铜圆二十枚，配享每牌银圆十元。牌银必须先缴清，不得拖欠。

除了“牌簿”之外，祠堂中还要另立“行实簿”，凡新主名号、生卒年月、娶某氏、葬某山，以及其他事迹如忠臣义士、孝子顺孙、义夫节妇及凡热心公益等方面的事情，都记载其中，作为以后家族修谱的传记资料。

（二）《办祭规则》

祭祀祖先是家族的大事，也是家族中的常事。《办祭规则》规定了祭祀时间、祭品、负责人、参加者及如何颁胙。颁胙就是在祭祀之后分发祭品，能否分发到祭品关系到族人的权利、资格，分发到多少祭品则关乎族人的身份、地位。

耿氏家族规定的全族性祠堂祭祖日期有四个：春分、冬至、伏祭、腊祭。祠堂祭祖由祠首和值年司事负责主管，族中的斯文、族长和耆老都要穿戴礼服，参与祠祭。

颁胙体现了年龄和身份的差别。耆老七十岁颁给胙肉、胙包各半斤，八十岁颁给胙肉、胙包各一斤，以上递加。但七十岁耆老无故不到祠与祭者停给。族长颁给胙肉、胙包各半斤，有前清生员之资格者颁给胙肉、胙包各一斤，但不到祠与祭者均停给。祖先配享的，每牌颁给胙包一斤，由其子孙承袭领给。祠首暨值年司事每人另给胙包一斤。誊写祝文并读祝生给胙包各一斤。

颁胙是针对耆老、管理者及有功名身份者这些特殊阶层的。颁胙之后是散胙，所有到祠与祭者均许散胙，每人生肉半斤，酒四两。如果遇到经济不好的时候，费用缺乏，可以停止颁胙和散胙，但是祭礼必须举行。

除祠堂祭祖外，还有清明祭扫，即墓祭，耿氏家族有“十八股清明”。该族清明缘由祠裔17人捐租组织成立，再加上头户1股，共18股，名曰“十八股清明”。每届清明祭费由祠内发出干谷120斤，除四值年到仁里祭扫发给米16升外，剩下的仍归“十八股清明”支配使用。每届清明前三日举行，计每股到派丁1人，共18人上墓祭扫，祭扫完毕，也由18人散胙，关于祭品方面的相关规定都记载在《清明簿》。

（三）《保管祠产规则》

这是关于祠产保护方面的，具体规定：关于宗族共有的田地山场，不管是买卖租典，必须要订立契约，田租要按时收清，不得拖延。如果有风水吉地，要公开租典，不能私下处理，否则查出就要责令迁让。宗祠土地不得租给异姓，鼓励开垦宗祠荒山荒地，宗祠坟山要共同保护，不得侵害盗砍，否则严惩。

从保护的内容看，只规范了田地山场的保护，可能改族的祠产并不丰厚。

（四）《祠首规则》

祠首是祠堂管理者，耿氏家族设立祠首两人，公选人品公正、家道殷实、办理能力强且勤快的族人担任，一人管理银钱，一人管理账目。有关宗族的公匣、契约、簿据等另推一人保管。值年司事每年收租的总账和租款要上交给祠首。如果祠堂银钱积攒到5元以上，祠首就必须放贷生息。每年冬至日结账，账目清单要公布出来。春分、冬至办祭，祠首要督同值年司事一起承办。遇到重要事项，祠首必须召集祠众集体讨论后决定，不得专权独断。

（五）《值年司事规则》

耿氏家族共设立4位值年司事，公开从族人中选拔，必须符合以下条件：耿氏族人，年龄在40岁以上，按照月日的先后，从大到小依次递补。值年司事任期4年，期满卸任。每年例定补充1人，卸任1人。4位值年司事分工如下：

甲：尊藏祖容。每年腊祭日敬挂，正月十八日收藏起来，交由补充第一年司事接收尊藏。

乙：清明祭扫。每年清明后一日专门祭扫仁里祖茔，必须4位值年司事一起到古宅、白阳山等处扫墓标祀，并收古宅护坟地租，如果确实有事情去不了，必须请托一位祠裔替代，不得推诿。

丙：承办祭事。每年春分、冬至暨伏、腊二祭均由补充第一年司事主管，惟承办春、冬二祭须商同祠首，敬谨办理。

丁：收租。每年催收祠租由值年4人完全负责，须于冬至前收清，冬至日结账，汇交祠首保管。

（六）《惩戒规则》

这是狭义上的家法族规。最严重的惩罚是剥夺资格，不许入祠，针对以下过错：不孝不弟者、流为窃盗者、奸淫败伦者、私卖祭产者、吞众灭祭者。犯了这些过错，要事实清楚，然后还要经过祠众的多数同意，才可以剥夺违犯者的相关资格和权利，不许入祠。轻生恶死者不许入祠，但因为特定原因而身殉为孝义节烈者不在此限。不许入祠的惩罚只针对违犯者本身，不针对其子孙。不孝不弟者、流为窃盗者、奸淫败伦者如果确已改悔，并且有多人担保，可以恢复其被剥夺的资格。私卖祭产者、吞众灭祭者如果恢复了原有的祠产，并且承担罚金，可以恢复被剥夺的资格。轻生恶死者只有到下届升主的时候，其神主才可以进入祠堂。

（七）《家族规则》

这是最为特殊的一个规则，规则后有宗谱编纂者耿履安的案语，说明该规则实际上是长沙县知县陈继良所撰，在湖南一些家族中得到推广和实行，后来呈报给安徽省省长，在做了一些适合安徽省情的修改后，在安徽省内予以推行。耿氏族谱卷首有一篇由民国八年安徽省长龚心湛所作的《鱼川耿氏宗谱序》，当时耿履安拜访安徽省长龚心湛，并拿出快要修好的宗谱请省长写序。可以推断，长沙知县陈继良把在湖南推行的《家族规则》呈报给了安徽省长龚心湛，而耿履安主持修耿氏宗谱，并向省长请序，省长借此将《家族规则》转给了耿履安，并被略作修正后编入耿氏宗谱。耿履安认为该规则超过了吕氏蓝田乡约，也超过了王士晋宗规。从其文字的完备性来讲，这种评价确实不为过。唯一不能确定的是，家族规则是否在耿氏家族中得到切实推行。

家族规则共分七章三十二条，七章分别为组织事项、调查事项、遵守事项、劝导事宜、禁戒事项、扶助事项、戒法事项。

“组织事项”方面最重要的一点是关于在族内设立族正和族副。族正曾经在清代得到短暂的推行，当时是作为地方政府派驻宗族的代表，颇有把宗族纳入官方治理轨道的意图，后来在实际运作中，族正反而成为宗族与官方沟通、协商的代表人物，在行使职权时更多为家族谋利益，故此政府不再在族内强行推行族正。

耿氏家族的组织架构中，有族长、房长、族正、族副、祠首、值年司事、书记、耆老、正人、秀士等。在行使职权方面，族长、房长是处于监督地位，由族长、房长挑选族内有知识、有道德的部分族人公同商议，从中选择族正1人，族副二到8人，书记1人。“族正总理族务，保存祠产，勤修祭祀，暨后项规定各义务。族副赞助族正行其职务，书记听族正、族副之委嘱办理文件等事。”耆老、正人、秀士等没有具体的分管任务，但要协助族正处理事务。族正、族副任期为5年，可以续任一次。族正、族副如果营私舞弊、侵吞族款，由族长齐集族众，证据确凿即取消其名义。侵吞的族款，要按照所侵之数加倍赔偿。族正、族副如果公正、勤能，表现出众，可以得到族内的嘉奖。一旦做出重大贡献，由各个房长禀报政府，由政府进行嘉奖。

按照“乡有长、族有正”的说法，族正仍然是属于官方认可的基层负责人。除了总理族务外，族正要推行政府制定的政策，“族正、族副于官厅委托之事务应遵照履行，至地方公事不得挟众阻挠干涉，致犯刑章”。还尤其强调了不能站在个人或家族立场上挟众阻挠公事。

“调查事项”方面，主要是关于户数调查、年龄调查、职业调查、资格调查、财产调查、人事调查共六项。每年于清明、中元、冬至聚集祀祖时，由族正督率各房，按照所列各项调查，统计信息，核实信息，然后上报给族正，季冬时由族正上报给乡董，乡董上报给县长。户口及人口信息是政府各项施政的基础，也是家族管理的基础，调查清楚并上报给地方政府，是家族义不容辞的责任。

“遵守事项”就是族训，这里特别强调“就国民性之亟应矫正者”，说明新立的族训不是随便沿袭以前的祖训，而是根据国家、民族、家族以及时代的变化等实际情况设立的。在这里列了四条“持正”、“博爱”、“尚信”和“崇俭”，结合了一些传统文化和新的价值观，不再仅仅关注到小家，而是更多地关注国家，关注民族，关注一些普世价值。如关于“持正”，“父慈子孝，兄爱弟敬，夫和妻柔，家之肥也。”关注小家的幸福生活没有错，但是如果根基不正，只关注小家的权利、经济，并以不正当的手段获取，那么“利其家者实以害其家”，家肥而不利国。因此要明礼教、立人伦，“乡多正人，国多正士”，“国利而家自肥”。

“劝导事宜”主要是关于地方上的兴利之举，如“励学”、“劝业”、“垦荒”、“储蓄”。

“禁戒事项”主要是补充国法的不足，开列了禁嫖、禁赌、禁溺女、戒凌媳、戒偏、戒刻等。

“扶助事项”中主要讲慈善事业，“慈善事业博济良难，家济其家，族济其族，似隘实博矣”。主要开列了苦情扶助、废疾扶助、遇难扶助、成美扶助、资财扶助、心力扶助等六项。前四项是宗族、亲房等对个人的扶助，后二项则是个人对宗族、对公益的资助，鼓励族人向祠堂捐资，在公益方面有钱的出钱，有力的出力。把一家一族的慈善事业办好，就是对社会、对国家的贡献。

“戒法事项”主要是讲别善恶、论赏罚。其做法就是在祠堂设立德道、失德、事业、败行四簿，记载族人的相关事迹，然后赏善罚恶，由族正、族长主持。

（三）抗战时期的徽州宗族——以宅坦胡氏为例

抗战时期，徽州社会必然受到战争的影响，宗族作为徽州最普遍的基层组织，必然也会随之产生一些变化。唐力行先生对抗战前后绩溪宅坦村有过非常深入的研究，他运用近现代资料和田野考察所得资料，重构了徽州一个古村落宗族社会生活的实态并对其进行解剖和研究[1]。

1.宅坦村概况

宅坦是胡氏宗族的聚居地，1006年宅坦始迁祖胡忠定居龙井，至抗战时期已经延续了1000多年。民国时期宅坦村人口已经无法做出比较精确的统计，据该村的村志介绍，该村人口大概保持在800-1000人之间。据1949年统计，全村有276户，男458人，女449人，合计907人。户均人口约3.3人，男女性别比也比较均衡。宅坦村拥有7所祠堂。永乐九年（1411）二十世胡英定的四个儿子分成四个门派，即前门、后门、上门和下门。后来从二十二世前门再析分出一支，即中门。五门分别设立五大支祠，即前门澳瞻堂、后门继序堂、上门豫格堂、下门笃伦堂以及中门的敦睦堂。明代天启年间由五大门派合力修建了宅坦胡氏宗祠——亲逊堂。亲逊堂就此成为宅坦胡氏的最高权力机构，由宗子、祠首和司事管辖，并留下了不少民国年间的宗族活动资料，如《亲逊堂宗祠会议录》，共2册，从民国二十二年（1933年）到民国二十六年（1947年），前后15年，共有30次宗祠会议的记录，平均每年约两次会议（民国三十二年缺）。《亲逊堂宗祠会议录》记录了每次会议的时间、地点、出席者、会议主席、会议记录者、所议事项、议决结果等。

[1] 唐力行：《重构徽州农村基层社会的宗族结构与生活实态——徽州文书〈亲逊堂宗祠会议录〉的解读》，《传统中国研究集刊》第五辑，上海人民出版社 2008 年 12 月。

2.族人积极参与宗族活动

据唐力行先生的统计，出现在会议录中的亲逊堂后裔，约为330人，其中在族中有具体职务或事务者139人，占总数的42%。参加者有在外经商者57名，有本村商人10名，有在北洋政府任职者，扣除以上因素，村民参与宗族活动的大概在300人左右。再进一步进行分析，在会议录中名字出现一次的有176人，其中担任宗族职务或事务者29人，占16.5%。名字出现2–5次的有107人，其中担任宗族职务或事务者53人，占49%。名字出现6–9次的有34人，其中担任宗族职务或事务者27人，占82%。名字出现10次以上的29人，人人都在族中担任职务。从15年的时间来看，除去不能参加的女性和未成年男性，说明宅坦村民参与宗族活动比较积极。村民对宗族集体活动的热心和积极参与，才是宗族能够保持活力的动力，也是宗族建设能够顺利开展的基础。

从会议记录看，宅坦胡氏宗族活动比较频繁，从内容看，族务方面的有修理祠堂、修改章程、祠首、司事，以及总管的选举、祭祀、坟山的保护、升主、教育、水利、土地陈报、抚恤、平粜以及一些经济活动。其中数量最多的还是修理祠堂和祭祖升主活动。这些说明，虽然到民国时期，宗族集体活动中还是传统成分居多。但是在传统中也蕴含着不少新生的东西。

3.祭祀方面的问题及其解决

如祭祀有冬至祭、春分祭、春祭等，除一些正祭外，还有百世不迁像、能干、配享、酬劳、忠孝节义、“土地”等祭祀如何维持？徽州宗族祭祀繁多，如果没有雄厚而稳定的宗族经济来源，就会经常面临祭祀经费不足问题。冬至祠堂祭祖是徽州宗族最为重视的一次祠祭活动。1934年冬至之前，亲逊堂就贴出告示，通知开会研究冬至祭祖活动，主要原因是“荒年歉收，经费不足”。1934年会议结果是冬至祭祖照例举行，但是要减少祭品，停止宴饮和分胙，只是简单地吃些粥、面、小菜。徽州祭祖后一般都要分发祭品，举行宴饮活动。但是前所未有的经济困境迫使宗族大规模缩减祭祖费用。

1937年抗战爆发，冬至前，亲逊堂照例召开祠务会议，讨论祭祀如何办理。讨论决定：“当此国难时期，理宜节衣缩食，祠中公款亦宜假公济公。对于祀典当不可废，不过聊表而已。决议在困难时期对于派下胙肉统行豁免。胙食除粥面外，夜饭免对祖先。祭仪除正案外，以简为是。纸箔规定纸四捆锡箔二十把。祠谷即粜百元应用。”祭祀是宗族很重要的大事，当然不能随便废止，但可以压缩规模和减少费用。

因此在1938年的会议中就讨论了祭祀改革问题。对于祀典，春分、冬至祭祀除正祭外，还有百世不迁像、能干、配享、酬劳、忠孝节义、土地等的祭祀，经费不足的情况下如何处理？该年10月16日第二次祠务会议讨论决定：“值此国难方殷而加祠漏未整，故对于老人、礼生胙食一律豁免，以冀修理而存家庙。”百世不迁、能干等归并为一特祭，于正祭后继续举行，祭祀时内仍设九案，第一案百世不迁，第二案能干，第三案酬劳，第四案配享，第五案忠孝节义外四案，像另加附位两案。祭必发胙包，每人半斤，老人、礼生一律照发。国难当头，经费紧张，宅坦胡氏将正祭外的其他祭祀合并为特祭，节省了开支。

除冬至外，其他祭祀也面临着相似的问题。1939年正月二十六日在亲逊祠内召开了一次临时会议，讨论春分祭祀和清明祭扫。1938年因为非常时期，加上修理祠堂，花费较多，春分、清明能否同往年一样？讨论决定，春分祭祀照常，参祭者祠内仅供给一粥一面，春分酒及春分包从省，老人胙也停发，清明一切照旧办理。祠祭每年数量较多，清明祭扫只有一次，所以清明祭扫仍然保留了原来礼制。

据《亲逊堂收支总登》统计，1946年亲逊堂共收币1456390元，支出1156195元，余300195元，支出占收入的79%多。支出部分共分12大类，分别是：

1、祭祠费用358385元，占支出的31%

2、祠堂维修2255元，占支出的0.2%

3、升主费用64990元，占支出的5.6%

4、收租费用23690，占支出的2%

5、上仓费用15250元，占支出的1.3%

6、粜谷费用34400元，占支出的3%

7、垫石井二保“绥靖费”193300元，占支出的16.7%

8、筑塘费用22500元，占支出的2%

9、修碓、修碣、修深塘等费用193300元，占支出的16.7%

10、贴补族人10000元，占支出的0.9%

11、补贴桂枝校10000元，占支出的0.9%

12、其他费用（日常费用）221725元，占支出的19.2%

在所有的祭祀支出中，祭祀费用最大，这是符合徽州实际情况的。如果将祭祀、祠堂维修和升主合并在一起，占支出的36.8%。在所有的祭祀支出中，清明祭扫花费243080元，占祭祀费用的67.8%，春分占13.3%，冬至占11.7%，这三种祭祀的重要性由此可见，其中清明祭扫更是重中之重。

4.升主活动中的经济与血缘问题

关于升主，也是非常重要的一项宗族活动，要举行非常隆重的仪式。所谓升主，就是将新神主升入龛座。伴随升主的就是理牌或者整牌，就是将一定代数内的旧神主从龛座上拿下，或者放入特定的砖圹内，或者烧掉。宅坦胡氏宗族在升主时，将龛座上拿下来的旧神主放入砖圹内，而原先放在砖圹中的神主则拿出来烧掉，牌位灰埋在龛座下。龛座上空出来的位置安置新进神主。该族的亡灵牌位一般要经历一个放入龛座——放入砖圹——烧掉埋下的过程。

每个宗族的升主日期也不一样，有的安排在每年特定的日子，如冬至日；有的则是挑选一个吉日。宅坦胡氏升主的具体日期由上门、前门、中门、后门、下门五支祠各推出一人，开列其生肖，再经过占卜、推算而决定升主日期。

1944年末，因为神主满座，新神主不能进入，祠务会议讨论后决定下次再议。两年之后，1946年6月亲逊堂召集了升主筹备会，由当时的总管胡华茂主持会议。当时亲逊堂祠谷仅有六百斤，还无法卖出，现币六万多元。初步决定，将这些钱谷留作升主理牌的费用。并决议，组织升主筹备委员会，内设总务室、经济股、文书校对股、盘查股、庶务股，并公推胡华茂为总务室主任，胡冠英、胡隽臣2人为副主任，胡屯甲等5人负责经济股，胡越兴等14人负责文书及校对股，胡厚彝等2人负责盘查股，胡文明等5人负责庶务股。

在当年底的祠务会议上，决议每门推出一人，开出各支祠宗子的生肖，请当地有名的星相曹立益先生按照生肖择定升主日期。1947年正月，胡华茂再次主持升主筹备会议，在会上选出了一个庞大的由96人组成的筹备委员会，内设总务、经济、文书、庶务和交际五股，人员和职业也进行了调整，族内精英和旅外的族中富商都囊括其中。7月的祠务会议讨论了向旅沪同乡劝捐和奖励的情况，这说明，该次升主规模比较大，所需费用也很多，宗族现有的财力不够，旅外的族人富商就是理所当然的劝捐目标。9月份又召开了祠务会议讨论升主问题，确定升主时间，经费上除了向旅外族人募集外，还决定向佃户摊派筹集。螟蛉子被允许入祠，但需缴纳经费，甲等一百万元，乙等五十万元，丙等二十万元。据胡维平《龙井春秋》记载，最终升主日期是在1948年，距离前次升主的1920年，已经过了28年。对这样一个大族而言，这次升主时间显然拖得太久。本次向螟蛉子收费入祠，显然与经费不足问题有密切的关系。螟蛉入祠的代价是巨大的，但是同时也应该看到，螟蛉子追求入祠权利是正当的，也是合乎时代发展潮流的。徽州宗族曾经严厉禁止的异姓承继乱宗问题，由螟蛉子神主入祠而得到彻底解决。太平天国之后，由于人口的凋零，徽州不少宗族在异姓承继方面就已经处于默认状态，甚至公开主张抹杀异姓承继的痕迹，让异姓彻底融合于宗族之中。宅坦胡氏宗族顽强坚守到现在，血缘壁垒才终于被打破。

总而言之，在抗战的非常时期，宅坦同样面临着较多的非常支出，但经费来源有限，所以缩减祭祀尤其是祠堂祭祖方面的费用，是一种必然趋势。抗战时期的宗族祭祖打上了深刻的时代烙印。

5.家族集体经济支援抗战

抗战时期宅坦胡氏宗族的开支较和平时期自然更多。抗战八年，徽州虽然没有被日军侵略者占领，但是徽州人依然在极度艰难的情况下，为抗战做出了力所能及的贡献。民国二十七年（1938年）十月十六日的祠务会议记录："第二次破坏公路，由公众暂借款75元，应如何归还案。"决议是"由亲逊祠拨付（而待联保清单拨付后）"，破坏公路是为了阻止日军进入徽州，这是关系到家族、地方和国家的大事，自然由祠堂经济承担。

族人中有参军的，或者因之负伤或死亡，宗族要承担起抚恤军烈属的义务。1945年3月10日的祠务会议讨论了"为抚恤胡乾健出征家属应如何处理案"，决议："每年秋收时本祠津贴四秤，此生直至该壮丁之母逝世为止。如该壮丁回家后，即行停止。”

当时绩溪县组织了抗日自卫队，其经费由地方负担。在宅坦村有一张《绩溪县自卫队捐》，内容如下：“今收到第一甲胡亲逊祠给纳自卫队给养费三元正，用特临时收据为质。经手保长胡品常。”1938年12月，抗日部队1000多人进驻宅坦休整，他们住在祠堂里，由祠堂负责接待。宗族还承担着驻军的柴火、粮草供应。1944年12月5日的祠务会议讨论了“关于两保不通本祠擅行砍伐墓霞荫木暨种植树木及坟屋修理应如何处理案”。决议：“对墓霞荫木昨日已经砍伐之五株，尽行拨供驻军，本村两保应摊之柴额。擅行砍伐者不得拨取分毫。本日继砍之枝，拟议处罚该各砍伐诸人，以□将来处罚办法，由祠首专派人会同两保前往墓霞点收拿不论。对停止砍伐不追。继砍木者之柴工资充当罚金。”

宗族还垫付驻军的军粮。宅坦胡氏宗族对抗战的贡献主要体现在作为后方供应基地方面。

九　人神相接的祖先神主

神主，又称木主、牌位、灵牌、祖宗牌位等，上书死者姓名或者包括生前官职荣衔等用以供奉祭祀。大部分为木制，还有石质、陶瓷、砖雕制作。中国人讲究血缘关系，重视祭祀礼仪，血缘文化和祭祀文化是中国传统文化的重要组成部分。徽州宗族组织化和普及化的程度都非常高，祭祖是宗族极为重要和频繁的一种活动，而关于祖宗神主牌的制度设计则是尊祖敬宗收族的重要一环。神主对于宗族及族人来说，具有极强的象征意义。同时，神主制度也是徽州宗族管理族人，积累族产的一种手段。定期或不定期进行的进主与迁主仪式，不仅体现了徽州人封建的宗法理念，更突显了徽州宗族利用道德手段教化、控制族人，为族所用的意图。

（一）进主仪式

进主，宗法思想深厚的徽州地区，族人进主活动是徽州宗族成员们在祠堂内举办的重要活动之一。清代，徽州地区崇尚祭祀文化，对于已经亡故的先祖，徽州人要将其神主供奉到祠堂，后世子孙才可以祭祀，这就是徽州的进主。

1．时间

清代徽州祠堂进神主的活动，徽州人都是在各个宗族规定的统一时间内进行的。大多宗祠入主都是一年一次，大都定在冬祭的前一日。光绪《绩溪华阳邵氏宗谱》规定："本宗神主入祠仍照旧例，限亥、卯、未年于冬至日俟公祭毕升祔。至平时进主，必由各家延请礼生，特祭方得升祔。"但是各个宗族情况不一，各个宗族针对自身情况将该族进神主的时间订立在族谱之中，族人需按时统一进主。

有的宗族只允许在特定日期进主。宣统歙县义城朱氏宗族祠规规定："寝室为先灵栖息之所，理宜严密，不得擅行开视，致滋异议。凡新主入祠，男左女右，照旧安置享亭中，俟二、八月移入正寝。倘有违例私开，从重议处，并惩司钥之人。"[1]

有的宗族规定进主日期有一定的弹性选择。道光绩溪县仁里程氏宗族祠规规定："进主议定正月十三、九月十五，祭前三日为期。若期外有择日进主者，必须演戏祭告祖先。"[2]也存在不等待祠堂同一时间进主的现象，但是需要交纳高额进主银。

还有的宗族规定有符合一定条件下的"特进"。锦谷程氏宗族规定："若不时特进，须先通知总首者，取匙设祭，请众公饮，牌资、瓦数照例。"[3]所谓"特进"，就是不在规定时间内进主，也就是所谓的"不时特进"。

---

[1] 宣统《古歙义成朱氏宗谱》卷首《祠规》。

[2] 道光《仁里程敬爱堂世系谱》卷2《祠规》。

[3] 光绪《锦谷程氏宗谱》卷4《规条》。

2．程序

清代徽州族人进主的前期过程大致可以概括为报丧、登记、出资、进主等四个环节。

报丧，亲人去世后，家人需第一时间前去祠堂向管理丧葬仪式的祠堂人员报丧。

登记，指的是祠堂的工作人员将神主本人的生殁信息登记在专门的神主簿上，也称为仙逝簿。信息的记录可以防止血缘世系紊乱，并且为祠堂统一制作神主提供帮助。

出资，指的是徽州针对进主者所收取的进神主资费，这一部分资费是丧家自行出钱。神主资费不得拖欠，缴费资格一律平等，除去违背家法被宗族禁止入祠的族人，其余族人缴纳完进主资费，就可以将神主奉入祠堂。清代徽州神主资费的缴纳对于进神主至关重要。

进主，徽州人将进主资费缴纳完毕，由祠堂统一制作神主，牌式统一。由族长或者族中德高望重者根据黄历，选择吉日作为规定的进主日，各家各族统一到祠堂按照礼制仪节，打开祠堂正寝神龛门，将其已殁亲人的神主奉入龛位中供奉。在神主上牌时有题主这样一道手续，就是在神主牌上题写神主的信息。题主不能悄悄私下进行，要当众题写，防止“私上”神主。

光绪绩溪城西周氏宗族进主流程如下：

> 寝室龛座，祖宗凭依之所，理宜肃静。寝室门须常封锁，春、冬二季外，毋得擅开。凡各家进主，宜择春分、冬至前诣祠，交钱登簿，查各分昭穆，以便书上大牌。若闲日进主，只许小牌安放两旁配享牌厨内，候两季开寝室门时，司值收钱查对，登簿入牌，再将小牌烧化。如有择期请人题主

者，必须邀集该年司值、查察，公仝收钱，登注《号簿》，书上大牌，即将小牌烧化。倘有不遵定例，私开寝室门进主，将小牌夹入龛座内、致滋紊乱者，与该年司值、查察各罚大青金一把，对祖烧化。[1]

周氏将进主的日期定在春分和冬至，族人交钱登簿，查分昭穆。闲日进主，不能上大牌，只许安置小牌。春分或者冬至时，全族统一入主时，再将小牌焚烧改换大神主牌。周氏针对违背进主流程的族人及工作人员制定了相应的惩罚措施，保证该族进主程序顺利进行。

光绪大谷程氏宗族制定了进主规则：

凡进栗主，定于春分、冬至前一日，俗云：小分小至。将应进主者，遵谱规一一开明生平行诣，交祠首登入《线草谱》暨《昭穆主谱》，俟祭日大赞唱“出主”时，将应上昭穆栗主请出，对《主谱》书入之。每主入，交登谱银计足钱二百文。[2]

大谷程氏与绩溪周氏进神主时间都按照传统的礼制规定，选定在春分和冬至，进神主的基本流程体现了徽州传统的礼制。

3．女性进主问题

徽州地区关于女性神主的供奉，建有专门供奉女性神主的祠堂。据文献记载，歙县呈坎罗氏宗族、潭渡黄氏宗族、棠樾鲍氏宗族都建有女祠。建有女祠的宗族，除去宗族在家法中特别规定的触犯条例之人的神

[1] 光绪《梁安城西周氏宗谱》卷首《祭礼》。
[2] 光绪《大谷程氏宗谱》卷1《祔食栗主祭规》。

主不可以入祠堂以外，其他女性的神主皆可以入祠。

祁门渚口倪氏建有专门的庶母祠。徽州宗族在对待庶母神主问题上多采用“另列一龛”的办法。茗洲吴氏家族就是如此：

> 庶母祀于私室，礼也。吾族私室不奉神主……以前庶母之在庙应祧者祧，其存者别置一龛于西序之末。以后庶母之入庙者，皆登庶母之座位。终其子孙之身，即奉主埋墓侧，不得杂处以乱祠规。[1]

面对嫡母无子而庶母有子的情况，庶母的子孙成为宗族祭祀典礼的主持人。按照清代礼制，庶母之子的神主应该祔在嫡母神主之侧。徽州当地，往往母凭子贵，庶母的神主牌位也可以进入祠堂，受子孙祭祀。自古以来，嫡庶有别，二者神主牌位不可以并列于祠堂，否则被视为严重僭越礼制。为了解决这一现象，徽州宗族在家规家法中制定条例，为供奉庶母的神主牌位，另外设立一龛，既符合礼制，也讲究孝义。

随着神主制度的发展，对于没有建设女祠的宗族，其男女神主都可以进入宗祠，夫妇二人神主并为一牌，这也是徽州地区女子成为男子附属地位的表现。女性神主的进主情况与其丈夫息息相关，受到家中丈夫身份地位的影响。歙县桂溪项氏家族专门制定女神主的祠祀规范：

> 妇道无成，从夫以贵，男既得入中龛，则女似应从之，封赠仕宦者恩荣固逮于闺中，仁贤盛德者报享亦及其内助，此所谓爵德并隆，自宜优叙耳。[2]

[1] （清）吴翟：《茗洲吴氏家典》卷2《庶母另列一龛议》。

[2] 嘉庆歙县《桂溪项氏族谱》卷22《祠祀·女神主》。

徽州妇女出嫁从夫，以夫为贵。爵德并隆的男子，生前的仕宦官职及其所获得的恩荣，死后祭祀给予神主丰厚的报享，并恩及妇人。妇人与其丈夫神主并为一牌，自然也可以享受丰厚祭祀。

对于宗族内的节烈妇人，徽州遵守国家的礼制规定，对于守节年份达到时间标准的妇女，待其死后，神主可以祔食中龛神主。项氏家族遵循的也是国家礼制，康熙以前定例："三十岁内夫亡，历三十年终节者，始邀旌典。雍正年间优崇妇行，改以十五年终节者为合例，祠中节烈祔食中龛神主亦应凛遵定制，庶为得宜。"

但是那些轻生丧命导致夫家破败的女子一般不允许其神主进入祠堂。绩溪《锦谷程氏宗谱》规定："至女人，或以小故轻生殒命，致破夫家者，不准入主。"[1]这也是徽州多出节妇、烈女的重要原因之一，死后神主可以被奉入祠堂祔食中龛是光宗耀祖的事情。相反轻生殒命的妇人，神主不能入祠，亡灵无处安放，也是败坏门风的表现。

4．神主资费

徽州地区族人进神主入祠，一般不是免费的，需要交纳进神主的资费，只有按时、按数交纳完神主入祠资费，才能将其亡故的亲人神主送入祠堂中。

歙西堨田汪氏家族规定："凡有上主，须先一日将主资送交司祠处，誊入迎神谱，次日方得上主。"[2]

余川越国汪氏家族规定："凡木主开恩之款，不作置议、升主后，谨遵《祠规》，所欠人丁各项，务要缴清，领牌登簿入祠。"[3]

[1] 光绪《锦谷程氏宗谱》卷 4《凡例》。

[2] 光绪《歙西堨田汪氏家谱》卷 1《理主条规》。

[3] 民国《余川越国汪氏族谱》卷 18《祠规》。

进神主的前提是缴纳进主资费，徽州对神主资费的缴纳十分重视，所有族人必须统一缴纳资费，不得拖欠，否则是不予进神主的。

进神主的资金可以分为两部分，一是进神主所要缴纳的进主费，包括祠堂统一制作神主的费用，即牌银，另外一部分是配享费用，即享资。

进主资费一般要交现金，就是银两，包括家资较厚的人直接缴纳的钱或者较为贫困的族人将田地、房产等抵押、变卖所得的资金。

《仁里程敬爱堂世系谱》规定了神主钱：

> 每名议定青钱五十六文，先将神主钱交值年查察，眼同登记《神主收钱谱》。每季收神主钱若干，存贮公匣，以备公用。若建祠丁钱未出与未楚者，必须补足，方准进主。至无嗣者，准其亲房代进，免出主钱与建祠丁钱。[1]

徽州不同宗族会制定不同数量的进主资费。针对“青钱五十六文”的进主资费，进主者必须要将其交清，由值事者核查并登记在神主收钱簿后，存入公匣，方可进主。另外，该宗族对于无嗣者也做出了规定，其亲戚可以代为进主，并且免收做神主费用及祠丁钱。为了集中收取神主资费中神主银的部分，徽州的神主多由祠堂统一制作。

许多徽州祠规里对族人要上交的神主资费进行了详细的规定。同治歙县新馆鲍氏宗族制定了《祠规》：

> 入祠主费，旧规本只银三钱，不知何时递增，致无力之家

[1] 道光《仁里程敬爱堂世系谱》卷2《祠规》。

率多家祭。今仍以三钱银数核实价作钱四百五十文，外加做主钱七十文，其主由祠内预备，俾合一式。其八家酒仍照旧邀请。[1]

歙县鲍氏在祠规中指出，神主由祠堂统一准备制作，样式统一。进主者除了交“作钱”四百五十文，另外“做主费”还有七十文要及时上交给祠堂。可见祠堂通过族人的进主活动，一边制作神主，一边收取资费，不断地加强了其与族人之间的关系，强化了血亲思想。

如果一时拿不出现金，可用家产变卖或抵押，换取银两以作进主费。有的家族硬性规定，进主要向祠堂输纳一定的田地。徽州人无力支付神主资费，变卖田地的事例多见于契约文书中。一纸契约将家中产业变卖给祠堂，作为进主之费，顺利将其先祖的神主奉入神龛中。

《明清徽州社会经济资料丛编》第一辑中有一份《歙县许明恺卖田契》：

二十一都图立文契人许明恺，今因为上荫祠神主祭祀银三十两，愿将续置化字二百八十二号田一亩零三厘八毫，土名大王田；又化字一千四百七十九号田八分一厘四毫，土名众家山；又化字一千四百八十号田四分六厘六毫，土名同；又化字八十九号塘一分五厘，土名同，四至照依清册，并原契一张，原价银二十四两整，外找银六两，共付银三十两讫。其田众议付管祠首人收执。其税粮随听过割管纳、收租，族长见付。今恐无凭，立此文契为照。

顺治十七年八月　日

[1] 光绪《歙新馆鲍氏着存堂宗谱》卷3《祠规》。

立文契人　许明恺

族长　许应鹤

许公调[1]

歙县许明恺为筹措“上荫祠神主祭祀银”将家中田二亩三分一厘八毫、塘一分五厘，作价三十两银子，抵押给祠堂。这里的“神主祭祀”具体情况不清楚，可能是许明恺本支进主祭祀，不是全族集体进主祭祀均摊费用，所以花销的三十两白银由许明恺独自承担。

《明清徽州社会经济资料丛编》第一辑中《歙县许志尹等卖田契》也提到了：

……因送主入祠，将将续置新丈方字一千九百号田地……土名杨树坵……四至照依清册。其田听凭荫祠管业收租。其税随即过割归入祠户支解无异。今恐无凭，立此文契为照。

顺治十七年八月　日

立文契人　许志尹

许志仪

族长　许应鹏

祠首　许奉明

经手　许嘉琦

代书　许应衡[2]

[1] 安徽省博物馆编纂：《明清徽州社会经济资料丛编》第一辑，中国社会科学出版社1988年，第84–85页。

[2] 安徽省博物馆编纂：《明清徽州社会经济资料丛编》第一辑，中国社会科学出版社1988年，第84页。

许志尹等人同样是因为送亲属神主入祠的情况，无力交纳神主资费，只能将其田地交给祠堂，听凭祠堂管业收租。将田地卖给祠堂，自然要征得族长与祠首的同意，因此族长与祠首也列名于后，表明这件事已经获得了宗族内部的认可。

徽州宗族对于进神主资费的数量多少根据宗族自身发展情况而定。不同政治身份，不同经济水平的族人神主入祠，宗族会据此设置有一定的缴纳资费比例。

绩溪锦谷程氏在其《锦谷程氏宗谱》卷四《惇庸祠规》中对进主分不同等级、费用进行了说明：

> 定进主：设为三等进主之例，三之不足，又三以析之，如当年缔造，捐赀财、输木石、任劳苦，并供各色祠用，有费数金，有费数十金者，应核其多寡，考其功绩，等以次之，主以祀之。次则当年纳丁麦谷，如例无欠者，生则照丁给胙，殁止令其出牌银伍分，进而无阻，且赏延于世，而子孙亦如之，待之厚也，厚斯劝矣。[1]

锦谷程氏家族按照族人对家族所做贡献论功行赏，在其死后进主时按功绩大小分成三等。对宗族建设发展有功德之人，降低资费数额，出银五分，其神主便可入祠享受祭祀。

> 进主日期，准于小至日习仪毕，上主。先日领牌，比纳银三分、瓦壹百片交清，总首检察，列名登簿，然后许进。若

[1] 光绪《锦谷程氏宗谱》卷4《凡例》。

不时特进，须先通知总首者，取匙设祭，请众公饮，牌资、瓦数照例。至夭殇者，不得入，倘其父母不忍使之馁，而愿以其本分应得之家资纳祠，以作永远祭需，亦例所不拒也。因议定纳祀租十钧，准其进主。若下贫者纳例以壹两为率，毋庸过滥。[1]

锦谷程氏在其宗族规条中规定，进主先要领神主牌，缴纳银三分，瓦一百片，交清后，按照程序将神主者的信息列名登簿，最后才允许神主入祠享祀。另外程氏针对“不时特祭”与“殇者不得入祠”等情况都以神主资费的缴纳为例，做出了介绍。针对“不时特祭”的神主，家族成员需要在照例出资费以外，只需“额外设祭，请众公饮”，比平时进主多花费一定的银两，便可以为其进主。“殇者不得入祠”本是程氏家法的规定，但是只要其家人愿意“以其本分应得之家资纳祠”，交纳一定的祀租，便准殇者神主进祠享祭。可见清代的徽州各个宗族已将神主资费的收取作为筹措发展积累资本的重要手段，为了收取更多的资费，一些家族相应地放宽了进主的要求。

5．列名登簿

徽州祠堂运作规范，进主程序条理清晰。祠堂内设有登记进主者信息的记录册，包括各家的进主银数额。所有数目均有专门人员记录，进主者需提前到祠堂将要进神主者的信息登记入册。徽州祠堂内会准备两簿登记册，一册主要记录家族成员进神主牌所缴纳的金额，另一册主要记录所进神主的身份信息。两本簿册缺一不可，互为补充，起到了良好

[1] 光绪《锦谷程氏宗谱》卷4《规条》。

的监督作用。

以光绪绩溪城西周氏宗族为例，周氏宗族为进主事宜准备了专门的记录册，分《进主收钱号簿》和《源流底簿》两本。《进主收钱号簿》为记录各家为其逝者进主所缴纳的金额，《源流底簿》则详细记录了各家进主时间及所进神主的信息。

光绪绩溪周氏宗族祠规规定：

祠刊有《进主收钱号簿》，每年司值于春分、冬至前一日，查各进主之家。照前例收钱讫，先将钱数盘清，交入公匣收贮，即挨次登号。如某号收到某分第几十世，或某公、或某孺人进主钱若干，某年月日司年某某手即照号查明，各分昭穆，书写大牌并底正二簿，各印对同戳记，不得遗漏。如有此误，罚胙一季。[1]

绩溪周氏的《进主收钱号簿》中详细地记录了各家的进主金额，挨号登记，注明世系、日期，详细对照，对信息的真实性及正确性做出了要求，以胙为罚，防止信息的遗漏和错误。

周氏宗族的《源流底簿》规定：

每一页分四格，一格填一公名目，上注“某分第几世”，下注“某年某季进”，随用“新登”二字小戳记于上，以便对号查核。如未登号簿而登此簿者，即是私添。其旧进从老簿抄入者，悉用“旧登”二字戳记别之，旁注“字某某、号某某、

[1] 绩溪《梁安城西周氏宗谱》卷首《祭礼》。

某人之第几子，生子几人、名某某”等字。

周氏的《源流底簿》与《进主收钱号簿》互为监督。《进主收钱号簿》虽主要记录进主金额，但是也会有登记进主者姓名，世系等，并且盖有印章。而《源流底簿》则主要登记所进神主的身份信息，另外用“新登”、“旧登”小戳印上。周氏宗族规定，所进神主的信息必须同时在两册上都有所对应，否则视为私自添加，宗族是不予承认的，神主也无法入祠。这种方法既严格了进主的流程，公正了进主银的征收，又保证了所进神主的信息能够被准确地记录，为后世宗族的世系家族溯源起到了保障。

另外，周氏宗族还严格“孺人进主”的流程：

其孺人进主，即查某公格下，照式填写；如孺人先公殁，必先查其房分、世数，于未填空格内刊有“孺人”字样，依式填写，旁注“某分某世某人之室”。若是继室，即查某之前室格内平列，照式填写。后某某殁，进主，即于某孺人格上填写，如前式，注载详明，便后修谱。切不可混乱，亦不可将公与孺人歧分两处，致后难以稽查。此须于各家进主时收钱登号，查问明白，庶免讹误。如有粗心讹写并未收钱、徇情私填者，查出，春、冬两季并不给胙。[1]

周氏宗族对于祠堂的工作人员也做出了相应的处罚措施，对于蒙蔽、徇私讹误者，都要处以重罚。

道光绩溪县仁里程氏祠堂也有专门供进主事宜登记的册簿，称为

[1] 绩溪《梁安城西周氏宗谱》卷首《祭礼》。

《神主谱》，“每页仿神主牌样，填写几世某公名目、字某、号某，生子几人，名某、某年月日生、某年月日殁，名上一小方格，横写某公第几子”[1]。《神主谱》要求详细刊登被进主者的世系、名目、字号、出生年月、去世日期、家族排行、生子情况等等。同时《神主谱》也对孺人进主做出了规定：

> 即查其名格下，照式填写。如孺人先殁，进主，于未填写格内刊有孺人字样，依式填写，旁注某世某人之室。若是继室，即照某之前室格内平列，照式填写。后殁进主，即于某孺人格上，填写如前式，注载详明，便后稽查。[2]

仁里程氏对进主的问题都在家谱中做了相应的介绍，给族人进主以指导，将族人更好地团结在一起。《神主收钱谱》是仁里程氏祠堂登记收取各家各户进神主钱的账簿，“神主钱，每名议定青钱五十六文，先将神主钱交值年查察，眼同登记《神主收钱谱》。每季收神主钱若干，存贮公匣，以备公用。若建祠丁钱未出与未楚者，必须补足，方准进主”。将神主钱数目登记在册之后被收入公匣，作为祠产，是宗族及祠堂日后活动的经费。神主钱必须全部缴纳，才可进主。仁里程氏的两部账本也是互为依托，各司其职，共同维护徽州祠堂进主的秩序，也为进主活动有条不紊地进行提供了保障。

6．领神主牌

徽州的神主多由祠堂统一制作，在世子孙将其所进亲属神主的生殁信

[1] 道光《仁里程敬爱堂世系谱》卷2《祠规》。
[2] 同上。

息按照宗族的要求，在祠堂登记后，统一领牌。《余川越国汪氏族谱》在《祠规》中记载了汪氏家族怎么领神主牌。

领牌须知：

成主时，当由本家委托近支服亲一二人照例缮具，切结存祠，再行领牌。

领牌时须将上首丁口各捐一律缴清，并纳牌资银洋五角零玖厘，再行发牌。

牌之正面中间书写：先考某某府君汪公之神主或先妣某某孺人某氏之神主。右边书：男某某奉祀。背面上方注明：起某公派某字行。下注：生于某年某月某日某时，殁于某年某月某时，享年 岁。

所成之主，生前或有职衔、或有学位、或曾受国家勋章徽章褒章奖章等，宜即据实书写于先考之上；孺人受旌者，仿此。惟私立团体给与徽章以作一时标识者，不在此列。

徽州领神主牌的流程基本一致，从汪氏家族领神主牌的流程可以窥见清代徽州地区的领牌程序。领牌前，各个神主本家要派服内亲属前去祠堂按照其宗族的旧例缮具，并且书写切结书交给祠堂。领牌时，必须交纳所有相关的神主资费，按照汪氏的祠规习俗，领神主牌后便可以题主。按照其宗族规定的格式归纳为以下格式，于神主牌中间题写：先考某某府君汪公之神主或先妣某某孺人某氏之神主。右边题写：男某某奉祀。背面上方注明：起某公派某字行。下注：生于某年某月某日某时，殁于某年某月某时，享年岁。对于家族中受分封旌表，生前有官职的男女，其奖章需据实题写。

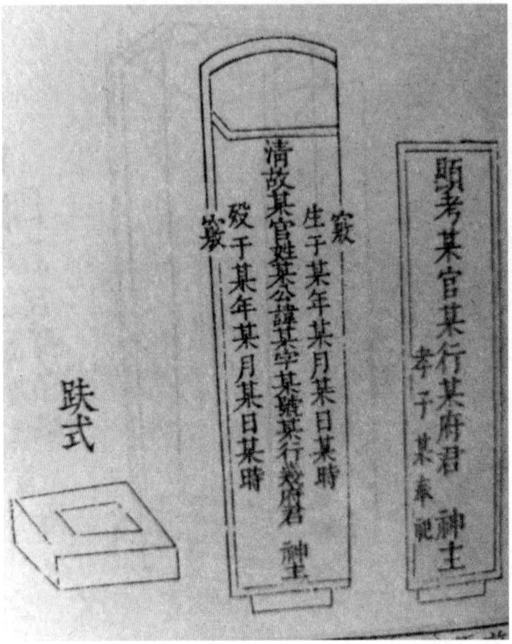

《茗洲吴氏家典》中的徽州神主式样

7．神主不得入祠的惩罚

徽州礼制严格，先人的神主可以进入宗祠受到供奉是世家荣耀的事情，它象征着权威、身份，代表着去世的人神灵有所安寝，可以享受后代的祭祀配享，使依附在神主上的先灵衣食无忧。所以人人都希望自己的家族成员死后可以神主入祠。但是徽州宗族的族规家法所制定一些条例禁令，并不是所有族人神主都可以进入祠堂被子孙祭祀，尊得配享。徽州严守礼学仪节，以礼为先，凡是与宗族礼制家法相违背的族人，其神主“不得入祠”、“生死不得入祠”。这些关于神主入祠的禁令散见于徽州各个宗族的族规家法中。康熙年间的《歙县汪氏崇本祠条规》规定，对于有恶行的族人，勒令其生死不得入祠：

一、进主必须查核人品，倘生前过犯有乖名教者，毋许擅进，以肃祠规。

二、祠内田产钱粮租息，上下手必须交割清白，倘支下子孙假借公事为□名，通同作弊，将祠内田产租息妄行借当侵渔，即时会众呈公警治。与受者躯逐出祠，并子孙永远毋许入祠。

三、两族各门支祠祭产，如有支下不肖子孙通同盗卖质当者，两族集祠鸣鼓共攻，与受俱照宗祠条议永远逐出，毋许入祠。

徽州宗族关于不准进入宗祠的神主之规定，大同小异，基本都是在《家礼》所规定的道德范畴以内。清光绪绩溪县余川越国汪氏宗族的祠规在对族人的神主进主方面的禁令做出说明，在徽州具有代表性和典型性。

严宗法

一、凡派下子孙，有抱养异姓子为后暨以女婿、外甥为后者，本身革出，不许入祠，子孙永远毋许入祠。

二、凡派下子孙，有不孝无后者，先尽同父周亲；无可继，须凭族长亲房，择亲房中昭穆相当之人序继为后；亲房无昭穆相当者，然后求诸远房。其或亲房应继之人，平日先有嫌隙，任其于远房中择贤择爱者，不得以次序告争。如远房希图财产，勒合承继；或怂恿择继，仍将本身所择贤爱之人断令立继。若亲房应继之人贪图远房家产，弃此而继彼者，毋许入祠。

三、凡序继，长房无后，必以次房之长子继。次房无后，必以长房之次子继；长房无次子，然后求之三房、四房。有不以序者，毋许入祠。

敦伦常

一、凡派下子孙，有不孝其父母、祖父母者，革出，毋许入祠。

二、凡派下子孙，有恃强逞暴、无礼于其亲房者，革出，毋许入祠。

三、凡派下子孙，有同姓为婚暨娶奴仆之女为妻者，革出，毋许入祠。

四、凡派下子孙，有无故嫁妻者，革出，毋许入祠。

维风教

一、凡派下子孙，有盗卖宗祠田产者，及侵占祖坟、盗砍祖坟荫木、盗窃祖宗祭器财物、侵隐祖宗祭器财物者；有为盗贼及窝藏盗贼者，革出，毋许入祠。

二、凡派下子孙，有奸占族人妻女者，革出，毋许入祠。

三、凡派下子孙，有卖其女或兄弟、叔伯、子侄之女与人为婢妾暨为娼妇者，革出，毋许入祠。

四、凡派下子孙，有为亲长而强逼孀妇改嫁，有非亲长而主遣孀妇改嫁者，革出，毋许入祠。

五、凡派下子孙，有作奸犯科、死于官刑暨自戕其生、死于非命者，均革出，毋许入祠。无辜受灾者，不在此例。

六、凡派下子孙，有为他姓证讼、诬害族人者，革出，毋许入祠。

崇祭祀

一、凡祭祀，春以春分日举行，冬以冬至日举行。所有牲牢并庶馐一切仪节，谨遵朱子《家礼》，族内士衿均应整肃来祠助祭。有无故不到及怠慢失仪者，罚。凡派下子孙，有不祀其祖考者，革出，毋许入祠。[1]

绩溪余川汪氏按照严宗法、敦伦常、维风教、崇祭祀四个方面对在世的族人进行教化约束。汪氏族人只有遵循宗族制定的进主规约，死后神主才可入祠。以神主入祠堂为硬性条件，驱使族人在礼制的框架内生活，利用忠孝节义等经典品质教化族人，也是对儒家文化的践行。类似祠规家法还有很多，徽州自古就以儒家的孝作为后世子孙品德高低的主要衡量标准。徽州人严守三纲五常，讲究孝道。为其亲人割股治病、以肉养亲等例子数不胜数。对于忤逆不孝之人，宗族是不允许其神主入祠堂享受后人祭祀的。

宣统泉塘葛氏家族的祠规规定：

派丁败类，忤逆不孝，法所不容。抑或愚夫愚妇偶因口角不侍不养，发觉，用草绳缚索入祠内，律以家法，惩予重责。如怙恶不悛，或忤逆大甚，送官惩治，生死毋许入祠。如有不肖败伦渎礼，男妇污犯，有玷声名，一并斥革，生死毋许入祠。[2]

徽州自古就注重培养女子的节烈观念，徽州多出节妇、烈女，对女子婚嫁尤为重视，女子的节烈观尤为重要。对于女子再嫁，落良为贱、不守妇道等现象，多数宗族也是不允许其神主入祠堂的。

绩溪城南方氏宗族的祠规要求：

婚娶不必以家资贫富为取舍，总以门户正大为主。如有落

[1] 民国《余川越国汪氏族谱》卷18《祠规》。

[2] 宣统《泉塘葛氏宗谱》卷末《祠规》。

良为贱，妄意许字者，将主婚革出，生死不准入祠。[1]

光绪绩溪华阳邵氏宗族的祠规规定：

此次进主颇多幼殇冥配者，原因乱后死亡散失，几于接续为难，故为此权宜变通办法，下不为例。嗣后凡幼殇冥配，僧道娼优，与夫出嫁招夫之妇，均不得入祠，以严礼法而重宗祏。至婚姻嫁娶须择阀阅相当者，不可下配匪伦，致辱祖先。违者，即不得入祠。[2]

绩溪县梁安周氏宗族的祭礼规定，殇亡及室女均不许进主，如有隐瞒冒进者，即将木主当众涂毁，仍罚大周箔一把，对祖烧化。

（二）迁主仪式

1. 方式

祠堂内族人神主超过一定条件就要迁移出去，谓之迁主。迁主的具体方式主要分为祧入支祠、藏于两阶之间、埋于墓所，或焚烧入匣等。清代休宁的《茗洲吴氏家典》就徽州迁主的几种具体方式进行了讨论，主要可以分为祧议、藏议两种方式。

祧主，即将先人的神主从宗祠中迁至各家族支派所建的祠堂中，祧神主入支祠。《茗洲吴氏家典》中关于祧礼提出：

[1] 民国《绩溪城南方氏宗谱·祠谱》卷2《祠规》。

[2] 光绪绩溪《华阳邵氏宗谱》卷首《新增祠规》。

古者立庙奉先，所以明一本、致孝享也。溯及五世，则祧而藏之，此岂靳于仁孝哉！吾族地狭力绵，又不能遍建宗庙，各以支派附序一堂，由来旧矣。[1]

休宁吴氏遵循古礼五世则迁的原则，祠堂空间有限，宗族不可能广泛地兴建祠堂、庙宇，所以由各个支派附序一堂，将在宗庙中的神主迁出安置在支属各祠堂内，为后世陆续进入宗祠的神主留出供奉神位的空间。宗祠之中，一代一代先人的神主被供奉于祠堂的正寝神龛之中，附主也在日渐增加。神主数量的不断增加会导致昭穆不明，长久下去会使得长幼无序。名义上是进主尽礼，实际上则是违越了礼制，名义上是仁义仁厚，实际上是与理相悖。

祧主除了将神主祧入支祠以外，有的宗族还将祖先神主祧出后，埋于墓所或墓侧。这也是清代徽州宗族常常使用的一种迁主方式，多是"亲尽"之神主。所谓"亲尽"，即使超越了一定范围的亲属关系。比如休宁吴氏规定：

始祖暨功德闻望隆重之祖，永垂不祧，其余各以其支属推而上之，至于高祖，存祖祔庙，俾得岁时致享，其亲尽者，则依理奉主埋之墓侧。[2]

关于殇者与无后者，徽州也是遵循"溯及高曾，亲尽则祧"的原则，将其神主埋于墓侧。茗洲吴氏宗族按谱清查出殇者与无后的徽州人，"凡应祭者，许存主祔庙，如果义尽情疏，当律以礼制，奉主埋之墓

[1] （清）吴翟：《茗洲吴氏家典》卷 2《祧议》。
[2] （清）吴翟：《茗洲吴氏家典》卷 2《祧议》。

侧”，都将其神主迁出埋于墓侧。

藏主，即面对后世子孙身处外地的情况，宗族将先人的神主从宗祠神龛中迁出，将其藏于两阶之间，待其后世子孙归来再做迁祔。茗洲吴氏规定：

> 今吾族人星散四方者夥矣，坟墓委诸草莽，血食若罔闻知，而本堂祭祀，岁必代举。在旁支因吾祖以及其祖，尤为仁厚之过，伊子若孙，将何地自处也？故议祧则不当，议祀则非义。今另立两龛，苹有后旷祀之神主暂藏之，俟其子孙动报本之思，亲洁粢盛，以致孝享。当仍叙死者之昭穆，一体迁祔，庶几神人两无所怨欤。

休宁吴氏根据宗族社会自身的发展情况，“星散四方，坟墓委诸草莽，血食若罔闻知”的情况，子孙散落各处，先人的神主迁主就使用了藏主的方式。即另外设置两龛神位，将要迁出的神主藏于其中，待后世子孙归来家乡将其先祖的神主统一迁祔，以表达孝顺之意。李御六先生曰：“祀有后之旁支，于理有所不可。然欲剧为祧去，于情有所不安，另龛藏之，待其子孙来归，自为迁祔，可谓仁义兼尽。”[1]

徽州祭祀文化丰富，各个宗族对待神主迁出的方式主要以祧主于与藏主基础上，不同的宗族还会有一些改变，比如还有“并神主”的方式。

《重订潭滨杂志中编》里记载了“并主”的迁主方式：

> 并主，庙主亲尽则祧，礼也。然里俗相沿，自始祖以下皆

[1] （清）吴翟：《茗洲吴氏家典》卷2《藏议》。

祀之，无祧主之例。吾族各门之主，年深岁久，龛不能容，抑且父子连肩、姑妇并踞，典藏缪乱，莫此为甚。于是，思为并主之法，制大主如牌。每主书十人，生殁列于背，留高祖以下五代不祧，新其龛而位置之宽然有余，其序条而不紊。[1]

并主这种方式在徽州宗族中被广泛使用。随着宗族的自然发展，始祖以下的祖先牌位在不断增加，然而神龛的空间是有限的，如果不进行祧主，不进行并主，神龛留给后世神主的空间会越来越少，总有一天将被填满。同时，神主越来越多，也容易发生错乱。为了保证空间，也为了防止紊乱昭穆，有的宗族对于神主的迁祧采取了并主的方法，即采用大号神主牌，每位神主牌上可以记录十人的生殁信息，也就是以一大牌并十小牌，这样就大大节约了神龛的空间，使得神龛位置的空间变大了，神主昭穆有序。

焚烧毁主在徽州也是一种迁主的方式，即将需要迁出的神主利用火化焚烧的形式，将其毁掉。绩溪南关许余氏立进主毁主规例：

座满则毁主。自高祖以下不毁……如单牌既多，詹宗祠朝向大利之年过上大粉牌，将单牌焚化。牌灰用厚密绸袋盛贮木匣，藏于龛座下，候大毁主之年，合毁主牌灰卜地埋之。道光时毁主牌灰埋油坑口船形上。[2]

许余氏宗族采取焚烧毁主的办法将神主迁出神龛。对于所焚烧毁掉的神主，许余氏宗族的司事人员都会用材质厚密袋子将焚烧后的神主灰

[1] （清）黄崇惺撰，吕篡辑，汪由宪编，黄肇敏校：《重订潭滨杂志中编》。
[2] 光绪绩溪《南关惇叙堂宗谱》卷 8《惇叙堂家礼・祭礼》。

末装入木匣中。宗族大毁神主那一年，将所有被焚烧毁掉的神主牌灰埋入地下。这样就为许余氏后代族人神主入神龛提供了更多的空间。

2．改题递迁

《朱子家礼》提出“易世，则改题主而递迁之”，又称为改题递迁礼：

> 以酒果告，如朔望之仪。无亲尽之祖，则祝版云云，使其主祭告讫，改题神主，如加赠之仪，递迁而西，虚东一龛，以俟新主。若有亲尽之祖，而其别子也，则祝版云云，告毕，而迁于墓所不埋。其支子也，而族人有亲未尽者，则祝版云云，告毕，迁于最长之房，使主其祭，其余改题递迁如前。若亲皆已尽，则祝版云云，告毕，埋于两阶之间。其余改题递迁如前。[1]

徽州人为了保证神主制度能在当地长久地被实行，按照朱熹的改题递迁礼维护神主制度。

改题神主，即徽州人对于出现如“易世、加赠之仪”等情况的神主，采取对对神主牌粉重新题写的方式。祠堂中供奉的神主在进主题写时，是以当时那一辈分的进主人的身份题写的。随着年代的改变，子孙的辈分在不断地变化，后代的子孙拜见先祖灵位时，所祭告的祖先辈分、称呼也发生了相应的变化。同样，对于神主者官阶不断的升降，尤其是死后被追封官职的情况，后代子孙等奉祀者也需要向祠堂及时报告，对神主信息进行更改。

[1] 朱杰人、严佐之、刘永翔：《朱子全书》，第七册《家礼》，上海：上海古籍出版社，合肥：安徽教育出版社，第 928 页。

绩溪县南关许余氏就规定：“如有封有官者，于皇清下接书某封或某官显考某号神主，妣则接书某封显妣夫人若孺人某氏神主，旁书孝男某奉祀。”[1]徽州人按照朱熹改题神主的方式，将神主粉面用笔洗刷，将字洗刷之后，重新题写。主面用油粉，字用墨写，易世者、加封者可以改题。

递迁神主，简而言之，就是依据世系、血缘辈分等宗法伦理，将祠堂神龛中的神主移出祠堂。神主是亡故先灵寄居的地方，通过祭拜神主，后代子孙可以与其亲属建立一种精神层面上的联系，以表孝道，为后世祈福求愿。一代一代先人的神主源源不断地被送入祠堂内，神主数量在增加。与此同时，祠堂的空间也是有限度的，为了解决这两者之间的矛盾，徽州宗族对祠堂内族人的神主进行迁出。清代徽州的迁主一般都遵循“五世则迁”、“百世不迁”的两大主要原则。

（1）五世则迁

徽州对于位于祠内神龛中的神主奉行五世则迁的原则。所谓五世则迁，即是到了第五代即高祖之上的那一代神主就要进行迁主。对于一个普通人来说，只需祭祀高、曾、祖、考这四代神主，一旦此人去世，其神主进入祠堂。对于其子来说，原先的高、曾、祖、考四代的身份就有了变化，变成了高祖之父、高、曾、祖这样的四代，再加上其父亲的新进之主，共有五代，由于其子仍然只需祭祀四代神主，这样就要把原先的高祖神主、现在的高祖之父神主迁出。其理论依据是五服制度，高祖之父已经出了五服，也就是所谓的“亲尽”。这是后世家族普遍实行的神主祭祀制度。

[1] 光绪绩溪《南关惇叙堂宗谱》卷8《祭礼》。

（2）百世不迁

对迁主问题的处理，除了上面的五世则迁，另外一个原则就是百世不迁。一般的家庭只要可以顺利缴纳进主银及配享银，都可以依照祠规进主。但是为了鼓励族人更好地为宗族做贡献，带动宗族社会经济发展，各个宗族会在家谱定例中制定族规家法，对于始祖、迁祖以及对宗族有突出贡献的族人等，其神主牌位百世不迁，永远地被供奉在祠堂神龛之中，世代享受后代子孙及族人的敬仰、祭奠。百世不迁，既是一种身份的体现，更是一种无上的殊荣。

歙县桂溪项氏家族规定：

> 寝室之制，龛座三间，中为正寝，左右为昭、穆室，供奉规则具列于后：
>
> 始祖以下五世考妣，聿开巨族，泽利后人，其神主敬宜供奉寝室正中，永远不迁。
>
> 荣膺封赠神主、文武仕宦神主、甲第科贡神主、仁贤盛德神主、忠孝节义神主、各门门祖神主，爵德兼隆，光前裕后，并宜祔享中龛左右，永远不祧。
>
> 输金急公神主、建修祠墓神主、襄粮效力神主、捐辑谱乘神主，凡百金以上，有功祠族者，于昭、穆室特为酬功位供奉祔祭，永远不祧。
>
> 各祖考妣神主、捐职考职未邀封典神主、例捐贡监文武庠生神主，并安昭、穆室，五世则迁。[1]

[1] 嘉庆《歙县桂溪项氏族谱》卷22《祠祀·供奉神主龛室规》。

总体上看，徽州族人神主入祠堂后百世不迁的情况主要概括为三种类型。

其一是始祖、始迁祖及早期具有开创之功的少数几代祖先。徽州讲究追本溯源、报本返始，历代宗族皆遵守这一原则。桂溪项氏是始祖以下五代。歙县许氏在祠规中提出始祖永世不迁，始祖神主被供奉在祠堂神龛最中间的位置，以始祖为首，左右为昭穆次序，依次摆放许氏先祖的神主。

其二是爵德兼隆者。这些能为家族增添光辉，并能作为后人表率，即所谓的光前裕后者，是能够长远影响家族的人物，自当百世不迁，永远地在被供奉在祠堂内享受后人的祭祀。桂溪项氏规定的爵德兼隆者有：荣膺封赠、文武仕宦、甲第科贡、仁贤盛德、忠孝节义、各门门祖。

其三有功于家族建设者。这些不是一般的有功之人，或者是出钱达到一定数量者，或者是出力主持或参与家族重大建设者。这些人的神主虽然不一定能位居中龛正寝，但也可能在昭、穆龛室或其他特祭中祔祀，永远不祧。桂溪项氏规定的有功者如下：输金急公、建修祠墓、裹粮效力、捐辑谱乘，凡百金以上，有功祠族者。

宣统《上川明经胡氏宗谱》规定："凡宗祠司事之人，必须阖族耆老生衿公举。其司事有功者，其神主准附入酬劳室，永远不迁。"[1]胡氏在宗谱中提出，积极为宗族祠务效力者及对宗族有功之人的神主百世不迁。

就永世不迁神主者的品质而论，徽州的族谱中有许多记载，各个宗族将符合永世不迁神主者的条件、要求一条条陈列在祠规、家规中，最

[1] 宣统《上川明经胡氏宗谱》下卷之中《规训》。

常见到的就是伦常方面的祠规。徽州重视纲常伦理，将遵守纲常伦理道德作为神主永世不迁的守则之一。宣统绩溪上庄明经胡氏在《规训》中强调族人要遵守三纲五常，“凡派下子孙，有忠孝节义得旌表者，准于祠内建竖匾额，其神主入彰善室，永远不迁”[1]。

宣统歙县义城朱氏宗族祠规规定：“忠孝节义与有功于族及科甲显著之人，毋论辈数尊卑，当时视为榜样，后世奉作仪型，合族钦敬，此在百世不祧之列，不仅焜耀一时已也。”[2]朱氏将有功于宗族之人和科第之人与忠孝节义者并列，都将其纳为该族百世不迁之祖，神主得以在神龛中永久享祀。

（三）理主仪式

1. 理主的必要性

徽州人对待神主的进、迁问题，是非常恭敬及谨慎的。进、迁神主被视为宗族及祠堂活动中较为重要的一项事宜，整个徽州社会对其都是非常重视的。为了保证祖先神主的进主及迁主程序有条不紊的进行，徽州人还会进行理主，即对入祠神龛中的神主世系进行整理。正如绩溪县东关冯氏宗族所言：“我族祧祖，已经择定吉期。已然祧主，必先理牌，理牌尤重修系。”[3]

理主的具体时间一般由徽州各个家族制定。根据家谱史料，徽州理主活动由祠堂司事者们负责。理主时间长则几十年整理一次，短至每年的进主、迁主活动前都对神主进行整理。

---

[1] 《上庄明经胡氏宗谱》之《规训》。

[2] 宣统《古歙义成朱氏宗谱》卷首《祠规》。

[3] 光绪绩溪县《东关冯氏家谱》卷末中《杂志》。

理主简单地说，就是将祠堂正寝神龛中供奉的神主进行梳理，这一梳理过程在战争发生的年代显得尤为重要。清代的徽州社会发展并不是一帆风顺的，咸丰到同治近十二年的时间，太平天国战争在徽州反复不停，徽州社会发展受到重创。祭祀文化一度遭到严重破坏，祠堂龛位中的神主陆续被毁，出现世系不明的状况，原本以宗法血缘立身的徽州宗族力量被大大削弱。以礼制教化族人的徽州社会面对纲常伦理不明的情况，徽州人要重新发展、建设家园，必须突破困境。因此，为辨世系，理主活动迫在眉睫，使被战乱拆散的族人认祖归宗，提高宗族的凝聚力，才能进一步达到尊祖敬宗、联宗睦族，不断强大自身的目的。

2．歙县堨田汪氏宗族理主条规

下面以同治歙县堨田汪氏宗族的理主条规为例进行说明，其《同治十二年岁次癸酉理主条规》如下：

查我祠自乾隆四十一年理主后，迄今将百载，两龛主位几无安奉，兼以前值乱时，主牌间有遗失，乱后失祀而未进主者亦复居多，若不及时溯系追源，历年既长，益难稽考，为此阖祠公议理主条规，俾司事者有所遵循办理。

查我祠向无百世不祧之例，今公议仍从旧制。

查前次理主系祧至八十四世止，今公议自八十五世祧起至八十七世止，计祧三世。

一、查前次理主八十五世以后，失祀之主，权概奉安楼上，今应并入楼下龛内总牌，以全世系。

二、议此次自八十八世起，其有奉祀不祧各主，仍遵前次章程，每主缴安主资钱一百文。如有改题及重补立牌者，各支下自补更易。

三、议八十八世之后，失祀之主仍遵前规，汇缮总牌，权安楼上，俟下次理主，再为併入楼下龛内总牌，庶辈分不致紊乱。如有期功之亲，欲为立后者，听其留主不祧，每主亦缴安主资钱一百文。

四、议上主之期定为三日，第一日午前，支下在庠者，敬题各主。第二日寅刻，恭奉总牌及各主牌登座，午后行祭。第三日辰刻，安葬老主牌于新坟头宗祠义地内，树立“本里汪氏先茔”石碑。晚间宗祠连台、诵经、纸箔公备外，支下各再敬备。

五、查祠内春、秋二祭降神谱，乱后所上主牌，均未缮入，议俟此次清理之后，重立新缮，俾有稽考。

六、查祠例，主资每主捐钱三百文，其稍可之家多捐者，听。自经乱后，无力者居多，前上主资，概行免缴，自今理主后，应遵前定章程，凡有上主，须先一日将主资送交司祠处，誊入迎神谱，次日方得上主。

七、议乱后失祀之家多有未上之主，司事者务宜查问补上总牌，免致遗漏。

八、查我族《统宗谱稿》，自七十世景新公宋迁堨田后，所有各支各派世系挂线，前于道光年间，支裔家椿公已修至八十九世，今公议自九十世起再修至九十五世，各支裔务将本支五代名讳姓氏开清送祠，俾誊统谱。其失祀各支派，司事者尤须细为查问，校对清晰，毋使遗漏。一俟理主高峻后，即当筹议刊刻。

九、议经费一款，撙节细核，须百千以外，除安主资约收三十千文，其余绌须支下量力捐输。

十、议题主、登座、领贺、行祭，自应鼓吹，其余铺设灯彩，议当从省，以节糜费。

十一、议上主日如有外族到贺者，应备茶、面、酒席以及开发果酒等项，均归公帐开支。此外，支下各已亲友到贺者，公留茶、面并开发果酒一项，其席饭与金随使，俱各家自行支应。

十二、议上主日，公备早汤、中饭，祭后，无论已冠、未冠支丁，皆得饮福。

十三、议司事在祠办事，公备中饭，理清后，各带回家誊写。

十四、议支下既经派定所司，自当在祠，敬谨从事，不得托故推诿。

议定司事

总理　邦忠　字中也

襄理　家修　字以仁

坤　字健中

誊写　邦惠　字筱严

阖族支裔

家沅　字象和

家焕　字其章

邦圻　字载之

达铨　字吏衡

达敏　字少芝

佩□　字小泉[1]

[1]　（清）光绪《歙西堨田汪氏家谱》卷1《理主条规》，卞利编纂：《明清徽州族规家法选编》，2014年，第487–488页。

歙县堨田汪氏在乾隆四十一年进行理主活动，到同治十二年再次理主，理主时间间隔了百年有余。在这百年间堨田又遇战事，汪氏祠堂内的神主牌几经破坏，多数遗失，以至于祠堂内的神主龛位无人安奉，堨田汪氏的祭祀活动受到了严重影响，近乎停滞不前。堨田汪氏祠堂关于进主、迁主的相关制度遭到破坏，许多族人的神主不能进入祠堂供奉，而祠堂正寝神龛中的神主被破坏，许多神位空置出来。面对这种复杂的状况，堨田汪氏宗族必须及时溯源世系，以追源流。由于历年既长，益难稽考，为此阖祠公议理主条规，进行理主活动。

堨田汪氏理主条规首先对祠堂内神主的世系进行整理。将因战乱失祀族人的神主世系整理出来，登入神主总牌，以使宗族世系明确。理主条规还对神主的进、迁及主持活动的执事人员进行相关的规定。

迁主方面可以总结为以下几点：

一、汪氏宗族的神主无百世不迁之例。

二、祧主，此次从八十五世开始祧主，神主计祧三世，不祧继续奉祀者可以通过缴纳进主费用继续使先人的神主在祠堂内享祀。

三、失祀之主仍遵该族前规，汇缮总牌，将神主安置在楼上，待下次理主，再将其并入楼下龛内总牌。

进主方面：

一、汪氏在理主条规中议定上主的时间，将上主日期定为三日。第一日午前，由宗族的敬题各神主。第二日寅刻，恭奉总牌及各主牌登神主座，午后正式举行祭祀活动。第三日辰刻，安葬老主牌于新坟头，立先茔石碑。晚间宗祠连台、诵经、纸箔公备外，支下子孙各自再敬。

二、理主条规取消了战乱时免收进主资费的规定，重新开始收取进主资费，各家须继续支付资费方可上主。

三、进主须先一日将主资送交司祠处，将被进神主者的信息誊入迎神谱，次日方得上主。

四、进主活动反对奢侈浪费，讲究节省。理主条规列出“题主、登座、领贺、行祭”等进主的相关活动，提出在举行其相关活动时，不能奢靡浪费。

五、理主条规将上主日出现的一些情况及应对措施一一详列，比如到贺者的款待等问题。

六、汪氏理主条规规定司事者分为总理、襄理、誊写等人员，在祠工作者，祠堂公家为其提供饮食，理清后，司事者带回家誊写。在祠者要谨慎组织从事神主的相关活动。

由此可见，徽州的理主活动是清代徽州神主制度的重要组成部分，它为抚平清代太平天国战乱给徽州带来的打击及重建徽州发挥了重要的作用。徽州的理主活动不仅整理出在战乱中遭到破坏的神主世系，理出宗法世家发展的脉络。还根据本宗族自身发展及徽州社会整体的情况，制定新的适合宗族发展的进主、迁主规则。比如竭田汪氏在理主条规中，恢复了收取进主资费的进主要求，同时对于不祧神主，规定了收缴一百文的安资费用等规定。这些新的规定都是为宗族发展拓宽了经济发展的渠道，积累了资本。更多族人的神主可以通过缴纳神主资费的形式，享受后人祭祀，进一步达到联宗、睦族的目的。理主条规与进、迁主活动密切相关，互为辅助，保证了徽州进、迁神主活动有条不紊地进行，加强族人对血缘文化的认同感。

十　尊卑有序的主仆关系

（一）佃仆群体及其生存保障

徽州存在着大量身份低下的群体，如细民、小姓、火佃、庄仆、佃仆、庄佃等等诸多名目。据叶显恩的调查，祁门查湾有郎户和小户之称，小户根据其承担的劳役，赋以不同的名称，如守坟庄、包袱庄、抬棺木庄、龙灯庄、吹打庄、道士庄、火把庄、挑担庄、抬轿庄、粮仓庄、守业庄、守木庄、修房庄、搭戏台庄，等等[1]。这类群体的起源很早，比较普遍的看法是宋代就已经形成相当的规模。他们的来源也较为广泛，买卖、佃田、租屋、葬坟、婚配，等等，都可以构成主仆关系。从居住形态上看，祁门查湾有所谓“三千郎户、八百庄”之谚，可见他们也与聚族而居的宗族居住形态差不多。从这些方面都可以看出贱民和半贱民群体的规模相当庞大。

[1]　叶显恩：《明清徽州农村社会与佃仆制》，安徽人民出版社 1983 年，第 234 页。

1．生存危机造成身份的丧失

仆人以丧失自身和后代的身份和自主性为代价，获得了生存和婚配，集中着大量资源背负着儒家伦理的主人也承担起了豢养他们的道义上的责任，给予仆人生存和发展的空间，满足了仆人对安全和稳定的物质和精神上的渴求。

编户齐民沦落为仆人，首先是需要获得生存保障。生存的困境是人口向下流动的根本原因。在徽州卖身为仆的原因当众，衣食钱粮方面占了出卖的绝大多数。关于徽州赋役的情况，嘉靖《徽州府志》里的一段话：

> 嘉靖以来，又益以不时之派，一岁之中，征求亟至。其弊孔之开，由一二大贾，积赀于外，有殷富名，致使部曹、监司议赋，视他郡往往加重。其实商贾虽馀赀多不置田业，田业乃在农民。赋繁役重，商人有税粮者，尚能支之，农民骚苦矣……往余少尝属役于里中，睹编户流移，十常三四。其著籍者亦多赤立无物业。每遇征需，卒不能取之下户，即里长破产以偿，苟逃苛责，官府不知也。吾之徽民有宁倾赀破业卖佣子女以完逋负而不忍以身受官府之棰楚，其故俗也。以故徽之征敛易完，其自爱然耳。今下户既多无赖流移，而上户富民，又皆自窜于中下之间，以相影射，多者一人至数户，或数十户。故今之受害者，偏在中家，中家小有田业，无余赀，一更重役，无不折而入于贫，此诚可悯也。

重赋的情况对徽州来说可能有更大的影响。中产之家也在走向衰落，何况贫民。当然，“钱粮紧迫”可能只是卖子女的一个更为合法而

“自爱”的理由。

宗族和人文礼教扩张与人口的贫困化也是需要强调的一个重要原因。所谓“丧祭依文公仪礼，不用释氏。然祭奠颇奢，设层台祖道，饰以文绣。富者欲过，贫者欲及，一祭费中家之产”[1]。这样的祭祀费用一般的自耕农和贫农是负担不起的。徽州文书中有一些卖身婚书就是出于无钱丧葬而卖子，如仆人王连顺为葬母而卖17岁的儿子，姚季恩因母病为预备后事而卖子，王文锦为葬胞弟而卖17岁的次侄。前面二例财礼银都是七两，由此看来，丧葬费用当是不菲。从三例卖主身份看，不仅一般百姓（姚季恩和王文锦），而且仆人（王连顺）也摆脱不了这种繁文缛节的束缚；这种繁文缛节显然加剧了生存压力。

乾隆三十四年（1769年）安徽按察使认为，徽、宁、池等地区的佃仆来源于贫民，“自宋、元、明以来，缙绅有才之家，招募贫民佃种田亩，给予工本，遇有婚丧等事，呼之应役。其初尚不能附于豪强奴仆之列，累世相承，称为佃仆，遂不得自齿于齐民”[2]。这与《窦山公家议》之《庄佃议》中“前人置立庄、佃，不惟耕种田地，且以预备役使”的观念确实是一致的。缺乏保障的贫民就这样失去了齐民的身份。

中原衣冠强调身份，但是缺乏保障的贫民还能保持身份吗？身份与生存相比，他们更需要的是生存；与社会和经济环境的不稳定和不安全相比，他们宁愿选择没有身份下的稳定和安全。

生育控制的有限性既让家庭走向贫弱，也让贫困家庭能够以买卖子女的方式缓解生存压力。从被出卖的对象看，有长子、次子、三子、次侄、次女等等，这说明了这些家庭中的子女数量至少在两个以上。二子

[1] 康熙《徽州府志》卷2《风俗》。

[2] 《条奏佃户分别种田确据以定主仆名分》，转引自叶显恩《明清徽州农村社会与佃仆制》，安徽人民出版社1983年，第296页。

一女是中国绝大多数家庭所希望的生育模式，从较大范围和较长时段来看，也的确遵循着这样的模式，如绩溪遵义胡氏，男性后代的平均数量就基本上在2个上下。但是不断地分家析产造成了大量的弱小家庭。在多次均分下，即使非常富有的地主，他们子孙后代的生存空间也会日趋缩小。

在一份卖身婚书中，谢弘、谢羡兄弟二人就因子侄众多，而一个义男难以满足众人，故而众议卖之。这一方面表明，众多的子孙已经面临着生存的压力，因为他们不是买进而是卖出仆人；另一方面也暗示出，经过若干次分家后，他们的生活环境会有进一步恶化的趋势，如果无仆可卖，就有可能卖地，由地主降为自耕农，甚至完全失去土地；在丧失生活来源的情况下，再卖子女或自身，由编户齐民降为仆人。

贫穷的缺乏保障的徽州人以失去身份为代价，寻找安全而稳定的生存保障。而缙绅有力之家对贱民和半贱民群体有着巨大的需求，投靠他们能获得最安全的保障。

2．佃仆与土地

族田和地主的土地上容纳了相当多的人口。关于土地和人口在各种阶层的分布可以做一个大致的估计。耕地数根据1949年的统计，自耕农耕地约占27%，半自耕农耕地约占15%，族田占14%，除此之外，各种地主的占地达到44%。这样，族田和地主的土地就达到了58%。而这一大部分土地上的主要劳动人手就是各种佃农和仆人。

按照叶显恩先生的估计，明代万历六年（1578年）徽州人口已达120万[1]，而当时官方上报数不到60万，这样还有一半多的人口没有上

[1] 叶显恩：《明清徽州农村社会与佃仆制》，安徽人民出版社 1983 年，第 32 页。

报，根据仆人不入户籍推算，这未上报的60多万人口当中佃仆的数量肯定不少。

据《休宁率东程氏家谱》记载，洪武、永乐年间的休宁人程维宗在弃儒从贾后在休宁、歙县增置田产4000多亩，佃仆370多家，如果以平均一家三口计算，佃仆就已经超过了1100多人；这些佃仆分成5庄：宅积庄，供伏腊；高远庄，输税粮；知报庄，备军役；嘉礼庄，备婚嫁；尚义庄，备凶年。当招赘的女婿回去时，他分给屯溪等处的田地50多亩和15家佃仆[1]。一家佃仆大约3－4亩左右的田地，如果一家佃仆3-4口人，则人均田地1亩。屯溪地方的土地是比较肥沃的。可见，佃仆的生存还是应该能够保障的。

仆人的主要义务就是种地纳租。在劳役婚中，也可见这种人口的分流。有些家族因为富有而使前来招亲的人不愿回去，如休宁吴氏葆和堂就自称“向来招亲者多不肯回宗，以家主及村例宽厚所致”，并为此而忧，“今人丁繁众，谁多山场，足供斫伐？谁多田园，足供耕种？谁多屋宇，足供居住？”可见照管山场、耕种田地是招亲者的主要任务之一。同时它又认为，本村人“贫不能娶，招亲客村，势也”；并在“招亲之年，本村不唤差役”，从而鼓励这种劳役婚和人口分流。[2]

但必须指出，劳役婚所表现出来的这种人口分流是暂时的，因为他们大多还得回宗。其他入赘婚、买卖婚和契约婚则是真正意义上的人口流动。在入赘文书中，大多规定，入赘者必须承担户门差役，及服役房东或家主。徽州的庄仆、佃仆主要就是从事种地纳租。这样庄佃到底有

[1] 《休宁率东程氏家谱》，转引自《明清徽商资料选编》第247条，黄山书社1985年，第80-83页。

[2] 清光绪十五年吴葆根录记《葆和堂需役给工食定例（功善抄存）》，转引自章有义：《清代徽州庄仆制度管窥——休宁吴葆和堂庄仆条规剖析》，《明清徽州土地关系研究》，中国社会科学出版社1984年，第135页。

多少呢？新中国成立前，祁门查湾汪氏祠堂尚拥有208户佃仆，当地谚语“三千郎户、八百庄”当反映了一定的历史真实。成书于嘉靖年间的《窦山公家议》发出感叹：“计议佃仆，昔称繁庶，今渐落落，殊可慨也。”而就在这种“落落”的情况下，该书所罗列的佃仆尚有47户，“昔称繁庶”的年代当会更多。清代顺治年间，《李姓各庄印信议墨》中载李宗德、宗厚等五房拥有的佃仆便有11姓又13户，一姓多少户不得而知，但地主动辄拥有几十户十余姓佃仆，数量确实可观。虽然他们可能不仅仅用于种地纳租，但在占总人口1/3的贱民和半贱民中，从事种地纳租的当不在少数。

因为这种人口分流大多随着财富而转移，所以小姓和细民投靠大族、商人和士绅等富有之家，其基本的生活还是有保障的。徽州土地集中的方向和人口流动的方向已经证明了这点。除此之外，徽州的一些宗族还有专门的救济措施。歙县人毕仁于洪武七年“营置膏腴之田五百亩，尝割五十亩作义田，赡济族之贫者及生活无依之佃仆”[1]。

明代成化年间，曾任兵部尚书的休宁人程信，“赐茔田内外共四百三十二亩，立作义田，分为三部分：一分祭扫及修理享堂碑序坟墙；一分周济贫难族人、亲戚丧葬婚娶；一分给予守坟人衣食用度”[2]。

在徽州，守坟人同佃仆的地位差不多。这些对仆人的周济表明，仆人的基本生活在社会正常发展的时候能够得到某种保障。但在任何一个社会中，下层民众的生活还是很困难的，在徽州也是如此，一旦遇到一些特殊的困难如灾荒等，就需要特殊的救济。徽州的一些家族也很注意这方面情况并有一定的举措。在《窦山公家议》有很多关于“佃困”及

[1] 毕济川：《新安毕氏族谱》之《仕宦志》卷9，转引自叶显恩：《明清徽州农村社会与佃仆制》，第183页。
[2] 《休宁陪都程氏宗谱》之《襄毅公（程信）义田遗嘱》。

解救“佃困”的举措。关于“佃困”的原因，该书中有所描述，“前人置立庄佃，不惟耕种田地，且以预备役使，故驰之宽而取之恕。今时之弊，役使烦苦，且征收科取比昔不无加重，况又有分外之征，人所不知者乎？”“主众仆稀，役使日繁，彼何以堪？”拥有田地的家主们也注意到了佃困的危害性，他们主张“苏佃困”，“今宜悉革此弊，以苏佃于困。不然，敛愈烦而佃愈困，其不至于迁徙流亡者几（稀）矣。此抚恤之不容已也”。

怎样苏佃困呢？对于服役方面，“今议：凡有婚娶丧葬大事，令赴役一日，其余寻常事务，毋得滥征”。

对于收租，要管理者“尚当体祖宗之意，存恤下之心，或监或让，众议宽之，庶佃人有所依归，无怀异土之念矣”。“凡遇水旱，管理者须分勘各处轻重量助，令其就治。若有荒歉，或监或让，须亲勘通处。其田原亩步紧者，亦须酌量宽减，俱毋得执一，以困贫佃。”对于山场，“日后力坌照例给与，毋得短少”。

还有其他一些特殊的临时性的或固定性的补助，如“韩村之庄甲于诸庄，佃仆之困甚于诸佃，其所当恤者，亦当先于诸佃也”；“中村庄佃有看守祠宇、供奉香火之责，固宜推恤”。各庄佃男妇病故者，“每人，管理者给予银壹钱，其年幼不能应役者不给”。

大族对仆人的赡济，缓解了贫富分化和身份下移所造成的社会紧张，具有一定的积极意义。在传统社会，主仆之间都受到生存伦理的约束，在这种约束下，往往不是看主人从庄佃那里获得了多少，而是看主人能给庄佃留下多少，至少要给他们提供基本的生存保障；不能让他们濒临崩溃的边缘。这是最重要的。所以，主人一再强调在收租时要或监或让，在实际收成的基础上保障庄佃的基本需要。其他的“苏佃困”也体现出了这种生存伦理。

需要指出的是，徽人大量外出，也造成了本土人力的缺乏，使得“徽之本土仅贫窭而不能出者耳”。这部分自己没有田地又无钱外出经商者就成为仆人的一种广泛来源。他们实际上已经成为徽州农业的主力。洪武二十五年（1392年）时，“朝廷例取无粮人户二丁者分房赴京，永充夫役”当时拥有4000多亩田地和370多家佃仆的程维宗就说，徽州的大户田地，都是由这些人佃种，如果把他们调去应役，必然导致徽州大量的田地荒芜；最后，朝廷终于停止了在徽州的这次征调行动。徽州大户的田地和山场集中了大量的佃仆是毫无疑问的。到清末时，“徽州约60%以上的山林都为宗族所有”。在山林经营中，山主大量使用佃仆和雇工。

佃仆制的存在还造成了一个奇怪的现象，佃仆无田地山场也无税粮，但他们却真正是田地山场的主力。田地的集中和佃仆的力作，使徽州人能够更多地从事儒业和商业。徽州儒、贾、农三种主要职业的分流发生在不同的阶层中。

3．佃仆与商业

外出经商也分流了相当一部分人口。明代中后期徽州商业开始了辉煌时期，在长江流域有“无徽不成镇”之谚，很多市镇的兴起都与徽商有关，也成为徽商的汇集之处。不仅如此，徽商的足迹还远远超出长江流域，“九州四海尽皆徽客，即寄籍者十之五六”[1]。

康熙《徽州府志》记载：“徽之富民尽家于仪扬、苏松、淮安、芜湖、杭州诸郡，以及江西之南昌，湖广之汉口，远如北京，亦复挈其家属而去。甚且与其祖父骸骨葬于它乡，不稍顾惜。”[2]

那么，徽人外出的比例到底有多高呢？据1950年的调查，绩溪县

[1] 万历《歙县志》之《歙志考》卷3《条鞭议》。

[2] 康熙《徽州府志》卷2《风俗》。

余川村200户841人中，因外出经商而侨居异地者有210人，占总人口的25%，黟县的南屏村也达到了20%。明代中后期，徽州有所谓“大抵徽俗，人十三在邑，十七在天下”的说法。曹树基据此推算认为明代中后期徽人外出者至少应有30万，其中至少有15—18万人落籍他乡[1]。而其依据的人口总数为在籍的60万，实际上还有大量的漏报和未入籍人口。若以叶显恩先生估计的明代万历年间的120万人口计，徽人外出者当远远超过30万，落籍他乡的人口也远远超过18万。

据《休宁孚潭志》，孚潭在明代“以钜富称者十数家，鼎革以后，犹为名乡”。到了康熙后期，“则贫耗日甚，十室九空，庐宇不及昔年之半”。而在外出人口中，仆人数量当为数不少。因为徽商中大贾多，那些较大的木商、盐商、茶商等都需要大量的劳动人手和保护人员，而且“身上带有奴隶制斑点的名宗大族历来就有驱奴营商的习俗”[2]。休宁程廷灏之父，弃儒从商，“课僮奴数千人，行贾四方，指画意授，各尽其才”[3]。“各尽其才”充分说明了仆人在商业活动中的广泛使用。

其中有一类在家充当家兵，出门充当保镖的“郎户”，为数也不少。“新安古昔称材武”，徽州自古就有尚武传统。据叶显恩先生实地调查，新中国成立前，祁门查湾汪氏祠堂尚拥有拳斗庄121户。在宗族和徽商强盛的明清时期，此类人数可能更多，谚语“三千郎户八百庄”当是其极盛时期的一个反映。

至于从商的仆人，他们的风险大，获利可能也大，获得自由的机会也多。小姓“间或出外为贾，若与大姓同肆，亦平等视之；及回乡，则

[1] 葛剑雄、吴松弟、曹树基：《中国移民史》，福建人民出版社1997年，第5册，第415页。

[2] 《休宁孚潭志》卷3《风俗》。

[3] 廖昌期：《从野堂存稿》之“故光禄丞敬一程翁墓表”，转引自叶显恩：《明清徽州农村社会与佃仆制》，第121页。

不与抗行矣”[1]。可见，外出经商的小姓在外地可与大姓相“抗行”。

在《儒林外史》卷23讲了一个徽州盐商的奴仆，因充当主人的小司客，不断积聚私财，没过多少年便发了大财。这可能就是现实生活的一种反映。经商的仆人一旦获利，应该是仆人中生活得较好得一类。但从整体上看，他们的死亡率也是很高的。至于官僚士绅阶层既是奴婢的合法拥有者，更是财富的占有者，这种环境中奴仆的生存当不会存在问题。

4．佃仆与礼俗

徽州文风极盛，举业发达，理学和礼教影响深远，在与此有关的活动中，仆人被大量使用。如用仆人看守坟墓、照管长养竹木、四时拜扫、侍候主人祭祀，以及在主家有婚丧大事或节庆日时，赴主家服各种杂役，如抬轿、奏乐、搭建戏台、搬运戏班物什等，这些都需要专门的技艺，往往成为仆人的世业。另外一些体力性的劳动如修桥、铺路等也使用仆人。在富有的地主、乡绅之家，还存在着不少生活上的奴仆，其中有些随着主人而侨居外地。

从以上可知，仆人在徽州有着广泛的需求，且有着生存保障，从而使人口向下的分流成为可能。但从身份下降幅度之大和财礼银价格之低也可看出，仆人在徽州也有着庞大的数量，存在着巨大的需求。这样，对劳动力有着广泛需求的商人、宗族地主和官僚士绅等阶层就以他们的财富为基础，以婚姻为杠杆，获得了源源不断的劳动力供给。这是由于婚姻而导致身份下降的根本原因之所在。然而，这种在恶劣的环境中、不平等的条件下进行的身份下移性的人口分流，却也是小姓、细民为了

[1] 徐珂：《清稗类钞》，第四册“种族类”之“小姓”，中华书局1984年。

生存，为了娶妻生子，为了种族的繁衍而采取的一种变通手段。

（二）佃仆管理与主仆关系

徽州佃仆基本都生活在主人的宗族之内，当然，佃仆繁衍也可以形成自己的小宗族，即所谓的小姓、细民。不管他们有没有形成自己的宗族组织，他们的行为举止都被宗族伦理所规范。传统的宗族伦理在中国传统社会已经成为人们精神上的一种需求。这种伦理也贯穿于主仆关系之中，它在维护主仆名分的同时，推动了仆人自身血缘组织的建设。

1. 佃仆能否赎身

乾隆丁酉年（1777年）阴历七月，《董氏家乘》（黄山市档案馆藏）记载婺源游山董氏所有的东主在一起订立《凤游世仆引》，对于世仆的来源、种类、义务做了说明：

> 军民之有主仆，良贱之所攸分，冠履之不容倒置者也。故古来有靠身而为仆者，有豢养而为仆者，有仆随主姓者，有别为氏族者。其投靠名为伴当，可以赎身而为良民。其世仆则受主豢养，隶于门下，虽属在子孙，世世供役无敢背叛者也。[1]

在婺源董氏宗族，因为佃仆来源不同，有投靠而来的，有豢养而成的，有随主姓的，也有自为宗族的。其中，投靠的称为伴当，可以赎身成为良民。世仆则不行，其世世代代受主人豢养，因此其子孙也要世世

[1] 婺源《董氏家乘》卷末《凤游世仆引》。

供主人差使，不能背叛主人。

婺源董氏宗族的情况应当是徽州具有代表性的情况。

不能赎身，则表明世仆身份不得改变。宗族伦理所要求的尊卑有序深刻影响了主仆名分的严格遵循。“乡落皆聚族而居，族必有谱，世系数十代尊卑秩然，主仆之分甚严，役以世，即其家殷厚，终不得列于大姓。或有冒与试者，攻之务去。”[1]

主仆名分甚至也成为宗族伦理的一部分。“家多故旧，自唐宋来数百年世系比比皆是，重宗义，讲世好，上下六亲之施，无不秩然有序……其主仆名分尤极严肃而分别。”[2]

嘉靖朝的官僚歙县人方弘静认为，在西汉末年，他们家的太常府君之墓就世代由人看守；主仆聚居、仆人为主人应役的居住形态起源非常早，不是一朝一夕所形成的。大族著姓聚居者不下千人，而其家族中的仆佃也几乎同等此数，仆人各为其主，主人为仆人提供生存的保障，已经形成了一种固定的模式。而且他还认为这些仆佃是子弟父兄之兵。[3]

为宗族和世家看守祖墓是很多世仆的世业，世仆还从事很多与宗族活动和宗族伦理相关的其他世业。

徽州的宗族和身份制社会是这些下层群体长期存在和生存的土壤。因此在长期的延续中，世仆的很多精神需求也被宗族伦理所规范。曾在雍正年间在歙县和休宁任过职的官员高凤翰认为，徽州的世仆早在唐宋时就已形成，祖孙父子世代相承。（《申饬世仆开户新例条约稿——代皖抚作》）既然是聚族而居，累世相承，他们与主人之间，以及他们自己的内部之间都必然要遵循着严格的规范和伦理，行使着自己的权利和

[1] 光绪《婺源乡土志》第六章《风俗》。

[2] 道光《徽州府志》卷 2《风俗》。

[3] （明）方弘静：《素园存稿》卷 17《郡语》下。

义务。否则是无法进行长期的延续和有效的管理的。

仆人置身于宗族这样一个血缘组织和伦理规范之中，他们同样也进行着累世相承的血缘人口组织的建设。卖身者要求婚配，是“不孝有三，无后为大”的伦理思想的反映。在传统社会，这种思想不仅贯彻于各种血亲关系中，而且存在于主仆关系中。婚书最初的卖主有可能是父亲，他们为了自己家庭的生存而出卖子女中的某一个，有时是唯一的儿子。他们在自己获得生存和繁衍的同时，也希望被自己卖出的后代同样能够生存并繁衍下去。于是婚书中有关婚配的规定就为买卖双方所认可，形成了约定俗成的“婚书”这种形式。

这种婚配最大的代价就是世代都成为家主的仆人，甚至不许取赎。程生卖男婚书就规定：“日后听从汪姓婚配之日，永不得取赎再批。”[1]大多数婚书都规定被卖者“不许私自回宗”。一般被卖者不承担本宗的一切义务，“所有家下门户一应等情尽是兄弟承担，不累房东之事”。大多数被卖者因此割断了与本宗之间的联系。

没有给予婚配的仆人，如果他是本家承嗣之人，有时是可以赎回的。如在万历三十八年的“叶进德赎子文书”中，就因为叶进德只有应祥这一个儿子，他怕自己年纪老了无人服侍，故而赎回其子，但契约规定：“向蒙恩主扶养成人，无恩可报，议定递年着应祥应役伍工。”叶应祥能够回宗，是受强大的宗族继嗣观念影响的结果；但是他从此也背上了另一个义务，每年为以前的主人服役几天。在很多下层社会非常态的婚姻中，关于“不许回宗”的规定是普遍的，并被广泛得到认同和遵守。还有一些买卖文书规定，被卖者要更名改姓，这可能是为了更彻底地断绝他与本宗之间的联系。徽州文书有不少主仆同姓的现象，这可能

[1] 章有义：《清代徽州奴隶制残余的一个侧面——休宁奴婢文约辑存》，《明清徽州土地关系研究》，中国社会科学出版社，1984年，第114页。

也是原因之一。

为了保证佃仆群体的稳定，佃仆一般不能外婚，首先要满足其内部需求。凤游董氏宗族规定：“只许六姓结亲，不得他适。”这里六姓就是指董氏家族佃仆余、吴、施、程、朱、胡六姓。为此，凤游董氏还专门让这六姓仆人立下契约，不得违反：

六姓因婚娶艰难，际兹修谱，会集三派东主自立议墨七张，余忩收执一张，吴起互收执一张，程发茂收执一张，朱起亮收执一张，施有祝收执一张，胡有成执收一张，仍一张付东主载谱桂生收。

立议墨余、朱、施、吴、程、胡六姓人名等，今因婚娶艰难，特集东主三面言定日后各姓倘生有女，俱至东主众祠报名领胙，毋得隐秘，只许六姓结亲，不许他适，倘有外戚乳养者，已往勿究，以后倘有私行他适叛墨不依者，会同东主众祠公堂银五两，付于六姓收执，此系公议，各宜凛遵，今欲有凭，立此议墨一样七张，六姓各执一张，内一张付东主永远寸照。

大清乾隆四十二年八月初二日。

立议墨人：

余元应、元忩、士迎、士乌、士求、士达、士富、联喜、容保；

吴有生、有明、有为、起互、天保、细虎、细嘉、起盛、起星、起仙、起胜、天啚；

朱起高、起亮、起兴、起广、起美、三十；

程发忠、发禄、发晋、发茂；

施有祝、天祥、福生、文兴、文斗、天保；

胡祖感、有成。

以上共三十九灶俱有花押。[1]

凤游董氏6姓佃仆共有39灶，一起签订了这份契约，6姓互相通婚，不可与其他姓氏通婚，也就是婚姻不能超出凤游董氏家族所能控制的范围。这种主人控制的阶层内婚也正是徽州佃仆婚姻情况的基本反映。

2．住主屋、佃主田、葬主山

住主屋、佃主田、葬主山是几乎所有论及主仆关系时要强调的三个方面，这几乎也成了套在世仆身上无法摆脱的锁链。《董氏家乘》记载凤游董氏家族管理世仆的规定：

我游山仆人有余、吴、施、程、朱、胡六姓，余、吴则外居上塆，距村三里许；程、施、朱、胡则世居村落。此六姓之仆，皆住主屋、佃主田、葬主山，岁逢元旦，无论男女老少，每人给以鱼肉酒腐，其生女俱领肉。春秋二社、辞年庆岁以及傩戏俱有赏赐，嫁娶有鼓吹劳仪，丧葬有白粗棉布，只有演戏烧火烹茶、乡试送考皆仆人供役，其余亲朋庆贺、往来肩舆靡不给以酒肉，与以工食，供役之劳为不虚矣。[2]

住主屋、佃主田、葬主山实际上就是维护主仆名分最基本的程式。凤游董氏还明确了主仆之间的豢养关系：

[1] 婺源《董氏家乘》卷末。

[2] 婺源《董氏家乘》卷末《凤游世仆引》。

今将三派豢养六姓世仆列后：

儒林派俊济二公豢养余、吴、朱、程、施、胡

竹林派文宗户豢养吴、朱、程、施、胡

溪北派文兴户豢养吴、朱、程、胡

除此之外，也还有其他的程式，如凤游董氏仆人元旦可以从主家免费领取鱼、肉、酒、豆腐这四样过节用品。

《窦山公家议》也规定："各处庄佃至除日辞岁，例有年饤，管理者照丁散给，每男丁给谷肆斤，幼丁及妇人俱各贰斤。正旦俱集止堂，拜年讫，照丁给散包子并酒。此例不可不守。"[1]在这种岁时节日的仪式，散发给庄佃的是物质，透视并维护着的是伦理。

主仆关系对应后，还要提供土地供仆人耕种，这才是真正的豢养。

豢养六姓伙佃并坟山

怀字九百八十一号，塘冲口，地一亩五分五厘，系廉德、俊济、文兴户完纳，程姓伙佃。

一千一百六十七号，乌龟山，山二分三毫，系建策完纳，余姓葬所。

一千七百九十一号，溪北，地一分四厘六毫，系时光、文兴户完纳，胡姓伙佃。

一千八百二十八号，溪北，地五分六厘四毫，系俊济户分纳，余姓伙佃。

二千零九号，溪南基，地二分六厘四毫，系俊济户分纳，

[1] 周绍泉、赵亚光：《〈窦山公家议〉校注》卷6"庄佃议"，黄山书社1993年，第96页。

程姓伙佃。

二千零十一号，同处，地七分二厘，系寿庆、贵九户完纳，施姓伙佃。

业字四百五十五号，社子坞，地一分二厘五毫；四百七十七号，董家山，地四亩三分二厘六毫；四百七十七号，同处，山三分五毫；四百五十五号，社子坞，山九分四厘；一千三百十三号，上塆，地六分五毫。以上五植，吴姓伙佃。

比字五百二十三号，唱船山，地五分四厘，系董众户分纳，朱姓伙佃。

这样主人明确，土地明确，豢养起来就好多了。

仆人被主人所豢养，当然要承担义务。凤游董氏规定：

春秋二社、辞年庆岁以及傩戏俱有赏赐，嫁娶有鼓吹劳仪，丧葬有白粗棉布，只有演戏烧火烹茶、乡试送考皆仆人供役，其余亲朋庆贺、往来肩舆靡不给以酒肉，与以工食，供役之劳为不虚矣。

豢养与服役是对应的，对于主人来说，服役才是真正目的，豢养只是达成服役的一种手段。

值得一提的是，凤游董氏对仆人管理很细，且有人情味，其中有一个仆人程桥对董氏有恩，《董氏家乘》中专作一文《恩仆程桥遗像赞有小引》记载其事迹。元末，董氏第14世子英公，为保障乡里，和红巾军战争身亡，留下两个遗孤。族中一些有势力的人图谋他们的家产，要加害于他们。仆人程桥获知消息后，偷偷带着主人的遗孤逃到江西乐平，那儿有遗孤的亲戚。明朝建立后，才回归故里。程桥保主有功，被称为恩仆。董氏家族在元旦祭祀时，程桥设位附祭于家庙，称赞程桥“其人虽往而忠义之气千载如生”。主人柯山找人临摹程桥像，并为其题赞。

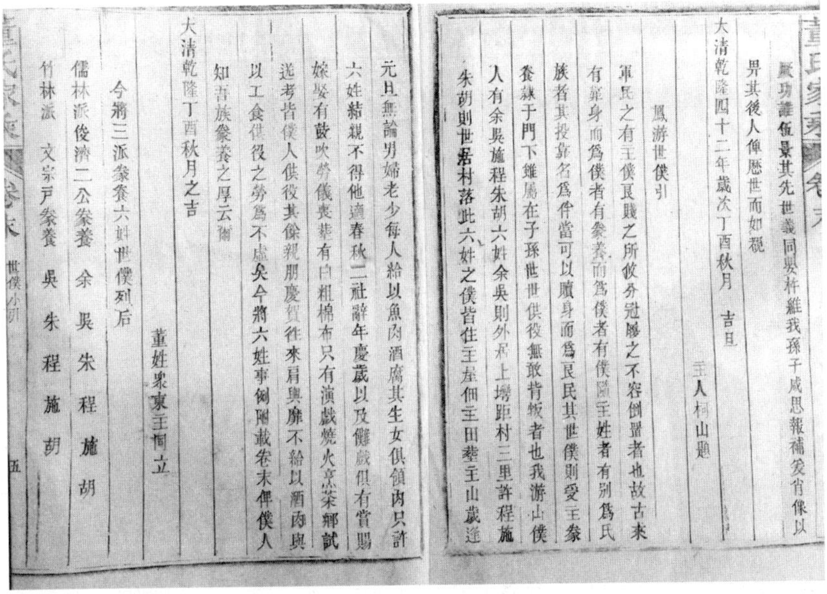
厥功謹僱景其先世義同昆仲維我孫子咸思報補爰肖像以
畀其後人俾歷世而如覩
大清乾隆四十二年歲次丁酉秋月　吉旦
主人柯山題

鳳游世僕引
軍民之有主僕良賤之所攸分冠履之不容倒置者也故古來
有鬻身而爲僕者有豢養而爲僕者有僕隨主姓者有別爲氏
族者其投靠名爲佃當可以贖身而爲良民其世僕則受主豢
養隸于門下雖屬在子孫世世供役無敢背叛者也我游山僕
人有余吳施程朱胡六姓余吳則外居上塝距村三里許程施
朱胡則世居村落此六姓之僕皆住主屋佃主田葬主山歲逢
元旦無論男婦老少每人給以魚肉酒腐其生女俱領肉只許
六姓結親不得他適春秋二社辭年慶歲以及儺戲俱有賞賜
婚娶有鼓吹勞儀喪葬有白粗棉布只有演戲燒火烹茶鄉試
送考皆僕人供役其餘親朋慶賀往來肩輿靡不給以酒肉與
以工食供役之勞爲不虛矣今將六姓事例附載卷末俾僕人
知吾族豢養之厚云爾
大清乾隆丁酉秋月之吉
董姓衆東主同立

今將三派豢養六姓世僕列后
儒林派俊濟二公豢養　余　吳　朱　程　施　胡
竹林派　文宗戶豢養　吳　朱　程　施　胡

董氏家乘　卷末　世僕小引　五

黄山市档案馆藏《董氏家乘》卷末关于恩仆的记载

3. 仆人家族建设

仆人一旦在种种婚姻或买卖中失去了回宗的可能，他同时也就有建构自己宗族的意愿。徽州强烈的宗族观念，极为深远地影响了主仆之间的关系。这主要表现为仆人建构宗族的行为是在家主的赞许之下进行的。一旦婚配，他们就有可能获得某种独立和自由，“徽州风土，皆役髫童，方与婚配，逐出别居，给本自爨，有召始来”[1]。婚配使他们与主家有了距离，并获得了一些生产资本，从而减少了对主家的依赖，除了为主家服役

[1]　（明）张萱：《西园闻见录》卷 6“婢仆”。

外，可以较为自主地安排自己的生产和生活。所谓的“小姓为世族所蓄家僮之裔，已脱籍而自立门户者也”中的小姓，其自立门户大多当在婚配之后。另外，由于仆人大多有自己的世业，或耕种土地，或看守山场，或看守祠堂坟墓，或修桥铺路，或抬轿，或搭戏台，等等，这些专业特长要求世仆家族的存在。只要家主的生存环境适合，仆人家族的规模就可以扩大，直至形成主族和仆族“丁户村庄相等”的现象。

实际上，从契约中反映出来的信息就是，通过对人身依附关系的转移，通过身份的下降，义父和义男或主仆之间形成了豢养和服役的关系，建立起了类似父子关系般的虚拟的血亲关系。义男和仆人在承担义和孝的双重义务时也获得了某些权利。一方面，家主要承担起给仆人娶妻婚配的父亲般的义务。这使得卖身者也能够像正常人那样有自己的家庭生活并最终有可能形成一定的家族规模。另一方面，能够获得生存的物质保证，如永远耕种家主的土地，即使地权的转移也是在仆人的本家之间进行。这看起来似乎有点象永佃制，确实，如果排除他们的身份因素，这就是典型的永佃制。也许正是仆人身份的下移而获得了永佃权，这种永佃制又反过来保证了仆人的生存以及自身种族的繁衍。同土地关系上的永佃制相似，在其他领域也存在着很多“世业”的情况，这样的仆人家族的存在能够保证家主享有源源不断地专业劳动力供给队伍。正因为这样，家主默许仆人建构自己家族的努力，并关心仆人香火的延续。

庄仆汪有寿的主人代他立的招亲婚书中，汪有寿的次弟逃散，三弟众卖樟村度活，他的一家只剩他一人，因此其主人担心汪仆一脉就此湮没，于是就设法代为招亲，在他丧妻后，又为他续娶。主人除了为仆人完婚，负责仆人的生活外，在仆人的后代增加时，还要提供屋基地或建造房屋让他们居住，并提供安葬先人的坟山。

但是仆人家族的规模是受到各方面制约的，一旦超出家主的承受能力，家主就有可能采取措施抑制仆人人口的再生产。这种抑制表现为出卖仆人屋地及其所生子女、放逐仆人、转卖仆人甚至出卖仆人整个家族。在徽州契约文书中有不少这样的卖契，“张克昌卖仆文契”把“承祖遗下仆人吴多贵、多寿两房子孙妇女人等，今因正用，自愿央中出卖与朱名下为仆”[1]。

徽人注重先人的安葬和祭祀，这是他们维系宗族的精神力量。小姓、细民也不例外，他们也有这种精神需求，甚至很多人就是因为将先人葬入地主或别的宗族的山场而构成主仆关系。葬主之山后来成为开豁世仆的障碍，其原因就在于它也是主仆关系的一种象征。在徽州，主山仆葬是一种通例。小姓、细民通过安葬先人并祭祀祖先，而获得了一种精神上的力量，可以以此集合子孙的力量，努力维持自己种族的繁衍和生存。他们实际上已经做到了，以至于到了后来，主仆之间甚至争夺坟山的归属权。实际上这也是争夺身份权。其结果也并不乐观，“脱有稍紊主仆之份，始则一人争之，一家争之，一族争之，并逋国之人争之，不直不已”[2]。这种身份等级制的背后是宗族，是政权，小姓和细民的力量还是很薄弱的。但是，这种争夺可能只是少数，大多数的小姓和细民仍在维持主仆名分的状态下延续香祀，所谓“主仆之严，虽数十世不改”即是有力的证明。也因此形成了“两姓丁户村庄相等，而此姓为彼姓服役”的现象。

从一些文书中还可见主族利用叩节叩寿等仪式进一步控制仆人的努力。休宁吴氏葆和堂规定：在元日那天，“汪、陈两姓婢仆，无论男女老幼，到祠堂阶下叩贺。各给利市棕一双，其在外者，亦给棕一双。在家

[1] 《明清徽州社会经济资料丛编》第一辑，第16类“卖身契”，中国社会科学出版社1988年，第556页。

[2] 康熙《徽州府志》卷2《风俗》。

故意不到者，查出，于讲约日议责。若果有老耄疾病者，可以从宽。”[1]同时还有类似的“寿诞叩贺”、“归寿叩贺”和“科甲叩贺”。这些叩贺仪式和议责制度就是主族试图将仆人纳入自己控制之中的制度化的努力。它是在施恩的外表下对主仆名分的强调。

[1] 章有义：《清代徽州庄仆制度管窥——休宁吴葆和堂庄仆条规剖析》，《明清徽州土地关系研究》，中国社会科学出版社 1984 年，第 135 页。

图书在版编目（CIP）数据

徽州家族文化 / 胡中生著 ； 黄山市档案局（馆）编． -- 北京 ： 北京时代华文书局，2017.12
（徽州历史档案与文化丛书）
ISBN 978-7-5699-2085-7

Ⅰ．①徽… Ⅱ．①胡… ②黄… Ⅲ．①家族—文化研究—徽州地区 Ⅳ．①K820.9

中国版本图书馆CIP数据核字（2017）第314928号

徽州家族文化
Huizhou Jiazu Wenhua

著　　者 | 胡中生
编　　者 | 黄山市档案局（馆）

出 版 人 | 王训海
责任编辑 | 胡乃玉　王　雷
装帧设计 | 孙丽莉　段文辉
责任印制 | 刘　银　范玉洁

出版发行 | 北京时代华文书局 http://www.bjsdsj.com.cn
北京市东城区安定门外大街136号皇城国际大厦A座8楼
邮编：100011　电话：010-64267955　64267677
印　　刷 | 安徽新华印刷股份有限公司　0551-65859128
（如发现印装质量问题，请与印刷厂联系调换）
开　　本 | 787mm×1092mm　1/16　印　　张 | 21.5　字　　数 | 265千字
版　　次 | 2017年12月第1版　印　　次 | 2017年12月第1次印刷
书　　号 | ISBN 978-7-5699-2085-7
定　　价 | 132.00元